Margaretha Kopeinig

FRANZ VRANITZKY

POLITIK MIT HALTUNG

GEGRÜNDET
1999

INHALT

EINLEITUNG

»Die Politik ist eine Berufung und ein Beruf zugleich. Für diesen Beruf braucht man seine ganze Persönlichkeit, sein ganzes Sein und sein ganzes Ich. Und man muss sein ganzes Wesen dafür einsetzen. Sonst funktioniert es nicht. [...] Dieser Gedanke ist mir immer wichtig gewesen.«

FRANZ VRANITZKY

Seine Haltung ist es, die Franz Vranitzky besser beschreibt als die meisten Adjektive. Das gilt sowohl für seine Herangehensweise an den Beruf des Politikers als auch für seine Einstellung gegenüber sozialen, gesellschaftlichen, ökonomischen, europäischen und internationalen Fragen. Es ist bezeichnend, dass sich der ehemalige österreichische Bundeskanzler bis heute nicht an Zustände gewöhnt hat, die derzeit immer häufiger als »normal« gelten – nicht nur in Europa, sondern weltweit.

Diese Zustände umfassen zunehmenden Populismus, nationalen Egoismus, die Erosion von Demokratie und Rechtsstaat, eine erschreckende Zunahme von Antisemitismus, Fremdenhass und Respektlosigkeit gegenüber anderen. Dazu kommt, dass im Bereich der Politik die Lüge und das Leugnen von Fakten immer häufiger zum Werkzeug der politischen Kommunikation gemacht werden. Desinformation ist für viele Herrschende mehr als verlockend und soll ihre illiberalen Systeme und Regierungen sichern. Die neue Strategie, in der Wahrheit ganz offensichtlich wenig zählt, hat Demokratien angreifbar gemacht.

Der unübersehbare Flirt mancher EU-Mitgliedsländer mit autoritären Strukturen ist nicht zu übersehen. Daraus resultiert auch die Anziehungskraft demagogischer Politiker auf viele Menschen. Sozial explosiv und aktueller denn je ist die immer tiefer werdende Kluft zwischen Privilegierten und weniger Privilegierten, zwischen Arm und Reich. Die äußerst brisante soziale Frage rüttelt am Fundament unserer Gesellschaft. Sie entscheidet auch über die Zukunft der Sozialdemokratie: Ist ihr Überleben gesichert? Und wenn ja, unter welchen Voraussetzungen? Das sind Fragen, die den ehemaligen langjährigen Bundeskanzler und SPÖ-Parteivorsitzenden beschäftigen. Seine Reflexionen über die gegenwärtigen Probleme in Österreich und Europa, über die internationalen Zusammenhänge und so manche dystopische Verwirrung werden in diesem Buch vorgestellt. Als Autorin füge ich der analytischen Aufarbeitung seiner Tätigkeit eine Perspektive hinzu, die von großem Respekt für sein politisches Wirken, seine intellektuelle Haltung und seinen Humanismus getragen und geleitet ist.

In der »Franz Vranitzky Library« im Bruno Kreisky Forum für internationalen Dialog fanden unsere Gespräche dazu statt. Der Blick in den weiten Garten der Kreisky-Villa mit dem alten Baumbestand lässt Vranitzkys Gedanken frei werden und legt seine Grundeinstellung offen, die sich mit den geschilderten Zuständen nicht länger abfinden will. »Dagegenreden und argumentieren« ist seine Devise und gleichzeitig seine Antwort auf brennende Fragen und Herausforderungen unserer Zeit. Dabei geht es ihm immer um ein Prinzip, das er mit Verve verteidigt: »Über viele Jahrzehnte ist das Fundament der Sozialdemokratie dasselbe: nämlich der Einsatz für jene Menschen, denen es aus verschiedenen Gründen nicht so gut geht wie einer privilegierten Schicht.« Die soziale Frage lässt Franz Vranitzky bis heute nicht los.

Verändern, aber behutsam, das war seine Herangehensweise an die Politik. Regieren und reformieren waren ihm definitiv wichtiger als Ideologie, gestalten wichtiger als recht zu behalten. Schon sehr früh zeigte er seinen Willen, die Partei links der Mitte zu positionieren und ausdrücklich auf Respekt, Anstand und Offenheit zu verpflichten. Dabei folgte er nicht immer dem Grundsatz, mit dem sich der bekannte US-Präsident John F. Kennedy in seinem mit dem

Pulitzer-Preis ausgezeichneten Buch »Profiles in Courage« beschäftigte: »The way to get along, is to go along«[1] [Um vorwärtszukommen muss man mit der Menge gehen, Anm.]. Franz Vranitzky hielt oft dagegen und zeigte dabei Mut.

In den 1980er-Jahren, am Beginn seiner politischen Karriere, waren Vranitzkys inhaltliche und kommunikative Fähigkeiten gefordert. Als die Krise der verstaatlichten Unternehmen manifest wurde und der Transformationsprozess der Wirtschaft und der Betriebe als Folge der Globalisierung in Gang gesetzt werden musste, profilierte er sich mit einem besonnenen, pragmatischen Kurs. Geschickt gewann er damit auch die Zustimmung aller Beteiligten und die Kooperation des Koalitionspartners, der ÖVP. Er agierte nach der Devise: Was im Interesse der Menschen ist, ist auch im Interesse des Staates.

In Umfragen lag Bundeskanzler Vranitzky in puncto Kompetenz, Vertrauen und Führungsstärke stets deutlich vor anderen Regierungsmitgliedern und Oppositionspolitikern. Leadership – damals in Österreich ein wenig bekannter Begriff – und das Staatsmännische lebte er einfach, stets dezent und sprachlich gewandt, inhaltlich überzeugend, freundlich und oft mit trockenem Humor. Aufdringliche und mangelnde Substanz kaschierende Politshows, wie es sie gegenwärtig überall gibt, waren in den 1980er-Jahren noch wenig verbreitet. »Ich habe gar nicht die Zeit gehabt, mich mit Inszenierungen zu beschäftigen. Die Arbeit an den Problemen hat sich von selbst inszeniert.«

Was Politik für Franz Vranitzky bedeutet hat, zeigt auch folgende Einstellung: Als er von Bundeskanzler Fred Sinowatz ersucht wurde, sein Nachfolger zu werden, war ihm eines sofort klar: »In der Politik darf es keine second thoughts geben« [keine inneren Vorbehalte, Anm.]. Das war seine Überzeugung. »Die Politik ist eine Berufung und ein Beruf zugleich. Für diesen Beruf braucht man seine ganze Persönlichkeit, sein ganzes Sein und sein ganzes Ich. Und man muss sein ganzes Wesen dafür einsetzen. Sonst funktioniert es nicht. […]

Dieser Gedanke ist mir immer wichtig gewesen.«² Auf diesem Verständnis basierte die von Vranitzky gewählte Herangehensweise an die Politik.

Seine hohen Ansprüche wollte er auch in der Partei durchsetzen. Er wollte für die SPÖ dieselben Zustimmungswerte erreichen, die auch seiner Person galten. Das war ein weiter Weg. Seine Aufgabe sah er darin, die SPÖ in einer sich wirtschaftlich, innen- und außenpolitisch sowie soziokulturell rasant verändernden Welt fest zu verankern, sie dazu zu bringen, neue Realitäten anzuerkennen, und die Partei damit mehrheitsfähig zu machen. Die SPÖ musste sich unter seinem Vorsitz von alten, liebgewonnenen Traditionen verabschieden. Vranitzky rüttelte auch am Dogma des Parteinamens. Die Umbenennung der SPÖ von »sozialistisch« auf »sozialdemokratisch« auf dem Linzer Bundesparteitag 1991 entsprach seiner Überzeugung von den Notwendigkeiten und Erfordernissen der neuen Zeit. Ein Motiv für die Namensänderung war für Franz Vranitzky auch, dass die ÖVP die SPÖ (die Sozialistische Partei) stets mit den osteuropäischen Kommunisten gleichsetzte. Die Umbenennung war ein formaler Akt mit viel Symbolik: Vranitzky musste mit der Wut und Enttäuschung dogmatischer Parteigenossen zurechtkommen. Ihre Kritik verstummte jedoch sehr schnell, da ihnen der Bundeskanzler und Parteichef beweisen konnte, dass sie ihm die Macht im Staate, den Ruf Österreichs in der Welt und die längst fällige Befreiung von historischen Lasten zu verdanken hatten.

Als erster österreichischer Spitzenpolitiker hat Franz Vranitzky einen klaren Bruch mit der Vergangenheit und mit dem österreichischen Geschichtsverständnis gewagt, das erste Opfer der Nationalsozialisten gewesen zu sein. Deutlich und glaubwürdig betrieb er die Abwendung von einem Weltbild, das in seiner Engstirnigkeit Fehler immer nur bei anderen sah und nie bei sich selbst. Aufgrund seiner frühen familiären Prägung auf die Ablehnung nationalsozialistischen und faschistischen Gedankenguts kämpfte er unermüdlich gegen

Antisemitismus und jede Form von Rassismus. Und das tut Franz Vranitzky auch heute noch.

Bei all den gravierenden globalen Veränderungen – dem Fall der Berliner Mauer 1989, dem Krieg in Jugoslawien am Beginn der 1990er-Jahre, dem Beitritt Österreichs zur Europäischen Union im Jahr 1995 und den damit notwendigen politischen und wirtschaftlichen Anpassungen – hat Bundeskanzler Franz Vranitzky während seiner gesamten Amtszeit eines nicht aus den Augen verloren: die soziale Balance in der Gesellschaft, den Respekt vor dem jeweils anderen und die internationale Perspektive.

Seine Leitidee, alles nur irgend Mögliche gegen die wachsende Ungleichheit in der Gesellschaft zu unternehmen, war sein politischer Kompass. Es ging ihm um die Erhaltung von Arbeitsplätzen, um Bildungschancen, um Vielfalt in der Gesellschaft und in der Kultur, um leistbares Wohnen, die Erhaltung von Umwelt und Natur sowie eine europäische und internationale Ausrichtung des Landes. Schließlich gab es und gibt es immer noch die Sehnsucht der Österreicher, international anerkannt und geschätzt zu werden – ein konstitutives Element der österreichischen Gesellschaft.

Nicht zuletzt ging es ihm auch um eine Veränderung der politischen Kultur. Geduld im Zuhören, große Disziplin und außerordentliche Anstrengung, sich gegenseitig zu verstehen, vor allem aber keine blinde Zustimmung – diese Grundsätze bildeten seine Richtschnur. Gestalten hieß für ihn auch, sich nicht von der Demoskopie die Richtlinien der eigenen Politik diktieren zu lassen. Ausdrücken und verkörpern, was man will, war sein Credo. Franz Vranitzky formte den Zeitgeist mehr, als ihm bewusst war, und möglicherweise auch mehr, als es vielen Menschen immer noch ist.

1. FRÜHE PRÄGUNGEN

*»Ich habe die Sozialdemokratie immer als ein Bollwerk gegen den
Nationalsozialismus empfunden, und ich habe für mich die Sozial-
demokratie als Antithese zum Nationalsozialismus aufgebaut.«*
Franz Vranitzky

»Diese Prägung in der Familie hat in der ersten Stufe dazu geführt,
dass ich schon als ganz junger Mensch emotional gegen den Nationalsozialismus eingestellt war. Das waren einschneidende Erlebnisse,
die ich bis heute mitgenommen habe. Diese Prägung kann und
will ich nicht leugnen«, erzählt Franz Vranitzky bei einem unserer
Gespräche über seine Herkunft und die Werte, die ihm zu Hause
vermittelt wurden. Es war vor allem die Mutter, die dazu beitrug,
dass aus ihrem Sohn ein überzeugter Antifaschist und später Sozialdemokrat wurde.

Wenige Monate vor dem sogenannten Anschluss Österreichs
an Nazideutschland kommt Franz Vranitzky am 4. Oktober 1937
als Kind einer Arbeiterfamilie in Wien auf die Welt. Seine Eltern
ermöglichen ihm den Besuch des Gymnasiums, damals absolut keine
Selbstverständlichkeit. Er studiert Welthandel und startet nach dem
Diplom und dem Doktorat eine erfolgreiche Manager-Karriere in
Großbanken. 1981 wird er Generaldirektor der Österreichischen Länderbank, 1984 Finanzminister und – Höhepunkt seiner beruflichen
und politischen Laufbahn – Mitte des Jahres 1986 Bundeskanzler der
Republik Österreich. Er regiert das Land bis Anfang 1997, nahezu elf
Jahre lang. Heute ist der Elder Statesman gefragter Interviewpartner,
Mahner in Sachen Demokratie und Toleranz sowie scharfer Kritiker
eines geschichtsvergessenen Opportunismus.

Franz Vranitzkys Vater wurde 1907 in der K.-u.-k.-Hauptstadt
Wien geboren, hatte tschechische Wurzeln und war von Beruf Eisengießer. Die Mutter, Jahrgang 1910, entstammte einer ärmlichen

Familie aus dem damaligen deutsch-ungarischen Grenzgebiet, das 1921 zum Burgenland wurde und als neuntes und damit jüngstes Bundesland zu Österreich kam. Nach kurzer Schulzeit verließ sie ihr Dorf und wanderte nach Wien aus, um in der wirtschaftlich aufstrebenden Metropole als Haushaltshilfe zu arbeiten. Die beiden fanden in den 1930er-Jahren, mitten in der Zeit der Wirtschaftskrise, in großer Not und im darauf folgenden Austrofaschismus zueinander. Ihr Lebensziel war es, einen Haushalt und eine Familie zu gründen. Franz Vranitzky und seine um drei Jahre jüngere Schwester Inge wuchsen äußerst bescheiden in einer Zwei-Zimmer-Souterrain-Wohnung in Dornbach, dem 17. Wiener Gemeindebezirk, auf. Der Wasseranschluss und die Toilette befanden sich außerhalb der Wohnung auf dem Gang. »Das war klassisch armselig«, beschreibt Franz Vranitzky in drastischen Worten seine Herkunft. Er verwendet in diesem Zusammenhang auch immer wieder den Begriff »soziale Unterprivilegiertheit«.

Der Vater entstammte einer selbstbewussten, kämpferischen Arbeiterfamilie und definierte sich selbst als »Linker« und als »ein sehr politischer Mensch«, erzählt Franz Vranitzky. Gegen großen inneren Widerstand musste er 1939 in die deutsche Wehrmacht einrücken. Die Mutter musste die Kinder während der Kriegsjahre alleine durchbringen.

Über die gesamte Bandbreite des politischen Geschehens, tagesaktuelle Ereignisse, Kampfhandlungen, Zerstörung, Tod, Elend und Leid, ausgelöst durch das unmenschliche Agieren des faschistischen Regimes, wurde in der Familie Vranitzky stets offen gesprochen. In Abwesenheit des Vaters, der ja in der Hitler-Armee dienen musste, wiederholte die Mutter in ihrer intuitiven Art zu formulieren immer wieder einen Satz, der dem Sohn bis heute im Gedächtnis geblieben ist: »Die Nazis sind ein G'sindel.« Vielleicht hatte sie das Gefühl, sich mit diesen emotionalen Worten vor dem Krieg, vor dem Bösen schützen zu können. Sie musste stark sein, um mit ihren kleinen

Kindern zu überleben. Bei allem, was sie sagte, musste sie aber äußerst vorsichtig sein, denn im Haus wohnten auch NSDAP-Mitglieder, die in Spitzelmanier alles beobachteten und kontrollierten. An der Ablehnung und dem inneren Widerstand der Mutter gegenüber den Nazis hatte auch ihr Mann einen nicht unwesentlichen Anteil. »Er hat ihr das eindringlich mitgeteilt und sie um die Weitergabe der Worte und Gedanken an den Sohn und die Tochter ersucht. Das war eine Transformation«, meint Franz Vranitzky heute.[3]

In diesem familiären Umfeld und einer Atmosphäre von Misstrauen, Abscheu und Widerstand gegenüber den Nazis und ihrer Ideologie wuchs Franz Vranitzky auf. Bei ihm zu Hause hing kein Hitler-Bild über dem Esstisch, die Mutter weigerte sich, nationalsozialistische Symbole anzunehmen oder Kleidungsstücke mit solchen Symbolen zu tragen. In der ersten Klasse Volksschule bekamen Franz Vranitzky und seine Mitschüler eines Tages vom Lehrer eine dunkelblaue Kappe mit Hakenkreuz geschenkt, eine Werbe-Aktion der Nazis. Die Mutter sah darin eine nützliche Kopfbedeckung – aber ohne Nazisymbol. Sie zögerte nicht lange, griff zur Schere und schnitt das Hakenkreuz heraus. Als Franz Vranitzky am nächsten Tag ohne Hakenkreuz auf der Kappe in der Schule erschien, war die Hölle los. Die Mutter wurde zum Direktor zitiert und fürchterlich angebrüllt. Sie gab jedoch nicht nach und argumentierte, dass kein Hakenkreuz auf so eine schöne Kappe passe, erinnert sich Franz Vranitzky an den hartnäckigen Widerstand seiner Mutter. Für sie war es schlicht undenkbar, in die Nazi-Welt mit all ihren Symbolen und Geschichten einzutauchen. Sie wollte nicht dazugehören, auch wenn der Vater zur Wehrmacht eingerückt war.

Dass er als Kind der Generation derer, die damals Verantwortung trugen, sehr nahe war, hat bei ihm später, in seiner Zeit als Jugendlicher und Erwachsener, große Neugierde und Interesse an der Zeit des Zweiten Weltkrieges ausgelöst. Als er Zusammenhänge besser verstehen und klar einordnen konnte, stellte er die richtigen

weiterführenden Fragen: Wie war es möglich, dass in einem kulti-
vierten Land Europas plötzlich Massenvernichtungen und systema-
tische Morde organisiert werden konnten und all das verloren ging,
woran viele Generationen gearbeitet hatten? Wie konnte es so weit
kommen, dass all das verschwand, was Kultur und Humanismus, was
europäische Werte gebildet und ausgemacht hatte? Mit welcher ver-
brecherischen, menschenverachtenden und -vernichtenden Dynamik
konnte so großes Unrecht über ein Land kommen? – Diese Fragen
beschäftigen Franz Vranitzky bis heute.

Als der Vater nach dem Krieg und nach russischer Gefangen-
schaft wieder nach Wien zurückkehrte, war sein Sohn schon acht
Jahre alt und besuchte die Volksschule. Durch die Anwesenheit des
Vaters intensivierten sich die politischen Diskussionen in der Familie,
weil dieser mit seiner Meinung auch nie hinter dem Berg hielt. Das
war auch im Krieg schon so gewesen. Als einfacher Soldat hatte er
ausgesprochen, was er sich gedacht hatte. Selbst in gefährlichen Situ-
ationen war er nicht stumm geblieben. Ein Risiko. »Deswegen ist er
auch nie befördert worden«, bemerkt Franz Vranitzky. »Der Vater hat
es im Krieg nicht leicht gehabt, aber er hat es sich auch nicht leicht
gemacht.«

Mit dem Vater kamen auch wieder politische Bücher und Zeitungen ins Haus. Darunter fanden sich *Neues Österreich*, die *Arbeiter-
Zeitung*, *Das Kleine Blatt*, die *Weltpresse* und die *Volksstimme*. Titel,
die es heute gar nicht mehr gibt. Auch viele Bücher über Wider-
standskämpfer gegen das Hitler-Regime und Berichte von Kämpfern
im Spanischen Bürgerkrieg fanden sich im Haushalt der Familie
Vranitzky. Kommunistisches Informationsmaterial und Broschüren
waren ebenfalls darunter. Der Vater war ursprünglich Sozialdemokrat, sympathisierte in den wirtschaftlich und politisch katastro-
phalen Dreißigerjahren und nach dem Verlust aller Ersparnisse aber
mit den Kommunisten. Seinem Empfinden nach waren die Roten
nach dem verlorenen Bürgerkrieg gegen den austrofaschistischen

Ständestaat im Februar 1934 zu wenig links gewesen. Vranitzkys Vater hatte zwar nicht aktiv aufseiten des Republikanischen Schutzbundes mitgekämpft, er hatte aber ein traumatisches Erlebnis gehabt: Ein Freund, mit dem er auf der Straße unterwegs gewesen war, war neben ihm erschossen worden. Nach dem Schock der Niederlage der Roten und des aufkommenden autoritären Systems wandten sich viele Arbeiter von der zerschlagenen und im Ständestaat verbotenen Sozialistischen Arbeiterpartei ab. Manche wandten sich den Kommunisten zu, andere – und nicht wenige – begannen mit den Nationalsozialisten zu kooperieren und wurden schnell NSDAP-Mitglieder. »Irgendwann«, erzählt Franz Vranitzky, fand sein Vater »wieder zur Sozialdemokratie zurück«. Seinen Beruf als Eisengießer musste er wegen eines Arbeitsunfalles bald nach dem Krieg aufgeben. Flüssiges Eisen war ihm in die Augen gespritzt. Beim Wasserwerk der Gemeinde Wien fand er eine neue Anstellung.

Antifaschismus und Humanität

Die Gedankenwelt des Vaters faszinierte Franz Vranitzky sehr, und er macht kein Hehl daraus, dass die antifaschistische Haltung und Humanität des Vaters deutliche Spuren hinterlassen hat. Sein Vater lehnte auch »jede Art von Fremdenhass und Antisemitismus ab. Darüber hat er auch streiten können«, betont Franz Vranitzky.

Da der Familie eine gute Bildung ihres Sohnes sehr wichtig war und Franz Vranitzky von seinen Volksschullehrern als begabter Schüler beschrieben wurde, schickte sie ihn – trotz großer finanzieller Probleme – aufs Gymnasium. Was die Eltern ihrem Sohn ermöglichten, blieb der jüngeren Tochter allerdings verwehrt. »Leider«, bedauert Franz Vranitzky Jahrzehnte später.

Im Bundesrealgymnasium in der Geblergasse im 17. Bezirk vertiefte der junge Vranitzky das Wissen, das er durch die Gespräche mit dem Vater vermittelt bekam. »Durch die Lektüre politischer Werke bin ich tiefer in sozialdemokratische Inhalte eingedrungen. Ich habe damals viel politische Literatur gelesen, aber nicht unbedingt die großen theoretischen Grundsatzwerke.« Erdrückend wirkten auf ihn die Bücher über die Erfahrungen und das Leid von Opfern des Nationalsozialismus. Kaum erträglich waren ihm Berichte von Menschen, die gequält worden waren, Schmerzen gelitten hatten, eingesperrt worden waren und hungern hatten müssen. Deutliche Spuren hinterließen Erzählungen von Verwandten und Nachkommen jener Menschen, die in Konzentrations- und Vernichtungslagern ermordet worden waren. »Ich habe die Sozialdemokratie immer als ein Bollwerk gegen den Nationalsozialismus empfunden, und ich habe für mich die Sozialdemokratie als Antithese zum Nationalsozialismus aufgebaut«, erklärt Franz Vranitzky seine damaligen Erkenntnisse und seinen Zugang zur Sozialdemokratie, an dem sich im Prinzip bis heute nichts geändert hat. Allerdings bekam dieses Bild vom »sozialdemokratischen Bollwerk« gegen die Nazis während des Studiums an der damaligen Hochschule für Welthandel deutlich wahrnehmbare braune Flecken. »Als ich als junger Erwachsener in dieser Zeit mit der Realität konfrontiert wurde, musste ich feststellen, dass es selbst innerhalb der Sozialdemokratie ehemalige Nationalsozialisten gab.« Und wie wir wissen und Historiker eindeutig belegen können, waren das nicht wenige.

Trotz dieser enttäuschenden Einsicht über so manche Nähe und Kollaboration von Sozialdemokraten mit dem Naziregime wandte sich Franz Vranitzky im Berufsleben der Sozialdemokratie zu. »Da ich politische Systeme und ideologische Positionen vergleichen konnte, haben mir Sozialdemokraten immer mehr zugesagt. Die SPÖ ist mir mehr gelegen als andere Parteien, zum Beispiel als die Volkspartei.«

Den Weg an die Spitze der SPÖ fand er nicht – wie üblich – über die Partei-Organisationen, über die sogenannte »Ochsentour«, die von den Kinderfreunden bis zu den Sozialistischen Studenten führt, sondern durch die Erfahrungen in der Familie, über Literatur, die Diskussionen mit dem Vater und die daraus abgeleiteten Schlussfolgerungen.

Sport statt Ochsentour in der SPÖ

Dass Franz Vranitzky nie Mitglied der Sozialistischen Jugend und des Verbandes Sozialistischer Studenten in Österreich (VSStÖ) war, erklärt er mit seiner Begeisterung für den Sport, der in seinem jungen Leben eine »dominante Rolle« gespielt hatte. Begonnen hatte diese Sportbegeisterung schon in der Volksschule. »Nach dem Unterricht haben wir auf der Straße Fußball gespielt.« Mit einem Freund zieht es ihn zum Wiener Sportklub, wo er in der Knaben-Mannschaft ein oder zwei Saisonen verbringt. Noch heute ist Franz Vranitzky Anhänger des Wiener Sportklubs, der zu seinem Leidwesen in der Regionalliga gelandet ist. »Ich bin überhaupt kein fanatischer Anhänger von irgendetwas. Wenn es aber um die obere Fußball-Liga geht, dann hoffe ich immer, dass die Austria gewinnt.«

In der zweiten Klasse Gymnasium kommt es zum entscheidenden Wechsel in der Sportart: Basketball ist nun angesagt und viel Disziplin im harten Training. Die Basketball-Begeisterung ergab sich nicht allein aus einem gewissen Talent, sondern auch aus günstigen Umständen: In der Schule gab es einen modernen Turnsaal, der von US-Besatzungssoldaten mit neuen Basketballkörben ausgestattet worden war – für die Nachkriegszeit eine Sensation und für Buben ein Anreiz, das Basketball-Spiel zu erlernen.

Für begeisterte Basketball-Spieler gab es damals zwei Meeting Points. Der erste war die Halle in der Herrengasse im Palais Ferstel. Im Saal des herrschaftlichen Gebäudes, der heute als Festsaal für noble Veranstaltungen dient, wurden sogar Länderspiele ausgetragen. Der zweite Treffpunkt war die Halle der United States Forces in Austria (USFA) im Messepalast, ein Spielort mit bester Ausstattung. Auf einem versiegelten Parkettboden wurden sogar Meisterschaftsspiele der US-Soldaten ausgetragen. Franz Vranitzky erzählt heute noch gerne von diesen »einzigartigen Erlebnissen« für die jungen Wiener Basketball-Spieler. Täglich trainierte er mit seinen Freunden, auch am Wochenende trafen sie sich in der Herrengasse. Freundschaften

16. September 1992: Der ehemalige Spieler der österreichischen Basketball-Nationalmannschaft, Franz Vranitzky, löst eine verlorene Wette von »Wetten, dass…?« ein und spielt beim Basketball-Spiel „Basket Flyers« gegen »Bayer 04 Leverkusen« im Budocenter in Wien

entstanden, die über viele Jahre hielten. Beim Basketball im Palais Ferstel lernte Franz Vranitzky auch seine spätere Ehefrau Christine kennen. Vor und nach den Spielen wurde zudem viel über Themen diskutiert, die nichts mit dem Sport zu tun hatten, man tauschte sich über Mode, Musik, Theater, Bücher und vieles andere aus.

Franz Vranitzky bringt es weit beim Basketball: Er wird Mitglied der österreichischen Basketball-Nationalmannschaft und nimmt mit neunzehn Jahren an seinem ersten Länderspiel teil. Er absolviert zahlreiche Wettkämpfe im Westen, in Deutschland und Frankreich, ebenso wie in kommunistischen Ländern des Ostens Europas. Mit 27 Jahren zwingt ihn eine Knieverletzung, mit dem Leistungssport aufzuhören.

Geblieben sind Franz Vranitzky aus dieser intensiven Zeit nicht nur der nostalgische Rückblick, Erinnerungen an aufregende Sportereignisse sowie eine beachtliche Basketball-Karriere. Der Sport ermöglichte ihm auch, in frühen Jahren zahlreiche Länder zu bereisen und kennenzulernen und so Einblick in ein zwischen Ost und West geteiltes Europa zu bekommen: in ein Europa der liberalen Demokratie und ein Europa des Kommunismus. Der Sport prägte in ihm auch Eigenschaften, die er später im Beruf als Bankmanager und Spitzenpolitiker sehr gut brauchen und einsetzen konnte. Dazu gehören äußerste Disziplin, Team- und Kampfgeist, strategisches Zusammenspiel, der Umgang mit Gewinnen und Verlusten, mentale Stärke sowie Kommunikation: die Fähigkeit, Kompromisse zu finden und Konflikte auszutragen.

Basketball, der Sport mit präziser, ausgefeilter Technik, strengen Regeln und klarer Teamorientierung, hat den späteren Bundeskanzler bei jedem USA-Aufenthalt begleitet. »Der Besuch eines Basketball-Spiels der NBA gehörte dazu wie das Amen im Gebet«, schreibt Karl Krammer, der langjährige Pressesprecher von Bundeskanzler Franz Vranitzky in einem Essay über seinen Chef.[4] In der Regel war der Besuch eines Basketball-Spiels von Mannschaften wie den Chicago Bulls oder den New York Knicks oder der Besuch beim Training der Los Angeles Lakers ein wichtiger Programmpunkt des Kanzlers während seines Aufenthaltes in Amerika.

Kommen wir jedoch noch einmal zurück in die Zeit von Franz Vranitzkys Kindheit, denn da gibt es noch einiges zu entdecken: zum Beispiel den Zugang und Umgang mit zwei christlichen Religionsgemeinschaften, mit Katholiken und Protestanten. Und das kam so: Der Vater war protestantisch, die Mutter streng katholisch. Nach der Eheschließung behielt jeder der beiden Partner sein religiöses Bekenntnis bei. Da die Mutter im Krieg Alleinerzieherin war und während des Krieges über einen längeren Zeitraum nichts von ihrem Mann gehört hatte, ging sie davon aus, dass er vermisst wäre. Sie war sehr gläubig und fühlte sich schuldig, dass ihr Sohn nicht katholisch getauft war. Nichts lag für sie näher, als ein Versprechen abzulegen, ein privates Gelübde sozusagen: Für den Fall, dass der Vater heil aus dem Krieg zurückkommen sollte, sollte der Sohn katholisch getauft werden. Und das geschah schließlich auch. Das Sakrament der römisch-katholischen Taufe empfing Franz Vranitzky als Achtjähriger. Bis dahin hatte er als Volksschüler den protestantischen Religionsunterricht besucht und dafür einmal pro Woche mit der Straßenbahn in die evangelische Kirche des 17. Bezirks fahren müssen. Der Unterricht hatte aber nicht wirklich stattgefunden: »Ich bin einfach dort gesessen und habe gewartet, bis die Stunde vorbei war«, erinnert sich Franz Vranitzky. Nach der Taufe ging er dann in den katholischen Religionsunterricht und besuchte auch regelmäßig die Sonntagsmesse.

Religion ist »Privatsache«

Jahrzehnte später gab es noch einmal eine religionsbezogene Begebenheit im Leben von Franz Vranitzky. Im November 1986, in der Schlussphase des Wahlkampfes, deckte das Nachrichtenmagazin *Wochenpresse* auf, dass Vranitzky im Herbst 1984, damals gerade frischgebackener Finanzminister, aus der katholischen Kirche ausgetreten war. »Im Sommer 1986, soeben zum Bundeskanzler avanciert, war er wieder eingetreten«, schreibt Hans Rauscher, der Doyen des innenpolitischen Journalismus, in seinem Buch »Vranitzky. Eine Chance«.[5] Es war eine interne familiäre Entscheidung, über die Franz Vranitzky nicht viele Worte verlieren will. »Ich war da zwischen gesellschaftlichen Konventionen hin- und hergerissen. Aber es ist eine Lehre für mich. Man handelt ohnehin oft genug unklug, aber nicht ein jeder Fall ist dann ein so ungewöhnlicher wie dieser.«[6]

Religion betrachtet Franz Vranitzky als »Privatsache«, die man nicht an der Anzahl der Kirchenbesuche, an der Teilnahme an Gottesdiensten und Gebetsformeln bewerten könne. »Ich selbst bin nicht religiös in diesem Sinne.« Religion sei für ihn eine zutiefst von moralischen und ethischen Prinzipien geprägte Angelegenheit. »Die Einhaltung konfessioneller Prinzipien ist für mich selbstverständlich. Ich bediene mich diescr Grundsätze, ohne täglich darüber nachzudenken oder darüber zu reden.« Franz Vranitzky betont ausdrücklich, dass er »jede Person respektiert, die sich zu einer Religion bekennt und die Gläubigkeit auch sichtbar zum Ausdruck bringt«. Mit einer Ausnahme: Er würde sich »dagegenstellen, wenn eine militante, gewaltsame Auffassung von Religion dafür eingesetzt würde, um vorherrschende politische oder moralische Prinzipien und Lebensgewohnheiten zu bekämpfen«. Und dabei geht es ihm nicht nur um religiös motivierten Terrorismus. Gewalt im Namen der Religion muss nicht Kampf und Krieg sein. Es kommt immer wieder vor, dass das Schicksal von Kindern einem religiösen Drang oder religiöser Blindheit und Fanatismus untergeordnet wird, wenn zum Beispiel lebensrettende ärztliche Behandlungen von Kindern verweigert oder wichtige Impfungen unterlassen werden.

In einem unserer Gespräche, in dem es um Religion geht, greift Franz Vranitzky auch die Debatte über das Kopftuchverbot auf. Überzeugend plädiert er dabei für eine »ungezwungene Normalität«. Jede Frau sollte autonom entscheiden können, ob sie ein Kopftuch tragen will oder nicht. Wenn damit allerdings bestimmte Zwänge verbunden sein sollten, wie berichtet wird, »dann kann man das nicht gutheißen«. Franz Vranitzky betont, dass es »positiv wäre, wenn die Mehrheitsbevölkerung zu den Zugewanderten ein offenes Verhältnis entwickeln könnte«. Es gehe ihm bei allen »zwanghaften Vorbehalten nicht um Übereinstimmung, sondern um einen freien und vorbehaltlosen Umgang mit Menschen anderer Religion und Herkunft. Es geht um die Bereitschaft, dem anderen zuzuhören, Respekt entgegenzubringen und tolerant zu sein.« An dieser Stelle fällt Franz Vranitzky Johann Wolfgang von Goethe ein, und er verweist auf ein bekanntes Zitat: »Toleranz sollte eigentlich nur eine vorübergehende Gesinnung sein: Sie muss zur Anerkennung führen. Dulden heißt beleidigen.«[7]

»Integration schafft man nur durch das Zugehen auf Menschen«

Bei dem viel und kontroversiell diskutierten Thema »Integration« ist Franz Vranitzkys Position eindeutig: »Integration schafft man in erster Linie nicht durch Anordnungen, Verbote oder Bestrafungen, sondern durch das Zugehen auf Menschen, auch wenn sie anderer Konfessionen sind.« Er erinnert auch in dieser Debatte an ein Credo seiner Politik, das »Erklären« lautet: »Es geht um das Gewinnen der Menschen durch Erklären.« Das sei eine Aufgabe, »die staatliche Stellen und die politisch Verantwortlichen übernehmen und weitertragen müssen«. In der gegenwärtigen Situation gebe es dabei »beachtliche Lücken« und »Missverständnisse«. Die vorherrschende Meinung sei nämlich, dass man »Integration durch Anordnen herbeiführen kann. Das wird aber nicht funktionieren.«

»Ich habe Bücher verschlungen«

Das Interesse an und die offene und liberale Haltung gegenüber anderen Kulturen wurde Franz Vranitzky im Gymnasium vermittelt. Lesen trug maßgeblich dazu bei. »Ich habe Bücher verschlungen«, erzählt er und nennt einige Autoren, die besonderen Eindruck auf ihn machten: Charles Dickens, William Somerset Maugham, James A. Michener, F. Scott Fitzgerald. Auf viele dieser Namen wies ihn seine Englisch-Professorin hin, die großen Einfluss auf Franz Vranitzky hatte. Regelmäßig besuchte er auch die amerikanische Bibliothek am Rathausplatz, um sich englischsprachige Literatur auszuborgen.

Aber auch vonseiten des Deutsch-Professors gab es interessante Literatur-Empfehlungen. Dieser legte ihm die österreichischen Schriftsteller Franz Grillparzer und Joseph Roth nahe, Letzteren mit seinen Werken »Hiob« und »Kapuzinergruft«, sowie auch Bücher von Stefan Zweig, besonders dessen zahlreiche Biografien und als Pflichtlektüre »Die Welt von Gestern«. Nicht zu vergessen Heimito von Doderer mit seinem Roman »Die Dämonen«.

Leidenschaftlicher Leser: Franz Vranitzky in der Bibliothek seines Hauses

Der Deutsch-Professor dachte nicht in engen nationalen Kategorien: Er favorisierte auch französische Autoren und machte seine Schüler darauf aufmerksam. Auf den Leselisten fanden sich Werke von Victor Hugo, Émile Zola, Albert Camus und Jean-Paul Sartre. Auch Georg Kaiser wurde empfohlen ebenso wie Ernest Hemingway. Was den Zugang zu bestimmten Autoren und Werken anging, gab es eine Rivalität zwischen der Englisch-Professorin und dem Deutsch-Professor. Die Englisch-Professorin lehnte Hemingway ab, da er für sie »ein Säufer« war. »Deswegen lese ich ihn ja nicht«, antwortete ihr Schüler Franz Vranitzky. Schon damals machte sich sein trockener Humor bemerkbar.

Kunst, Kultur, Politik und Geschichte – vieles wurde Franz Vranitzky im Gymnasium im 17. Bezirk nähergebracht. »Manche rümpfen die Nase und sagen: ›eine Vorstadt-Schule‹. Ich habe aber die Schule und die Schulzeit in sehr guter Erinnerung.« Das Beispiel des Schülers Franz Vranitzky zeigt, dass in jedem Fall Lehrer vorbildhaft sind, die Schüler fördern, motivieren und sie für Neues interessieren – ganz egal, in welchem Umfeld das erfolgt.

Wichtige politische Impulse bekam Franz Vranitzky auch im Geschichtsunterricht bei einem Lehrer, der es wagte, seine Schüler sachlich über die Hintergründe der Februar-Kämpfe 1934 zwischen dem Republikanischen Schutzbund und der Heimwehr zu informieren, die dem Ständestaat untergeordnet war. Das missfiel nicht wenigen Eltern, die daraufhin in die Schule kamen und gegen die angeblich einseitige Vermittlung der historischen Inhalte durch den Geschichte-Professor protestierten. »Der Unterricht war sehr ausgewogen«, erinnert sich hingegen Franz Vranitzky. Im Fach Geschichte hat er auch maturiert mit einem heute noch brisanten und anspruchsvollen Thema: »Die Weltfriedensbestrebungen – von der Pax Augustea bis zur UNO«.

Oper vom Stehplatz aus erlebt

Nicht nur Literatur, sondern auch die Welt des Theaters und der Oper lernte Franz Vranitzky bereits als Schüler kennen. In die Staatsoper konnte er nicht gehen, das Haus am Ring war noch zerstört. Ebenso wie das Burgtheater. »Viele meiner Erlebnisse fanden nach dem Krieg in der Besatzungszeit statt.« Auf dem Stehplatz in der Volksoper erlebte Franz Vranitzky seine erste Opernaufführung. Richard Wagners »Tannhäuser« stand auf dem Programm. »Das ist Oper?«, fragte sich der Jugendliche noch während der Vorstellung und beschloss kurzerhand, »nie wieder in die Oper zu gehen«. Die Enttäuschung über den ersten Opernbesuch verflog jedoch sehr rasch, die Neugierde überwog. Franz Vranitzky suchte das Theater an der Wien auf, wo Mozarts »Zauberflöte« auf dem Spielplan stand. Von der Musik, der Aufführung und vom Inhalt war er hingerissen. Ab nun wollte er weiterhin Opern hören und sehen.

Das Ausweichquartier des Burgtheaters war das Ronacher, das noch vor dem offiziellen Kriegsende am 30. April 1945 wiedereröffnet worden war. »So habe ich die erste große Aufführung des Burgtheaters im Ronacher erlebt. Hier habe ich auch alle großen Schauspieler der damaligen Zeit, Albin Skoda, Ewald Balser und Judith Holzmeister, gesehen und erlebt.«

Kunst und Kultur haben Franz Vranitzky aber weit über das Schüler- und Studentenleben hinaus begleitet. Die Förderung von Kunst und Kultur und der direkte Kontakt zu Künstlern waren ihm auch später als Bundeskanzler ein großes Anliegen.

2. START DER POLITISCHEN KARRIERE 1984: FRANZ VRANITZKY WIRD FINANZMINISTER

»Diese Entscheidung für die Politik und dieser Einstieg in die Politik waren für mich nicht einfach.«
FRANZ VRANITZKY

»Die Wirtschaftspolitik muss sich vom Dogma der reinen Machbarkeit lösen.«
FRANZ VRANITZKY

»Traue ich mir das Ministeramt zu? Und kann ich die Einladung von Bundeskanzler Fred Sinowatz, in die Regierung einzutreten, aus staatsbürgerlichem Pflichtverständnis und aus Parteiräson leichtfertig ablehnen? – Nein. Dennoch gingen mir diese Fragen durch den Kopf, als mich der Anruf von Bundeskanzler Fred Sinowatz erreichte«, erinnert sich Franz Vranitzky an das Angebot, Finanzminister zu werden.

Während er bei einem unserer Treffen Jahrzehnte später den Moment schildert, der sein weiteres Leben bestimmte, hält Franz Vranitzky kurz inne und erklärt dann mit ruhiger Stimme: »Diese Entscheidung für die Politik und dieser Einstieg in die Politik waren für mich nicht einfach. Es war schwierig.«[8] Der Generaldirektor der Österreichischen Länderbank nahm den Wechsel in die Politik trotz bester Empfehlungen, fachlicher Kompetenz, Führungsqualität und internationaler beruflicher Erfahrung nicht auf die leichte Schulter. Die Erwartungen an ihn waren groß, die Verantwortung, die er übernahm, ebenso.

Der Weg in die Regierungspolitik hatte beim Europäischen Forum in Alpbach begonnen. Franz Vranitzky war hier immer wieder gern gesehener Gast. Als Spitzenmanager der Länderbank nahm er auch 1983 an den Diskussionen im Tiroler Bergdorf teil. Das Publikum reiste aus der ganzen Welt an.[9] Im Spätsommer dieses Jahres traf er beim Asien-Gipfel die indische Premierministerin Indira Gandhi. Sie war auf Einladung von Bundeskanzler Fred Sinowatz Ehrengast des Kongresses.

Von Gandhis großer Rede berichtet Otto Molden, der Gründer des Europäischen Forums Alpbach, ausführlich in seinem Buch »Odyssee meines Lebens«[10]: »Indira Gandhi entrollte ein eindrucksvolles Bild der Entfaltung der indischen Kultur seit der Zeit Alexander des Großen und der Mogul-Herrscher bis in die Tage unserer Gegenwart, bis zu Mahatma Gandhi und ihrem Vater, Pandit Nehru. Sie schilderte auch den europäischen Einfluss auf Indien. Es war ein großartiges Bild indischer Geschichte und Kultur, das Indira Gandhi kurz vor ihrer Ermordung vor einem europäischen Auditorium zeichnete.«[11]

Der Historiker und europäische Visionär berichtet in seinem Buch aber auch, dass an dem Vortrag von Indira Gandhi und dem anschließenden Essen »zwei jüngere Bankdirektoren teilnahmen, die beide wenige Jahre später Ministerpräsidenten (bzw. Bundeskanzler) ihrer Länder werden sollten. Der eine war Franz Vranitzky, der im Jahr 1986 Regierungschef Österreichs wurde, der andere war der Portugiese Aníbal Cavaco Silva, der 1985 zum Ministerpräsidenten seines Landes gewählt wurde.«[12]

Diese kurze Schilderung Otto Moldens gibt einen wichtigen Hinweis darauf, dass Franz Vranitzky – wann immer er konnte und die nötige Zeit hatte – Begegnungen und Gespräche suchte, die nicht nur Geldtransfers, Kreditvergaben, Wechselkurs-Mechanismen, Projekt-Investitionen und globale ökonomische Verflechtungen zum Inhalt hatten, sondern weit über finanz- und wirtschaftspolitische Themen hinausgingen. Er beteiligte sich gerne an kritischen Debatten über Fragen der Kultur, der Literatur, der Geschichte, über die Entwicklung der Gesellschaft oder die Zukunft der internationalen Beziehungen. Franz Vranitzky war leidenschaftlichen, von gegenseitiger Achtung getragenen Streitgesprächen – trotz oftmaliger gegenteiliger Behauptung – nicht abgeneigt.

Der Anruf in Alpbach

Ein Jahr später, Ende August/Anfang September 1984, reiste Franz Vranitzky erneut ins idyllisch-pittoreske Alpbach, wo die Wirtschaftsgespräche dem Schwerpunkt »Westeuropa – USA – Japan« gewidmet waren. Wie all die Jahre zuvor, bot auch diese Themensetzung Politikern, Managern, Philosophen, Intellektuellen und Vertretern aus Kunst und Kultur eine Bühne für ihre globale Tour d'Horizon. Doch diesmal war der Aufenthalt des Bankdirektors keine Routine-Angelegenheit, wie in den Jahren zuvor. Vieles kam anders als geplant. Von angeregter Diskussion war keine Rede mehr, als das Telefon läutete und Bundeskanzler Sinowatz sich mit einer kurzen, unverblümten Frage meldete: »Willst du Finanzminister werden?«

Franz Vranitzky erreichte der Anruf nicht ganz unvorbereitet. Schon in den Apriltagen 1983, kurz nach der Nationalratswahl, bei der die SPÖ die absolute Mehrheit verfehlte, hatte Fred Sinowatz, der Nachfolger Bruno Kreiskys an der Regierungsspitze, Franz Vranitzky die Frage gestellt, ob er nicht Finanzminister werden wolle. Zu diesem Zeitpunkt kam dem Generaldirektor der Länderbank dieses Ansinnen sehr ungelegen. Er war erst zwei Jahre zuvor mit der Führung der Bank und den enormen Restrukturierungsaufgaben innerhalb derselben betraut worden. Und das war alles andere als eine leichte Aufgabe.

Eine Antwort blieb Franz Vranitzky damals erspart. Weil Fred Sinowatz bei seiner Regierungsbildung den Wünschen Bruno Kreiskys folgte, der zwar entschlossen bekundet hatte, aus der aktiven Politik auszusteigen, dessen Ansichten jedoch für seinen Nachfolger deutlich spürbar blieben, hielt dieser an Finanzminister Herbert Salcher fest. »Salcher als Minister war Kreiskys persönliche

›Erfindung‹ gewesen«, schreibt Franz Vranitzky in seinen Memoiren.[13] Kreisky konnte in seiner Amtszeit auf die uneingeschränkte Loyalität Salchers, des ehemaligen Landeshauptmann-Stellvertreters von Tirol, zählen. Und das galt ganz besonders für die Auseinandersetzung mit Hannes Androsch. Der neue Bundeskanzler wollte keinen unnötigen Konflikt mit Kreisky provozieren, und Herbert Salcher, der Begründer des »Mallorca-Paketes«, blieb vorläufig im Amt. Franz Vranitzky ereilte wenige Stunden nach dem Angebot, Finanzminister zu werden, der neuerliche Anruf von Fred Sinowatz: »Vergiss es«, lautete seine kurze Bemerkung.

Franz Vranitzky blieb weiterhin Generaldirektor und Vorstandsvorsitzender der Österreichischen Länderbank, wo er ohnedies genug damit zu tun hatte, das Finanzinstitut zu konsolidieren. Schon bei seiner Bestellung im Jahr 1981 hatte er vorausgesehen, dass die folgenden Jahre an der Spitze einer schwer angeschlagenen und im Mehrheitseigentum der Republik stehenden Großbank zu den schwierigsten seines Lebens zählen würden.[14] »Ich habe die Länderbank in einem kritischen Zustand übernommen. Die Bank hatte in ihrem Portefeuille einige schwerwiegende faule Kredite. Mit denen musste sie fertigwerden, was sie nur mithilfe des Mehrheitseigentümers, der Republik Österreich, erledigen konnte«, erzählt Franz Vranitzky nüchtern.[15]

Im Spätsommer 1984 kam von Bundeskanzler Fred Sinowatz der zweite Versuch, Franz Vranitzky für die Aufgabe des Finanzministers zu gewinnen, weil das Arbeitsverhältnis zwischen Sinowatz und Herbert Salcher in keiner Weise friktionsfrei war. Das Zerwürfnis zwischen Bruno Kreisky und seinem ehemaligen Vizekanzler und Finanzminister Hannes Androsch belastete die Amts- und Parteiführung von Fred Sinowatz. Der Konflikt erreichte seinen Höhepunkt im August 1984, als Herbert Salcher im Alleingang der Staatsanwaltschaft Wien eine Sachverhaltsdarstellung über ein Androsch vorgeworfenes Vergehen gegen ein Steuergesetz übergab. Die Turbulenzen, die auch in den Medien breiten Niederschlag fanden, nahmen kein Ende und Sinowatz war gezwungen, rasch zu handeln und den Finanzminister auszutauschen.

»Er macht es«

Der Bundeskanzler hatte schon seit einem Jahr den angesehenen und erfolgreichen Finanzexperten und Bankmanager für dieses Amt im Auge. Erneut griff Fred Sinowatz zum Hörer und rief Franz Vranitzky an. Auch wenn die Frage: »Willst du Finanzminister werden?« für Franz Vranitzky beim zweiten Anlauf nicht so ganz überraschend kam, erbat er sich ein, zwei Tage Bedenkzeit, um sich das Angebot beruflich und privat gut zu überlegen. Sinowatz räumte ihm diese Nachdenkphase ein. Noch von Alpbach aus setzte Franz Vranitzky zuallererst seine Frau Christine Vranitzky und seine Kinder vom Angebot des Bundeskanzlers in Kenntnis. Lange Diskussionen oder Bedenken vonseiten der Familie gab es nicht. »Meine Frau ist unser ganzes gemeinsames Leben immer mit mir mitgegangen. Bei ihr hat sich die Denkarbeit nicht in der Frage erschöpft, soll mein Mann es machen oder nicht? Für sie war klar: ›Er macht es.‹« Auch die bereits erwachsenen Kinder, Tochter Claudia und Sohn Robert, hatten keine Einwände. Sie waren mit allem einverstanden, was ihr Vater plante und für richtig hielt.

Franz Vranitzky selbst wog alle Vor- und Nachteile ab. Tausend Gedanken, Fragen und auch Zweifel schossen ihm noch in Alpbach durch den Kopf. Der schwierige Konsolidierungsprozess der Länderbank war soeben abgeschlossen. Er hatte die mit kriminellen Kreditausfällen in Höhe von mehr als vier Milliarden Schilling belastete Länderbank durch die ihre Existenz bedrohende Krise gebracht – allerdings mit einem Staatszuschuss von drei Milliarden Schilling – und hatte das hierarchisch und bürokratisch geführte Finanzinstitut reorganisiert und modernisiert.

Vor dem Hintergrund dieser Entwicklung stellte sich Franz Vranitzky die Frage, was ein Abgang des Generaldirektors zu diesem

Franz Vranitzky wird in seiner politischen Laufbahn von seiner Familie unterstützt: Der Bundeskanzler wartet am 7. Oktober 1990 nach der Stimmabgabe bei der Nationalratswahl mit seiner Gattin Christine und Tochter Claudia in der Gaststätte Schiefer in der Eroicagasse im 19. Wiener Gemeindebezirk geduldig auf das Ergebnis der Wahl

Zeitpunkt bedeuten würde. Wie würden die internationalen Partner darauf reagieren? Was die Mitarbeiter denken? Ohne dass es Franz Vranitzky jemals ausgesprochen hätte, könnte auch das Einkommen eine Rolle in diesen Überlegungen gespielt haben: Als Länderbank-Chef, dessen Gehalt monatlich rund 100.000 Schilling betrug, verdiente er dreimal so viel wie als Finanzminister. Dazu kam, dass Franz Vranitzky auch das konfliktbeladene Verhältnis zwischen Bundeskanzler Sinowatz und Finanzminister Salcher tangierte. Sinowatz war auf Salcher »nicht besonders gut zu sprechen. In der Partei, wo Androsch noch viel Zustimmung hatte, jedenfalls weit mehr als Salcher, hat das einige stürmische Entwicklungen hervorgerufen«, erinnert sich Franz Vranitzky.

Als Länderbank-Generaldirektor hatte er bei der Rettung des Bankhauses keine besonders guten Erfahrungen mit Salcher als Finanzminister gemacht. »Herbert Salcher hat mir immer wieder gesagt, er stehe zur Verfügung, entscheidend dabei zu helfen, das Institut wieder in Ordnung zu bringen. Die Bank könne nicht im Stich gelassen werden. Doch diese Zusagen und Versprechungen haben sich dann in der praktischen Durchführung als einigermaßen wackelig erwiesen«, stellt er enttäuscht fest. Die Gespräche mit Mitarbeitern Salchers über die Hilfe des Eigentümers waren nach Erzählungen Franz Vranitzkys »langwierig und kompliziert«. »Die Mitarbeiter standen oft auf der Bremse und haben in vielen Phasen der Verhandlungen immer wieder betont, der Staat dürfe nicht übervorteilt werden.« Kurzum: »Es war eine sehr, sehr schwierige Angelegenheit.«

Salcher, der noch amtierende Finanzminister, war für Franz Vranitzky und für die bankwirtschaftliche und betriebswirtschaftliche Lage der Länderbank sowie für die Kommunikationsstrategie gegenüber den Medien und der Öffentlichkeit »keine einfache Sache«. Den Tiroler Salcher wird es auch nicht gefreut haben, dass Franz Vranitzky für seine Rettung der Länderbank ausgezeichnet worden war. Das Wirtschaftsmagazin *Trend* hatte ihn wegen der »Wiedergeburt der Länderbank« 1984 zum »Mann des Jahres« gewählt, und zwar ausdrücklich wegen der »sanften Wiedergeburt«[16] der Länderbank.

Probleme bereitete Franz Vranitzky auch die Tatsache, dass er als konsequenter Kritiker der FPÖ nun in einer Regierungskoalition mit den Blauen arbeiten würde. Nicht zuletzt dachte er auch darüber nach, »ob er die hohen Erwartungen, die der Bundeskanzler in ihn setzte, auch würde erfüllen können«. – Franz Vranitzky scheut sich in unseren Gesprächen nicht, auch Selbstzweifel anklingen zu lassen.

Noch von Alpbach aus rief er Bundeskanzler Sinowatz an und sagte ihm nach dieser Nachdenkpause zu, das Amt zu übernehmen. Es war eine Entscheidung von großer Tragweite und er war sich dessen bewusst, dass ihm durch den Wechsel in die Politik »ein Zurück in die Bank und in den Manager-Job wohl für immer verwehrt bleiben würde«.

Franz Vranitzky und Fred Sinowatz vereinbarten Stillschweigen in ihrem Telefongespräch, da noch einiges zu erledigen war, zum Beispiel den Aufsichtsrat der Länderbank zu informieren und den frühzeitigen Ausstieg aus dem Vertrag zu verhandeln.

»Schau dir das an, der Vranitzky wird Finanzminister!«

Noch am selben Tag reiste Franz Vranitzky von Tirol nach Wien zurück. Am Mondsee legte er auf der Rückfahrt einen kurzen Halt in einem Restaurant ein. Ein Zeitungsverkäufer mit *Kurier*-Ausgaben unter dem Arm machte gerade seine Runde in der Raststätte. »›Schau dir das an, der Vranitzky wird Finanzminister!‹, hörte ich Gäste am Nebentisch sagen, die sich die Zeitung gekauft hatten.« Damit gab es kein Stillschweigen mehr, die Katze war aus dem Sack, wie es im Journalisten-Jargon heißt. Der Wechsel Franz Vranitzkys von der Bank ins Finanzministerium in der Wiener Himmelpfortgasse hatte die Öffentlichkeit erreicht und war die mediale Sensation des Tages.[17]

Schon kurz davor war der Plan von Bundeskanzler Fred Sinowatz bekannt geworden, eine größere Regierungsumbildung vornehmen zu wollen. Das passierte nicht mit einem Schlag, sondern »auf Raten« und mit Überraschungen, wie der *Kurier* schrieb.[18] Als Sinowatz den allseits beliebten Unterrichtsminister Helmut Zilk für die Nachfolge von Leopold Gratz als Wiener Bürgermeister freigab – was auf Drängen der mächtigen Wiener SPÖ geschah –, kam die Rochade in der Regierung so richtig ins Rollen. Bundeskanzler Sinowatz musste letztlich gleich fünf Minister auswechseln (Unterricht, Familie, Äußeres, öffentliche Wirtschaft und Verkehr sowie Finanzen).

Der burgenländische Politiker Fred Sinowatz, dem keine große Entscheidungsfreudigkeit nachgesagt wurde, hat durch den Austausch einiger Minister Durchsetzungsvermögen in der Regierung und in der Partei bewiesen, urteilte der *Kurier*. Schlagartig nahm die Zustimmung zur SPÖ-geführten Regierung in der Bevölkerung zu. Eine OGM[19]-Umfrage ergab, dass 58 Prozent der befragten Österreicherinnen und Österreicher die Regierungsumbildung begrüßten und 55 Prozent das Kabinett Sinowatz II gleichzeitig für »schlagkräftig« hielten.[20] Dabei wurden auch die Sympathiewerte der neuen Minister abgefragt. Finanzminister Franz Vranitzky war zwar nur 42 Prozent der Befragten bekannt, mit seinen Sympathie- und Kompetenzwerten lag er jedoch vor allen anderen, in beiden Bereichen bekam er die Note 1,9. Auffallend in der OGM-Umfrage war auch, dass Vranitzky von ÖVP-Wählern für fachlich gleich qualifiziert gehalten wurde wie von SPÖ-Wählern.[21] Er hatte einen Bonus in Unternehmerkreisen. Der Spitzenmanager im eleganten Anzug und mit weltmännischem Habitus signalisierte Seriosität und Wirtschaftskompetenz.

Die Frage, weshalb Herbert Salcher die Regierung verlassen musste, beantworteten die Österreicher eindeutig: 57 Prozent waren der Meinung, das sei auf seine gegen Hannes Androsch gerichtete Anzeige zurückzuführen.[22] Eines hatte die Ablöse Salchers als Finanzminister allerdings bewirkt: Die Diskussion über Androsch war zunächst einmal aus der Regierung hinausgetragen worden, schrieb Hans Rauscher. Die Debatte werde aber wieder hineingetragen werden, wenn der Akt an die Finanzbehörde zurückgeht und der neue Finanzminister Vranitzky darüber entscheiden muss, fügte Rauscher hinzu.[23]

Durch die Berufung des »dynamischen Managertyps Vranitzky« in das Finanzministerium war auch innerhalb der SPÖ die Forderung nach einem Politiker à la Androsch in den Hintergrund getreten. »Gerade weil Vranitzky ein Androsch-Typ ist – allerdings ohne Affären-Belastung –, sinkt die Notwendigkeit, Androsch zu holen. Das ist ein Aspekt des Sinowatz-Schachzuges, der in seiner ganzen Schläue erst ausgekostet werden muss«, analysierte Hans Rauscher im *Kurier*.[24]

In der Art und im Erscheinungsbild sind sich Franz Vranitzky, der von 1970 bis 1976 wirtschafts- und finanzpolitischer Berater von Finanzminister Androsch war, gar nicht unähnlich. Beide gehören der Erfolgsgeneration an, haben ein makelloses Auftreten, zeigen mit ihren maßgeschneiderten Anzügen guten Geschmack, sind gebildet, sprechen perfekt Englisch und sind international vernetzt.

Neuer Wirtschaftskurs

Am 5. September wird Franz Vranitzky als neuer Bundesminister für Finanzen von Bundeskanzler Sinowatz der Öffentlichkeit vorgestellt. Auch wenn der künftige Hausherr im ehemaligen Winterpalais des Prinzen Eugen von Savoyen bei dieser Gelegenheit noch kein umfassendes politisches Programm präsentiert, finden seine ersten Äußerungen zur Wirtschaftspolitik breite Zustimmung. Er spricht von Sparen und von Leistung und distanziert sich geschickt von Kreiskys Maxime »Einige Milliarden Schulden mehr bereiten mir weniger schlaflose Nächte als Tausend Arbeitslose«. Der Aufmacher des *Kurier* lässt keine Zweifel offen: »Neuer Finanzminister will Kurs der Wirtschaftspolitik total ändern«, titelt die Tageszeitung am 6. September 1984. Auch Bundeskanzler Sinowatz betont, dass in Österreich künftig wieder »Leistung« zu zählen habe, und honoriert Vranitzkys Äußerungen ganz offen mit Bewunderung und Erleichterung. Damit ist klar, dass der Banker die zentrale wirtschaftspolitische Figur des Kabinetts Sinowatz II sein wird. Franz Vranitzky wird der neue Hoffnungsträger der Sozialdemokratie, auch wenn ihm noch nicht alle Funktionäre in der Partei sofort folgen.

Der neue Finanzminister erklärt seine Abgrenzung zu Positionen Bruno Kreiskys mit veränderten wirtschaftlichen und sozialen Gegebenheiten und neuen globalen Entwicklungen. »Die Wirtschaftspolitik muss sich vom Dogma der reinen Machbarkeit lösen«, sagt Vranitzky. Die Wachstumsraten von 1970 seien heute vorbei, daher müsse jedermann seine Ansprüche zurückschrauben. Was 1975

Franz Vranitzky bezieht am 10. September 1984 als Finanzminister
sein Büro im ehemaligen Winterpalais des Prinzen Eugen in der
Himmelpfortgasse 8 in der Wiener Innenstadt

politisch galt, wäre kein Rezept mehr für 1985. Und überdies gebe
es andere Möglichkeiten, Arbeitsplätze zu sichern, als nur durch
Schuldenmachen.

Franz Vranitzky wird bei seinem Auftritt mit dem Bundeskanzler
auch auf den »Sozialstaat« angesprochen, einen zentralen Politikbe-
reich der Sozialdemokratie. In knappen Worten, aber trotzdem eindeutig, fällt seine Antwort aus: Es werde künftig der Grundsatz gelten,
dass »die Limits der Finanzierbarkeiten wichtig sind«.[25] Aber sowohl
er als auch Bundeskanzler Sinowatz beeilen sich zu garantieren, dass
diese Regierung den Sozialstaat sichern werde, als Verpflichtung der
Politik, aber in Abstimmung mit der Konjunkturentwicklung.

Vorsichtige Kritik gibt es vom neuen Finanzminister an seinem
Amtsvorgänger Herbert Salcher. Er, Vranitzky, wolle »keine Ankün-
digungspolitik betreiben, keine unreifen Projekte verkünden«, denn

was den »Intimbereich Geldbörsel« angehe, dürften Vorhaben nicht so lange diskutiert werden, bis als Ergebnis nur Unruhe entstehe.[26] Damit spielt Franz Vranitzky auf die von Salcher Anfang 1984 eingeführte Zinsertragssteuer (ZEST) an, die das Sparklima negativ beeinflusst hat. Über diese Steuer, ein Bestandteil des »Mallorca-Pakets«, wolle er sich mit den Banken unterhalten, verspricht der designierte Finanzminister. Er warnt aber gleichzeitig vor einer übertriebenen Hoffnung auf die Abschaffung der sogenannten Sparbuchsteuer.

Über Steuererhöhungen verliert Franz Vranitzky kein Wort, auch wenn sein Kollege und enger Freund im Kabinett, Verkehrsminister Ferdinand Lacina, Tariferhöhungen für das Jahr 1985 nicht ausschließt.

Am 11. September 1984 wird Franz Vranitzky als Finanzminister angelobt. Am Sitz des Ministeriums, eines Prachtbaus zwischen Himmelpfortgasse und Johannesgasse in der Wiener Innenstadt, wartet auf den neuen Hausherrn der nächste Sanierungsfall nach der Länderbank: die Budgeterstellung für das Jahr 1985. In diesem Zusammenhang erinnert sich Franz Vranitzky an »eine groteske Situation«, weil die Vorbereitungen für den Haushaltsplan noch in seinem Büro in der Länderbank begannen. »Ich konnte die Räumlichkeiten des Finanzministeriums nicht betreten, weil ich zwar designiert, aber als Minister noch nicht angelobt war. Die Beamten der Budgetsektion des Ministeriums kamen mit Aktenkoffern voller Unterlagen und Statistiken in mein Büro in der Länderbank und haben mit mir, Noch-Generaldirektor der Bank, das Bundesbudget verhandelt.«[27]

»Sichere Arbeitsplätze in einer sauberen Umwelt«

Der Haushaltsplan für 1985 ist aber nur eine von vielen dringlichen Aufgaben des neuen Finanzministers. Die verstaatlichte Stahlindustrie braucht dringend eine Geldspritze. Längerfristig muss auch die Explosion der Staatsschulden und des Defizits reduziert werden. Franz Vranitzky weiß aber genau, dass die Einführung neuer Steuern in der Öffentlichkeit nicht durchsetzbar ist, bei der Reform des Staatshaushaltes gilt es bei den Ausgaben anzusetzen. Eine umfassende Reform des Steuersystems steht zu diesem Zeitpunkt zwar noch nicht auf der Agenda des Finanzministers, für die Zukunft ist sie jedoch sehr wohl angedacht: In dem Maße, wie die Menschen in den Betrieben durch Maschinen ersetzt werden, wird man nach Vorstellungen von Finanz- und Wirtschaftsexperten mehr die Maschinen als die Menschen besteuern müssen.

Franz Vranitzky geht an seine neuen Aufgaben sachlich und analytisch heran und versucht sie pragmatisch zu lösen. Die Herausforderungen sind jedenfalls enorm: Die SPÖ hat den Verlust der absoluten Mehrheit immer noch nicht in allen Konsequenzen bedacht und begriffen. Politisch lastet das Scheitern des Kraftwerkprojektes bei Hainburg schwer auf Partei und Gewerkschaft. Auf das Konto der SPÖ geht auch der Einsatz der Polizei gegen die Demonstranten und Au-Besetzer am 19. Dezember 1984, bei dem es zu gewaltsamen Zusammenstößen gekommen ist. Die Situation ist außerordentlich ernst, das Büro des Bundeskanzlers am Ballhausplatz gleicht tagelang einer Kommandozentrale, eine Krisenbesprechung folgt der anderen. Minister, Gewerkschafter, Parlamentarier, Parteifunktionäre verfolgen die Geschehnisse in der Au mit Argusaugen. Die SPÖ steht vor einer Zerreißprobe: Soll die Partei für die Sicherung von Energie und Arbeitsplätzen eintreten oder für den Schutz seltener Tierarten und den Erhalt der Donau-Auen? Dieser Konfrontation entzieht sich Franz Vranitzky in keiner Weise. In endlosen Diskussionen zum Thema Hainburg versucht er seine Gesprächspartner davon zu überzeugen, dass sich Regierung und Partei auf keinen Fall darauf einlassen dürfen, entweder nur für das eine oder nur für das andere zu sein. Arbeitsplätze und Naturschutz dürfen nicht gegeneinander ausgespielt werden. »Das wäre eine echte Falle gewesen.« Auf seinen Vorschlag hin wird schließlich eine prägnante Formel gefunden, auf die sich alle Interessenvertreter verständigen können: »Sichere

Arbeitsplätze in einer sauberen Umwelt«[28]. Ökonomie *und* Ökologie, das war die einfach klingende Botschaft an die Wähler.

Vranitzkys Position an einer Schnittstelle sozialdemokratischer Politik

Die Auseinandersetzung um das Kraftwerk Hainburg war nicht das einzige schwere Problem für die SPÖ-geführte Regierung. Krisen in den verstaatlichten Unternehmen, die es zuhauf gab, kamen hinzu. Gleich über mehrere Seiten seiner Memoiren listet Franz Vranitzky die Katastrophen auf: das Debakel von VÖEST und Intertrading, betriebswirtschaftliche Krisen bei anderen verstaatlichten Industrieunternehmen, die Probleme im Zusammenhang mit dem Lucona-Prozess des Udo Proksch und mit den Waffenlieferungen der Firma Noricum in den arabischen Raum, die nicht enden wollenden Nachrichten über Vorwürfe an den früheren Finanzminister Hannes Androsch und nicht zuletzt der Glykol-Skandal um burgenländischen Wein.[29] Das alles beförderte negative Schlagzeilen im In- und Ausland sowie einen Image-Verlust Österreichs, der nicht so rasch wieder wettzumachen war. »Die Politik im Allgemeinen und die Sozialdemokratie im Besonderen müssen doch mit diesen Verwerfungen fertigwerden und daraus eine Strategie für die vor uns liegende Zeit entwickeln«, befand Franz Vranitzky. Er wollte sich als Finanzminister nicht nur auf die Rolle des »Buchhalters der Nation« reduziert wissen: »Sich als Buchhalter der Nation zu begreifen, war immer schon falsch«, stellte er resolut fest und richtete seine Gedanken als sozialdemokratischer Politiker auf das Morgen und Übermorgen, um die Gegenwart zu meistern. »Je mehr ich mich in die Themen der miteinander im Wettbewerb stehenden Gruppen und Ideen vertiefte, desto konkreter landete ich bei den Überlegungen über die Zukunft der Sozialdemokratie. Die SPÖ musste nach den erfolgreichen Kreisky-Jahren die nächsten Schritte setzen. Meine Position an einer Schnittstelle sozialdemokratischer Politik wurde mir einmal mehr bewusst.«[30]

Für die Post-Kreisky-Ära Mitte der 1980er-Jahre war das ein Schlüsselgedanke, um die SPÖ erfolgreich weiterentwickeln zu können. Franz Vranitzky fragte sich, ob die traditionellen sozialdemokratischen Lösungsmuster für die Bewältigung der Herausforderungen der neuen Zeit, der Globalisierung, der Liberalisierung und der elektronischen Revolution, noch gültig waren. Was waren die Antworten? Und wie konnten die notwendige Modernisierung der Gesellschaft und der Partei, die soziale Gerechtigkeit, die Würde des Einzelnen, die Befriedigung der Stammwähler und das Ansprechen neuer Wählerschichten unter einen Hut gebracht werden? Noch eine Frage bewegte den sozialdemokratischen Finanzminister: Wie können Bequemlichkeit, Beharrungskräfte und auch Widerstände innerhalb der Partei und in den Institutionen schneller überwunden werden? Franz Vranitzky fällt dazu ein Gespräch mit dem damaligen französischen Staatspräsidenten François Mitterrand ein, der zu den vielen offenen Fragen Folgendes sagte: »Die Menschen denken schneller, als sich die Apparate bewegen können.«[31]

Über die »Dominanz des Banalen in der Tagespolitik«

Über die Zukunft der Sozialdemokratie führte Finanzminister Vranitzky mit Bundeskanzler Sinowatz, einem studierten Historiker mit Weitblick und einem Menschen mit Einfühlungsvermögen und humanistischer Gesinnung, zahlreiche private Diskussionen. Was Franz Vranitzky über seinen Mentor Sinowatz heute erzählt, traf ohne Zweifel auch auf ihn selbst zu: »Die Sehnsucht von Sinowatz, über die Tagesabläufe und Widerwärtigkeiten hinausgehend zu denken, zu formulieren und zu disponieren, brachte uns gedanklich immer näher zusammen. Leider lag in seinen Worten ab und zu auch Wehmut über die Dominanz des Banalen in der Tagespolitik, die den Großteil der Kapazität eines Politikers verschlingt.«[32]

Franz Vranitzky kam in die österreichische Spitzenpolitik und übernahm politische Verantwortung in einer Zeit, in der sich strukturelle Veränderungen in allen Bereichen der Gesellschaft anbahnten. Das »Modell Österreich« mit dem viele Jahre bewährten System der Sozialpartnerschaft und des Interessenausgleiches schaffte den Aufholprozess gegenüber Westeuropa und war ein sichtbarer Erfolg. Ein soziales Sicherheitsnetz, das in vielen Ländern Europas und auch außerhalb als Vorbild galt, große Infrastrukturmaßnahmen im Bereich Verkehr, Energie, Bildung, Gesundheit und in Summe mehr Wohlstand waren die allseits anerkannten Ergebnisse dieser Politik. Hans Seidel, der damalige Leiter des Österreichischen Instituts für Wirtschaftsforschung (WIFO) und von 1981 bis 1983 Staatssekretär im Finanzministerium, umschrieb das »Modell Österreich« mit dem Begriff »Austro-Keynesianismus«.[33] Doch das »Modell Österreich« war Mitte der 1980er-Jahre mit Herausforderungen innerhalb und außerhalb Europas konfrontiert und kam zudem innenpolitisch in den Fokus der Kritik vonseiten der Oppositionspartei ÖVP. Die Schwarzen störte am »Modell Österreich«, dass es mit dem Prinzip des Deficit-Spendings verbunden war. Die Entstehung des Europäischen Binnenmarktes im Jahr 1985, den Jacques Delors, der legendäre Präsident der Europäischen Kommission, begründet hatte, vertiefte die Integration in den damaligen Mitgliedsländern der Europäischen Wirtschaftsgemeinschaft (EWG). Österreich war durch seine Sandwich-Position zwischen den Nachbarn Deutschland und Italien, die der EWG angehörten, und seine lange Grenze zu den kommunistischen ost- und südosteuropäischen Staaten politisch und wirtschaftlich gezwungen, sich neu auszurichten und die inneren Strukturen anzupassen. Für die Verstaatlichte Industrie, die technologisch sowie organisatorisch modernen Anforderungen nicht mehr entsprach und auf Dauer auch nicht mehr finanzierbar war, musste eine langfristige Lösung gefunden werden. Um die verstaatlichten Betriebe am Leben zu erhalten und sie zu modernisieren, musste die öffentliche Hand immer mehr Darlehen aufnehmen. Aber nicht nur die Industriebetriebe brauchten Geld und belasteten den öffentlichen Haushalt, auch in der Landwirtschaft mit ihren subventionierten Preisen waren Veränderungen dringend notwendig.

Österreich stand Mitte der 1980er-Jahre an einer Weggabelung. Die Regierung Sinowatz sah sich nicht nur wegen der Proteste gegen das geplante Donaukraftwerk in den Hainburger Auen, wegen des Kampfes Wirtschaft und Beschäftigung gegen Umwelt und Natur, in der Defensive. Auch der Dauerstreit mit der ÖVP über die öffentlichen Finanzen belastete das Klima. Dazu kam, dass innerhalb der SPÖ die Auseinandersetzungen zwischen jenen, die immer noch glaubten, die Partei regiere mit absoluter Mehrheit, und der Gruppe der Reformer, die Franz Vranitzky verkörperte, nur mit Mühe, aber doch eingefangen werden konnten.

Die Frischenschlager-Reder-Affäre: Der Bruch im österreichischen Geschichtsbewusstsein

Der finale Auslöser für eine veritable Regierungskrise zwischen SPÖ und dem kleinen Koalitionspartner FPÖ war die Affäre Frischenschlager – Reder, die einen neuen, historischen Abschnitt in der österreichischen Nachkriegsgeschichte nach sich zog. Der 24. Jänner 1985 ging aus mehrfacher Hinsicht in die Geschichtsbücher und in das kollektive Gedächtnis ein: zum einen als Tag eines politischen Skandals und zum anderen als Zäsur im Geschichtsbewusstsein der Zweiten Republik.

An diesem Wintertag nämlich empfing der freiheitliche Verteidigungsminister Friedhelm Frischenschlager nach geheimdiplomatischer Planung und Vorbereitung am Flughafen Graz-Thalerhof den wegen schwerer Kriegsverbrechen verurteilten SS-Sturmbannführer Walter Reder. Der Minister begrüßte ihn per Handschlag. Das war die Geste, die zu einem innen- und außenpolitischen Eklat führte. Die Folge waren äußerst kontroversielle Diskussionen über die Rolle von Österreichern im Zweiten Weltkrieg sowie die Rolle Österreichs selbst nach dem Krieg. Die Reder-Rückholaktion und der Handschlag sorgten für Empörung, auch weit über Österreich hinaus. »Affront gegen alle demokratisch Empfindenden« titelte am 25. Jänner 1985 die *Arbeiter-Zeitung*, das Sprachrohr der Sozialdemokratie.

Die heftigen Reaktionen im In- und Ausland bildeten den Auftakt zu einer breiten Debatte über Österreichs Agieren vor und während des Zweiten Weltkrieges, die Begeisterung für den Faschismus sowie seine Beteiligung am mörderischen und menschenverachtenden Naziregime. Es war der Anfang vom Ende des Opfer-Mythos. Vollends entbrannte die Diskussion über die Vergangenheitsbewältigung Österreichs im Frühjahr 1986 während des Bundespräsidenten-Wahlkampfes am Beispiel des ÖVP-Spitzenkandidaten Kurt Waldheim.

Die koalitionsinternen Zerwürfnisse nach der Frischenschlager-Reder-Affäre erschwerten das Regieren. Die rot-blaue Koalition stand politisch vor einer Zerreißprobe. Von Kärnten aus provozierte der damalige Landesparteiobmann der Freiheitlichen, Jörg Haider, immer stärker die Bundes-FPÖ und die Regierung. So nahm Haider, dessen Ehrgeiz, die FPÖ zu führen, deutlich erkennbar war, seinem Parteikollegen Frischenschlager die öffentliche Entschuldigung für seinen Handschlag mit Reder übel. Haider ging so weit, Reder in einem *Profil*-Interview mit den Worten in Schutz zu nehmen, wonach er als Soldat nur seine Pflicht getan habe. Die Aussage »Der Soldat, der nur seine Pflicht getan hat« bekam ein Jahr später in der Waldheim-Affäre noch einmal neue Bedeutung.

Über die Vorgangsweise des politisch unerfahrenen freiheitlichen Verteidigungsministers Frischenschlager und die Attacken Haiders waren die SPÖ-Regierungsmitglieder, aber auch viele Funktionäre und weite Teile der Parteibasis höchst befremdet. Von Teilen der SPÖ kamen Rücktrittsforderungen an Frischenschlager, der Koalitionspartner lehnte dies ab. Bundeskanzler Fred Sinowatz stelle sein Amt zur Disposition. Für den endgültigen Bruch der Regierung und für Neuwahlen gab es aber keine Mehrheit. Der Minimalkompromiss war ein Eingeständnis Frischenschlagers, einen politischen Fehler begangen zu haben. Der Bundeskanzler versuchte danach die Wogen zu glätten und die Fortführung der Koalition zu ermöglichen, aber auch mit dem Wissen im Hintergrund, dass das Außenministerium unter Leopold Gratz nicht bar jeder Mitverantwortung an der Affäre gewesen war. Das galt auch für alle anderen hochrangigen Politiker und Kirchenvertreter, die seit Jahren für eine frühzeitige Haftentlassung von Reder interveniert hatten.

Am 13. Februar 1985 wandelte sich die Krise der Koalitionsregierung zu einer Führungskrise innerhalb der FPÖ. Unmittelbarer Auslöser für die Spannungen unter den Freiheitlichen war ein Interview, das Friedhelm Frischenschlager einem israelischen Journalisten des auflagenstärksten Boulevardblattes *Yedioth Ahronoth* (»Letzte Nachrichten«) gegeben hatte.[34] Das in der größten gemäßigt konservativen Tageszeitung Israels als Feature publizierte Interview erschien am 10. Februar 1985 mit der Schlagzeile: »Ich entschuldige mich und bedaure mein Treffen mit dem Naziverbrecher gegenüber dem israelischen Volk«.[35] Die Headline war verkürzt zugespitzt wiedergegeben worden. Wortwörtlich hatte Frischenschlager gesagt: »Ich verstehe die Gefühle der Juden und anderer Naziverfolgter, dass sie in meinem Interview etwas Sonderbares und Schwerwiegendes sahen. Wenn sich die Gemüter etwas beruhigt haben, werde ich meine Bestrebungen wiederaufnehmen, die ich vor Jahren begann, deren Ziel es ist, die Polarisierung zwischen uns und dem jüdischen Volk zu verkleinern und die österreichische Jugend durch das Studium der Ursachen der jüdischen Tragödie zu erziehen. Ich werde mein Möglichstes tun, um die Herzen einander näherzubringen.«[36]

Jörg Haider sah darin einen Vertrauensbruch, es kam zum offenen Konflikt über den Partei- und Regierungskurs mit FPÖ-Chef und

Vizekanzler Norbert Steger. »Für Haider war das der Moment, an dem er gemerkt hat, dass er mit dem nationalen Thema, der offenen Ansprache der Wehrmachtsgeneration, die FPÖ in seine Richtung umdrehen kann«, wird Frischenschlager von der Journalistin und Historikerin Barbara Tóth in ihrer Dissertation »Der Handschlag. Die Affäre Frischenschlager – Reder« und in ihrem gleichnamigen Buch zitiert.[37] Gestärkt durch seinen Wahlerfolg bei den Kärntner Landtagswahlen im September 1984, drohte Haider mit seinem Parteiaustritt und der Gründung einer neuen Partei, zu der es letztendlich im Jahr 2002 mit der Schaffung des »Bündnis Zukunft Österreich« (BZÖ) auch kam.

Für Teile der Sozialdemokratie brachten diese Jänner-Tage ein Umdenken. In ihren Augen war die Basis für eine rot-blaue Zusammenarbeit längst nicht mehr gegeben, die Kleine Koalition war eine politische Illusion. Damit war das Konzept einer sozialdemokratisch-liberalen Zusammenarbeit, für das Bruno Kreisky nach seinem Abgang eingetreten war, gescheitert.

Haider hörte indessen mit seinen Drohungen nicht auf. Er stellte den Parteiaustritt in den Raum, sollte die Bundes-FPÖ ihn nicht gegen Angriffe aus der SPÖ verteidigen. Das waren rhetorische Scharmützel, um den ideologischen und persönlichen Konflikt mit Norbert Steger im Blickfeld des öffentlichen Interesses zu halten. Im Kern ging es um eine Auseinandersetzung zwischen dem deutschnationalen Flügel, den Haider repräsentierte, und dem liberalen oder liberaleren Teil der FPÖ um Vizekanzler Steger und die FPÖ-Regierungsmitglieder.

Ein Jahr später, im Frühjahr 1986, verschärfte sich die Führungsdebatte in der FPÖ. Da ging es nicht nur um die Diskussion über Otto Scrinzi als FPÖ-Kandidat für die Bundespräsidenten-Wahl, sondern auch um die Haltung der Bundes-FPÖ in der Waldheim-Debatte und schließlich um die Umbesetzung der Regierungsmannschaft der FPÖ Ende April 1986. Friedhelm Frischenschlager verließ

das Verteidigungsministerium und wurde Nachfolger von Fried-
rich Peter als Klubobmann. Als neuer Verteidigungsminister rückte
Helmut Krünes, Vorstandsmitglied der Wienerberger AG, in das
Kabinett Sinowatz II nach.

Trotz vieler Vorbehalte gegen die rot-blaue Koalition, auch gegen
das Verhalten Frischenschlagers, das Franz Vranitzky zutiefst verur-
teilte, lässt er in der Beurteilung der Causa Frischenschlager – Reder
und des Regierungsexperiments mit den Freiheitlichen in seinen
Memoiren überraschende Milde walten. »Dafür, ob unsere Aufregung und Entrüstung in der damaligen Intensität angebracht waren,
würde ich heute die Hand nicht mehr ins Feuer legen«, schreibt er in
seinem Buch.[38] Hätte es diese Einsicht früher gegeben, hätten sich die
Angriffe auch gegen den Kärntner ÖVP-Abgeordneten und Groß-
grundbesitzer Wilhelm Gorton richten müssen, der Walter Reder in
seinem Haus in Straßburg Gastrecht gewährt hatte.

1983 bis 1986: Die rot-blaue Koalition ist »nicht gelungen«

Aus der Distanz und mit Blick auf die Entwicklung und die politischen Eskapaden der FPÖ beurteilt Franz Vranitzky die »ganz
wichtige grundsätzliche politische Frage« der rot-blauen Koalition
unter Fred Sinowatz heute differenzierter. Er erklärt in unserem
Gespräch zwar den Versuch der damaligen Zusammenarbeit der
SPÖ mit den Freiheitlichen mit dem Argument, dass »der Regierungspartner keine Haider-Partei« war. Er betont gleichzeitig aber
auch, dass das Experiment gescheitert ist. »Sinowatz, und letztlich
auch ich, sind davon ausgegangen, dass es mit unserer Bereitschaft
zur Zusammenarbeit mit den Blauen gelingen kann, die freiheitliche Partei aus dieser deutschnationalen Abstempelung herauszulösen
und mit Norbert Steger als Vertreter der liberalen Linie der Freiheitlichen eine Regierungszusammenarbeit auf die Beine zu stellen. Das
hätte die SPÖ auch von Vorbehalten befreit, mit den Rechtsaußen

gemeinsam in einer Regierung zu sein. Diesem Vorwurf wollten wir uns nicht aussetzen. Wir hatten gehofft, das würde gelingen. Doch das ist nicht gelungen.«[39]

Das Unbehagen gegenüber den Blauen habe er beim Einstieg in die Regierung noch nicht in den Vordergrund gestellt, weil die Angriffe von Jörg Haider gegenüber Norbert Steger erst zu einem späteren Zeitpunkt zugenommen haben, dann aber sehr unangenehm wurden.»Wir haben uns von einigen Verhaltensweisen der blauen Regierungskollegen distanziert, wie dem Handschlag von Frischenschlager mit Reder oder die andauernden Wortmeldungen von Jörg Haider. Wir haben das im Vertrauen auf Steger weggeschoben.«[40]

Jörg Haiders Attacken wurden vorerst aus taktischen Überlegungen und aus Koalitionsräson hintangehalten. Damit konnte der politische Anspruch, es bestünde die Chance einer intakten sozialdemokratisch-liberalen Zusammenarbeit, aufrechterhalten und auch dem Wunsch Bruno Kreiskys entsprochen werden. Darauf habe auch Bundeskanzler Sinowatz Wert gelegt, betont Franz Vranitzky. Wenn es Kritik am freiheitlichen Regierungsteam gab – die hauptsächlich von den Ministern Franz Vranitzky und Ferdinand Lacina geäußert wurde –,»hat Sinowatz immer versucht, zu beruhigen«, denn die SPÖ war nun einmal in einer Koalition mit der FPÖ bzw. mit dem liberalen Flügel der Partei, was vom Bundeskanzler auch immer so kommuniziert wurde.

Diese semantische Lockerheit unter dem Deckmantel der Neutralität gegenüber den Freiheitlichen, man könnte auch sagen: dieser politische Nihilismus und Relativismus gegenüber den Freiheitlichen, wird Jahre später von Franz Vranitzky einmal mehr verdeutlicht und gleichzeitig zurückgewiesen. In einem Interview mit dem *Deutschlandfunk* im Jahr 2018 stellt er diese Überlegung der SPÖ klar:»Als Kreisky 1983 die absolute Mehrheit nicht mehr erreichte, ist er zurückgetreten, aber sein Nachfolger Sinowatz hat diese Legacy übernommen und hat, wohl unter kräftiger Anleitung Kreiskys, eine Regierung aus Roten und Blauen gebildet, also aus SPÖ und Freiheitlichen. Und zwar unter großer Betonung, immer wiederholend, das sei die liberale Seite der Freiheitlichen, mit der man eine Koalition gebildet hat.«[41] Franz Vranitzky sagt in diesem Interview aber auch, dass diese Einschätzung »nicht ganz richtig war«, denn »die Zusammenarbeit mit den Liberalen hat ja nicht dazu geführt, dass die Deutschnationalen verschwunden sind. Die sind ja weiter da gewesen.« Das Liberale habe eine immer kleinere Rolle gespielt, da Jörg Haider immer stärker zur zentralen Figur in der FPÖ wurde.

Die FPÖ – und davon ist Franz Vranitzky heute überzeugt – hat sich »in ihrem Wesen, in ihren Inhalten und in ihrer Ideologie nicht geändert«.

3. 1986: EIN TURBULENTES JAHR FÜR DIE SPÖ

Das Jahr 1986 bildet eine Zäsur in der österreichischen Politik: Der Wendepunkt hat mit dem umstrittenen Präsidentschaftswahlkampf im Frühjahr 1986 und mit dem Namen Kurt Waldheim zu tun. Der ehemalige UN-Generalsekretär wird als Nachfolger von Rudolf Kirchschläger in einer Stichwahl am 8. Juni 1986 mit 53,9 Prozent der abgegebenen Stimmen zum Bundespräsidenten gewählt. Kurt Waldheim ist offiziell ein politisch unabhängiger Kandidat, wird aber von der ÖVP unterstützt. Sein Herausforderer, der SPÖ-Kandidat und ehemalige Gesundheits- und Umweltminister Kurt Steyrer, kommt bei der Wahl auf 46,1 Prozent.[42]

Für die SPÖ ist dieser Verlust – es handelt sich dabei um die erste verlorene Bundespräsidenten-Wahl nach 1945 – ein politisches Desaster. Viele SPÖ-Stammwähler aus dem Arbeitermilieu, SPÖ-Sympathisanten und auch Junge haben für den ÖVP-Mann und Spitzendiplomaten Waldheim votiert, der sich bereits 1971 schon einmal für das höchste Amt im Staat beworben hatte: Damals unterlag er dem SPÖ-Kandidaten Franz Jonas.

Der durch das Stimmverhalten ausgedrückte Protest richtete sich gegen die SPÖ-geführte Bundesregierung von Fred Sinowatz. Die Gründe für das Wende-Votum waren vielfältig: Viele Arbeiter waren unzufrieden mit der Strategie der Regierung zur Bewältigung der Krise, in der sich die Verstaatlichte Industrie befand. Das belegte auch eine Analyse des Wahlergebnisses durch die Sozialwissenschaftliche Studiengesellschaft (SWS): »Die Niederlage Kurt Steyrers ist auf die Verstaatlichten-Krise Ende November 1985 zurückzuführen«, sagte SWS-Chef Ernst Gehmacher damals.[43] Diese Krise hatte der SPÖ nach Gehmachers Meinung großen politischen Schaden zugefügt, der sich nach wenigen Wochen auch auf Steyrer ausgewirkt habe. Vier Prozent der SPÖ-Wähler seien deshalb »abgewandert«. Durch »fleißige Wahlkampfarbeit« sei es dem SPÖ-Kandidaten zwar gelungen, die Chance auf ein Kopf-an-Kopf-Rennen zu verbessern, doch erst die Diskussion um die Vergangenheit Kurt Waldheims habe Steyrer »endgültig das politische Genick« gebrochen, weil es dadurch zu einer »Trotz-Wahl« gekommen sei, erklärte der Meinungsforscher.[44] Seinen Daten zufolge sei es evident gewesen, dass Waldheim den Einzug in die Hofburg ohne den Zustrom von SPÖ-Wählern nicht geschafft hätte.

Der zweite Teil der Analyse des SWS-Chefs zeigte auch, dass die Mehrheit der Österreicher den »Sozialstaat, der für Wohlstand sorgt, akzeptiert«, sich aber »nach mehr Effizienz und Harmonie in der Politik sehnt«. Die Stimmung würde auf eine Große Koalition hinauslaufen, prophezeite Ernst Gehmacher. Ein Teilergebnis der Untersuchung, wonach sich 42 Prozent der Befragten wünschten, dass »weniger gefaulenzt und mehr geleistet« werde, sei keinesfalls als Absage an die Arbeitszeitverkürzung zu werten gewesen, sondern vielmehr als eine Absage an die Bürokratisierung bzw. eine Kritik an der Effizienz der Eliten des Staates. Viel höher wären allerdings unternehmerische Leistungen beurteilt worden, analysierte der Sozialwissenschaftler die Datenlage.

Die Niederlage der SPÖ war für Fred Sinowatz auch eine Demütigung aus einem ganz anderen Grund: Das Wahlergebnis wurde als ein Vertrauensbeweis für Waldheim interpretiert, der im Westen, vor allem in den USA, kritisch gesehen wurde. Das beeinflusste jedoch den Wahlausgang zugunsten Waldheims keineswegs und kann auch als eine Blamage für die Regierung Sinowatz und ihre Politik interpretiert werden.

Für die ÖVP war der Sieg Kurt Waldheims ein Triumph: Zum einen beendete der Wahlerfolg sechzehn erfolglose Jahre in der Opposition. Zum anderen konnte die Volkspartei mit ihrer Strategie im Wahlkampf und den wiederholten Slogans »Wir lassen uns vom Ausland nichts diktieren« und »Jetzt erst recht« bei der Mehrheit der Stimmberechtigten punkten.

Der lange Schatten der Waldheim-Affäre

Was war passiert? Was bildete den Hintergrund zur Waldheim-Affäre? – Kurt Waldheim hatte 1985 eine Biografie veröffentlicht, die auf Englisch unter dem Titel »In the Eye of the Storm«, auf Deutsch unter dem hochtrabenden Titel »Im Glaspalast der Weltpolitik« erschienen war.[45] In beiden Ausgaben gab es einige offene Punkte, was die Kriegsjahre betraf. So fehlten Angaben über seine Tätigkeit als Offizier in der deutschen Wehrmacht im Zweiten Weltkrieg. Am Höhepunkt des Präsidentschaftswahlkampfes im Frühjahr 1986 wurden diese Lücken in Waldheims Biografie zum Gegenstand heftiger öffentlicher Kontroversen, die unter dem Begriff »Waldheim-Affäre« bekannt sind und das politische und historische Bewusstsein Österreichs am Ende des 20. Jahrhunderts verändern sollten. Waldheims NS-Vergangenheit wurde Anfang März 1986 durch Recherchen des *Profil*-Redakteurs Hubertus Czernin bekannt. Der bekannte Journalist und spätere *Profil*-Herausgeber Czernin hatte die Wehrstammkarte des ÖVP-Kandidaten veröffentlicht, aus der hervorging, dass Waldheim ab 1938 Mitglied der SA und des Nationalsozialistischen Deutschen Studentenbundes gewesen war.[46] Ab März 1942 hatte er am Balkan im Stab des später als Kriegsverbrecher hingerichteten Generalmajors Alexander Löhr gedient.

Das hatte Präsidentschaftskandidat Waldheim in seiner kurz davor erschienenen Biografie anders und mit Erinnerungslücken versehen dargestellt. Die Geschehnisse der Kriegsjahre lesen sich dort wie folgt: Einsatz an der Ostfront, Verwundung, Heimaturlaub, Hochzeit 1944, Dissertation und dann knapp vor Kriegsende Aufenthalt im Raum Triest – und das als Gegner der Nazis.

Einen Tag nach dem Erscheinen des *Profil* publizierte die *New York Times* einen langen Waldheim-Artikel mit einem Foto, das Waldheim an der Seite des SS-Gruppenführers Artur Phleps in Podgorica, der heutigen Hauptstadt Montenegros, zeigt, einer Station, die Waldheim in seiner Biografie nie erwähnt hatte.

Den Enthüllungen gingen, Monate davor, bereits zahlreiche Gerüchte über Kurt Waldheims Kriegsvergangenheit voraus, und völlig neu waren sie auch damals nicht. Schon vor Waldheims erster Präsidentschaftskandidatur 1971 waren im *Salzburger Volksblatt* Informationen aufgetaucht, wonach der ÖVP-Präsidentschaftskandidat Mitglied einer SS-Reiterstandarte gewesen wäre. Das Gerücht war falsch, Waldheim ist nie bei der SS gewesen.[47] Damals interessierte sich aber niemand dafür. Auch in der SPÖ war das kein Thema, hatte doch Bruno Kreisky eine Regierung mit vier ehemaligen NS-Mitgliedern gebildet.

Zehn Jahre später holte der lange Schatten der Vergangenheit Kurt Waldheim an der Spitze der Vereinten Nationen in New York erneut ein. Hillel Seidmann, ein bei der UNO akkreditierter amerikanischer Journalist, stellte dem Generalsekretär bei einer Pressekonferenz im Oktober 1980 die heikle Frage, ob er bei der SA und den NS-Studenten gewesen sei. Waldheim wies die Frage entschieden zurück, was den demokratischen US-Kongressabgeordneten Stephen Solarz auf den Plan rief. Er richtete eine schriftliche Anfrage an Kurt Waldheim – doch auch er blitzte ab, seine Anliegen wurden abgewiesen.[48]

Im Frühsommer 1985 kamen wieder Gerüchte um die Kriegsvergangenheit Kurt Waldheims auf. Bei der Vorstellung eines Unterstützungskomitees von Prominenten wurde vom ORF-Mitarbeiter Georg Tidl die Frage nach der Mitgliedschaft bei den Nazi-Studentenorganisationen aufgeworfen. Die Anwesenden reagierten pikiert. Die ÖVP-Spitze um Alois Mock schenkte den Gerüchten keinerlei Beachtung.

In der SPÖ dagegen war man in dieser Phase verständlicherweise an den brisanten Informationen interessiert. Im September 1985 gab es Kontakte zwischen dem Berater von Bundeskanzler Fred Sinowatz und dem Korrespondenten der US-Nachrichtenagentur UPI (United Press International), der über Angaben zu Waldheim verfügte. Ein paar Monate vor den *Profil*-Enthüllungen soll Bundeskanzler Fred Sinowatz bei einer Sitzung des Vorstandes der burgenländischen SPÖ gesagt haben, dass Waldheims »braune Vergangenheit« noch eine Rolle im Bundespräsidenten-Wahlkampf spielen werde. Diese Bemerkung gelangte durch eine Indiskretion an das Nachrichtenmagazin *Profil*.

Die Gerüchteküche betreffend Kurt Waldheim brodelte weiter. Aus New York reiste der Rechtsberater des World Jewish Congress (WJC) nach Wien, wo ihm nach *Profil*-Angaben von einem Kontaktmann Unterlagen übergeben wurden, bei dem es sich dem Vernehmen nach um den Personalakt Kurt Waldheims aus dem Außenministerium aus dem Jahr 1946 handelte.

Das *Profil* recherchierte weiter, und im Februar 1986 fragte Hubertus Czernin offiziell bei Waldheim an, um Einblick in den Wehrmachtsakt zu bekommen, der sich im Österreichischen Staatsarchiv befand. Waldheim sagte zu, Czernin konnte die Unterlagen sichten. Monatelang deckte Hubertus Czernin immer neue Details über Waldheims Kriegsvergangenheit auf, unter anderem auch, dass der Kandidat gerade zu jener Zeit im nordgriechischen Saloniki stationiert war, als rund 50.000 Juden von dort in das Konzentrationslager Auschwitz deportiert wurden. Waldheim betonte stets, davon nichts gewusst zu haben.

Der ÖVP-Kandidat stand plötzlich im Kreuzfeuer der Kritik. In der ORF-Pressestunde am 9. März 1986 wurde er mit den Ungereimtheiten und Lücken in seiner Biografie konfrontiert. Er verteidigte seine Kriegsvergangenheit mit den Worten: »Ich habe im Krieg nichts anderes getan als hunderttausende Österreicher auch, nämlich meine Pflicht als Soldat erfüllt.«[49]

Nach diesem Auftritt, und vor allem nach der Aussage, nur seine »Pflicht erfüllt« zu haben, wurden die Auseinandersetzungen um Kurt Waldheim innerhalb und außerhalb Österreichs immer heftiger. Nie zuvor war das Land so gespalten wie in der Causa Waldheim. Die

Bevölkerung sah sich durch die Kritik radikal infrage gestellt. Über die Kriegsvergangenheit wollte bis zu diesem Zeitpunkt niemand offen reden, es lebte sich gut mit dem Argument, das erste Opfer der Nationalsozialisten gewesen zu sein und nichts als soldatische Pflicht erfüllt zu haben. Die Bösen waren immer die anderen. Schuld an den Verbrechen waren die SS und die Gestapo. Vom Ausland, vom Jüdischen Weltkongress oder von kritischen Journalisten wollte man sich nichts sagen lassen. Das war die vorherrschende Stimmung in der österreichischen Öffentlichkeit.

Die ÖVP, die Waldheim mit dem Slogan »Ein Österreicher, dem die Welt vertraut« bewarb, antwortete mit einer Kampagne, die auf Patriotismus setzte und subtil auf Antisemitismus aufbaute: »Wir wählen, wen wir wollen«, »Jetzt erst recht«, »Ehrlose Gesellen vom Jüdischen Weltkongress«. »Die Ostküste« als häufig verwendete Chiffre für das Weltjudentum wurde eingesetzt, um nationale Gefühle, Ressentiments und Antisemitismus anzustacheln. Die SPÖ hatte kaum noch eine Chance. Die Zivilgesellschaft und die Linke um den Republikanischen Club sowie Künstler und Intellektuelle reagierten mit Hohn und Witz. Der Bildhauer Alfred Hrdlicka schuf ein riesiges Holzpferd. Es war gedacht als Trojanisches Pferd, aus dessen Bauch die Geister der Vergangenheit kriechen. Das Pferd aber war auch Sinnbild dafür, dass – wie Bundeskanzler Fred Sinowatz inspiriert davon formulierte – offenbar nicht Waldheim, sondern nur sein Pferd bei der Reiter-SA gewesen wäre: »Ich stelle fest, dass Kurt Waldheim nie bei der SA war, sondern nur sein Pferd.« Kritisch fragten Vertreter der Zivilgesellschaft, was es bedeute, seine »Pflicht« getan zu haben in einer Wehrmacht, die den größten Vernichtungskrieg der Weltgeschichte geführt hatte? Sollte wirklich eine solche Person Österreich nach innen und außen vertreten und den Oberbefehl über das Österreichische Bundesheer haben? Die breite Öffentlichkeit und die Boulevard-Medien, wie etwa die *Kronen Zeitung*, berührten diese Fragen nicht. Die Mehrheit der Österreicher präferierte

Kurt Waldheim als Bundespräsidenten und sah ganz einfach darüber hinweg, dass er eben nicht ganz aufrichtig und ehrlich in Bezug auf seine Kriegsvergangenheit war – so wie viele andere auch, die überzeugt gewesen waren von der Idee des Nationalsozialismus, sich aktiv dafür eingesetzt oder sich einfach nur mit den Nazis arrangiert hatten und danach diesen Teil ihres Lebens vergessen machen wollten. Der renommierte Zeithistoriker Oliver Rathkolb bezeichnet die damaligen innerösterreichischen Debatten und die heftigen Auseinandersetzungen als einen »Bürgerkrieg im Kopf«.[50]

Aus zahlreichen Dokumenten, die Historiker vorlegten und Journalisten publizierten, geht hervor, dass Kurt Waldheim von 1942 bis 1945 in brisanten Positionen am Balkan eingesetzt war und über alle Vorgänge sehr gut Bescheid wusste. Er war nicht an der Front, sondern im Stab, im Oberkommando der 12. Armee, die später in »Heeresgruppe E« umbenannt wurde. Am Balkan ging die deutsche Wehrmacht mit großer Brutalität gegen Partisanen, Zivilisten und Juden vor. Dokumente zeigen, dass Waldheim von Kriegsverbrechen gewusst haben muss.[51]

Die vorgelegten Informationen und Fakten erschütterten die Mehrheit der Österreicher in keiner Weise. Waldheim-Kritiker hatten große Mühe, Gehör zu finden für ihre Frage, ob jemand, der so vieles verschweigt und dessen Biografie solche Lücken aufweist, als Bundespräsident geeignet ist.

Die SPÖ spielte kaum eine Rolle in diesen Auseinandersetzungen und konnte die Vorwürfe, sie würde hinter den Enthüllungen über Waldheims Vergangenheit stehen und über Mittelsmänner Informationen und Unterlagen an den World Jewish Congress und an die *New York Times* weitergegeben haben, nicht überzeugend entkräften. Bis heute sind sich Historiker über die Hintergründe der Enthüllungen im Unklaren.[52]

Die Waldheim-Affäre: Franz Vranitzky ist von der Unschuld seines Vorgängers Fred Sinowatz überzeugt

Franz Vranitzky geht in unseren Gesprächen davon aus, dass Bundeskanzler Sinowatz keine parteiinterne Anordnung getroffen hat, die Wehrmachtsvergangenheit Kurt Waldheims zu einem Thema im Wahlkampf zu machen. »Trotzdem wurde sie das, sowohl aus Eigendynamik als auch deshalb, weil sich sozialdemokratische Funktionäre ihrer bedienten.«[53]

Kurz nach seiner Angelobung als Bundeskanzler am 16. Juni 1986 hat Franz Vranitzky auch die in einer parlamentarischen Anfrage vom ÖVP-Abgeordneten Kurt Bergmann eingebrachte Behauptung als Unterstellung zurückgewiesen, sein Amtsvorgänger habe durch den Generaldirektor des Staatsarchives Material für eine sogenannte Verleumdungskampagne gegen Kurt Waldheim beschaffen lassen. In der Beantwortung heißt es, dass Doktor Sinowatz weder einen derartigen Auftrag gegeben noch »diesbezügliche Bemühungen« veranlasst habe.[54] Franz Vranitzky war und ist von der Unschuld seines Vorgängers Fred Sinowatz überzeugt.

Für Fred Sinowatz hatte die Affäre Waldheim weitreichende politische und persönliche Konsequenzen: Am 9. Juni 1986, einen Tag nach dem Wahlsieg Kurt Waldheims, trat er als Regierungschef der rot-blauen Koalition zurück. Das Amt legte er in die Hände seines Vertrauten Franz Vranitzky.

Jahre später wurde Fred Sinowatz wegen Falschaussage rechtskräftig verurteilt, weil er geleugnet hatte, im Oktober 1985 vor dem burgenländischen SPÖ-Parteivorstand Enthüllungen über Waldheims »braune Vergangenheit« angekündigt zu haben.

4. FRANZ VRANITZKY FOLGT FRED SINOWATZ ALS BUNDESKANZLER

»Man muss den Job mit Haut und Haar machen.«
FRANZ VRANITZKY

Es war kein Geheimnis, als Favorit für die Sinowatz-Nachfolge stand schon lange Franz Vranitzky fest. Und er musste auch nicht lange über die neue Aufgabe nachdenken: »Die Übernahme des Amtes als Bundeskanzler darf man nicht ausschlagen. Auch für jemanden, der, wenn auch nur kurz, als Finanzminister in der Politik war, ist das Angebot, Bundeskanzler zu werden, eine Berufung für sein Land«[55], erinnert sich Franz Vranitzky in einem unserer Gespräche an den Augenblick im Juni 1986, als Fred Sinowatz ihn zu seinem Nachfolger bestellte. Franz Vranitzky war sich der Tragweite der neuen Aufgabe bewusst: »Die Politik ist eine Berufung und ein Beruf zugleich. Für diesen Beruf braucht man seine ganze Persönlichkeit, sein ganzes Sein und sein ganzes Ich. Und man muss sein ganzes Wesen dafür einsetzen. Sonst funktioniert es nicht. Dieser Gedanke ist mir immer wichtig gewesen. Und ich habe mir immer gesagt, man muss den Job mit Haut und Haar machen. Diese Überlegung war mir wichtig, als ich in das Haus am Ballhausplatz einzog.«[56] Eine Entscheidung hatte Franz Vranitzky damals jedoch auch getroffen, die er – in Absprache und in Übereinstimmung mit seiner Familie – für sich behielt: Bundeskanzler der Republik Österreich zu sein war für ihn auf Zeit angelegt, auf maximal zehn Jahre. Nach vier gewonnenen National-ratswahlen wurde es dann etwas länger, nämlich knapp elf Jahre, die er an der Spitze der Bundesregierung stand. Das ist – nach Bruno Kreisky mit dreizehn Jahren – die zweitlängste Regierungsperiode eines österreichischen Bundeskanzlers in der Zweiten Republik.

Am 9. Juni 1986, dem Tag, an dem Bundeskanzler Fred Sinowatz sein Amt an Finanzminister Franz Vranitzky übergibt, wirkt der oft glücklose Politiker sichtlich erleichtert: Entspannt, gelöst, mit freudigem Gesichtsausdruck stellt er in einer Pressekonferenz seinen Nachfolger vor. Franz Vranitzky bezeichnet er als »sehr kompetent« und als seinen »Wunschkandidaten«.[57] In der Öffentlichkeit und in der Partei galt Franz Vranitzky schon seit Längerem als Favorit für dieses Amt.

Auch für Franz Vranitzky war es keine allzu große Überraschung, das Amt angeboten zu bekommen. »Vielleicht hatte ich ein Sensorium dafür«, räsoniert er Jahrzehnte später.[58] Nachdenklich erzählt er von einem vertraulichen Gespräch mit Fred Sinowatz, bei dem er die Bemerkung fallen ließ: »Einmal möchte ich wieder in meinen alten Beruf als Bankmanager und Finanzexperte zurückkehren. Sinowatz hat mich milde lächelnd angeschaut und nichts gesagt. Ich habe mir später wegen dieser Bemerkung Vorwürfe gemacht, weil sie einigermaßen absurd war. Als Bundeskanzler kann man nicht damit rechnen, in den alten Beruf zurückzukehren. Das ist unrealistisch.«

Franz Vranitzky geht davon aus, dass sich Bundeskanzler Fred Sinowatz »sicher mit Leopold Gratz, mit dem er privat sehr eng verbunden war, sowie mit Karl Blecha und Heinz Fischer über ihn als seinen Nachfolger besprochen hatte«.

Noch als Finanzminister wurden Franz Vranitzky die Last und die Verantwortung des Amtes eines Bundeskanzlers am Beispiel seines Förderers und Freundes Sinowatz deutlich vor Augen geführt. »Ich habe miterlebt, wie schwer es der Bundeskanzler Sinowatz und der Mensch Sinowatz in dieser Funktion gehabt hat.« Die Probleme, mit denen Sinowatz während seiner Amtszeit zu kämpfen hatte, listet Franz Vranitzky bei unserem Gespräch auf: Abfällige Bemerkungen seines Vorgängers Bruno Kreisky kränkten ihn. Die gerichtsanhängige Causa der verbotenen Lieferung von Noricum-Kanonen in Krisengebiete lastete schwer auf ihm. Dann die Niederlage nach den heftigen Protesten gegen das Donaukraftwerk Hainburg. Das Mammut-Problem der verstaatlichten und hoch verschuldeten Industriebetriebe, die alle im Mehrheitseigentum der Republik standen und ein willkommenes Streitthema für die ÖVP waren. Nicht nur die Volkspartei, auch die Medien zeigten bei der Verstaatlichten-Krise auf die SPÖ und ihren Parteivorsitzenden, weil die großen Betriebe stets mit der SPÖ assoziiert wurden.[59] All diese Probleme lasteten auf der Schulter einer Person, auf Bundeskanzler Fred Sinowatz. Und diese Probleme, nicht wenige an der Zahl, erbte sein Nachfolger Franz Vranitzky.

Drei Gründe waren letztlich für Vranitzky ausschlaggebend, das Angebot von Sinowatz zu akzeptieren: erstens »die Verantwortung gegenüber dem Staatsamt. Zweitens die Herausforderung, die ich angesichts der erwachenden Hoffnung der Volkspartei, Nummer eins bei vorgezogenen Wahlen zu werden, erahnte. Und drittens das eigene Selbstwertgefühl, in einer schwierigen Situation bestehen zu können«, zählt Franz Vranitzky seine Motive auf, die viel von einem Wettkampf in sich bergen. Er hatte auch keine Gründe, das Amt des Bundeskanzlers nicht anzunehmen: »Es gab keinen gesundheitlichen oder moralischen Grund abzusagen. Das war nicht der Fall.« In unserem Gespräch sagt Franz Vranitzky rückblickend: »Ich habe keine Angst gehabt, das Amt zu übernehmen.«[60] Auch den Segen der Partei hatte er. Die SPÖ-Parteigremien stimmten dem Kanzler-Wechsel von Sinowatz auf Vranitzky ohne Wenn und Aber zu. Fred Sinowatz behielt vorläufig noch den Parteivorsitz, kündigte aber an, dass der Parteitag der SPÖ im Jahr 1988 über eine neue Parteiführung entscheiden werde. Es war klar, dass Franz Vranitzky auch diese Funktion übernehmen würde.

Bei seiner Präsentation ließ der designierte Bundeskanzler die Schwerpunkte seiner Regierungsarbeit bereits erkennen: Außenpolitik, um den Imageschaden, den der neue Bundespräsident Kurt Waldheim verursacht hatte, wiedergutzumachen. In diesem Zusammenhang kündigte Vranitzky an, den ursprünglich für Sinowatz vorgesehenen Amerika-Besuch so rasch wie möglich wahrzunehmen. Angesprochen auf die Probleme der Verstaatlichten Industrie, stellte der neue Regierungschef fest, dass man seit den 1980er-Jahren rund 30 Milliarden Schilling für diese Betriebe zur Verfügung gestellt habe. Man könne jedoch nicht weiterhin eine Politik betreiben und immer wieder Geld lockermachen, ohne auch an eine »sinnvolle Umstrukturierung« zu denken. Das gelte im Übrigen auch für die Landwirtschaft, kündigte Franz Vranitzky Reformen in diesen Wirtschaftsbereichen an.[61]

»Wendepunkt im österreichischen Sozialismus«: Reaktionen auf den Kanzlerwechsel

Bevor Medien die Amtsübergabe von Fred Sinowatz an Franz Vranitzky kommentierten, meldete sich der ehemalige Bundeskanzler und SPÖ-Ehrenvorsitzende, Bruno Kreisky, wohlwollend zu Wort: Er kenne Doktor Franz Vranitzky persönlich als »sehr anständig und korrekt«, ließ er über die *Austria Presse Agentur* verlautbaren.[62] Die *Süddeutsche Zeitung* interpretierte den Rücktritt von Fred Sinowatz nicht als »Resignation«, sondern als »Neuaufstellung ihrer Bataillone« [jener der SPÖ, Anm.].[63]

Die *Basler Zeitung* in der benachbarten Schweiz zollte Bundeskanzler Sinowatz für seinen Rücktritt Anerkennung und sprach von »Format und Größe«.

Die linksliberale französische Tageszeitung *Libération* bezeichnete den Aufstieg von Franz Vranitzky als einen »Wendepunkt im österreichischen Sozialismus. Der ehemalige Finanzminister verkörpert die Übernahme der Macht durch die Technokraten und Wirtschaftsexperten.«[64]

Bis zur Angelobung am 16. Juni 1986 bildete Franz Vranitzky auch die Regierung um. Außenminister Leopold Gratz trat zurück, den Posten übernahm der Spitzendiplomat Peter Jankowitsch. Auch das Unterrichts- und das Landwirtschaftsministerium wurden neu besetzt. Viel Überzeugungsarbeit bedurfte es, Ferdinand Lacina als neuen Finanzminister zu gewinnen. Der Ökonom stimmte aber schließlich doch zu, in die Himmelpfortgasse zu wechseln. Als Finanzminister wurde Ferdinand Lacina rasch zum wichtigsten Player innerhalb des Kabinetts und zum engsten Vertrauten und politischen Partner von Bundeskanzler Franz Vranitzky.

Vranitzkys Agenda:
Sozialer Friede, hohes Beschäftigungsniveau

Zwei Tage nach der Angelobung präsentierte der neue Bundeskanzler seine grundsätzlichen programmatischen Vorstellungen, die nach seinen Worten »auf die weitere Zukunft ausgerichtet«[65] waren. Vranitzky hob die Notwendigkeit der Sicherung des materiellen und immateriellen Wohlstandes hervor. Ausdrücklich betonte er, den Weg fortsetzen zu wollen, der gekennzeichnet sei von Zusammenarbeit, wirtschaftlichem Erfolg sowie »dem Klima geistiger Toleranz und kreativer Gestaltungsfreude«. Er betonte, wie wichtig ihm die Sicherung des sozialen Friedens, des hohen Beschäftigungsniveaus und guter wirtschaftlicher Eckdaten sei. Diesbezüglich äußerte er einen »in Realismus gekleideten Optimismus« – eine typische Vranitzky'sche Wortschöpfung.

Dass der Bundeskanzler den auf ihn projizierten Vorstellungen von Modernität, Internationalität, Dynamik und Zukunftsperspektive gerecht wurde, bewies er bereits mit dem folgenden einen Satz: »Die Regierung muss in ihrer täglichen Arbeit für eine Befriedigung der materiellen Bedürfnisse Sorge tragen, zugleich muss die Politik aber auch eine perspektivische Skizze der gesellschaftlichen Entwicklung und ein für die Zukunft bestimmtes Wunschbild formulieren.« Bemerkenswert ist Franz Vranitzkys sich darin abbildender Wille, alte Pfade nicht abrupt zu verlassen und dennoch gleichzeitig neue Wege zu bcschreiten.

Was Staatsaufgaben und Politik angeht, räumte der Kanzler ein, dass sich Bürger und Staat vielfach voneinander entfernt hätten. Der konservativen Forderung, wonach sich der Staat auf allen Ebenen zurückziehen müsse, erteilte er eine Absage. Seiner Ansicht nach kommen dem Staat eine Reihe unverzichtbarer Aufgaben zu: die umfassende Sicherheit der Bürger zu gewährleisten sowie die Wahrung von Chancengleichheit und die Funktionsfähigkeit seiner Institutionen zu sichern. Es müsse aber auch um die Verbesserung der Entscheidungsstrukturen in der Regierung und um die Leistungsfähigkeit staatlicher Einrichtungen gehen. Franz Vranitzky bekannte sich dazu, »Probleme überschaubar und lösbar zu machen, Entscheidungen offen vor den Bürgern zu treffen und damit politisches Tun und dessen Erfolg wieder kontrollierbar und beurteilbar zu machen«.[66] Was Bundeskanzler Vranitzky damals formulierte, hat heute nichts an Bedeutung verloren.

Viel Zeit, um seine Vorhaben zu realisieren, blieb Franz Vranitzky nicht. Schon bei der Übernahme des Amtes als Bundeskanzler stellte sich für ihn die Frage, wie die Koalition mit der FPÖ fortgeführt werden sollte. Mit der FPÖ zu regieren bereitete ihm Unbehagen. Seine kritische Sicht, seine Abneigung, was den deutschnationalen Flügel der Freiheitlichen anging, veranlasste ihn zu einer Vorahnung über die weitere Entwicklung der FPÖ. »Vielleicht erklären die anschließenden Monate nach Regierungsantritt auch den Hintergrund folgender Entscheidung. Ich habe dann nach dem Skandal-Parteitag der FPÖ in Innsbruck am 13. September 1986 die Koalition aufgekündigt. Und das bedeutete gleichzeitig, dass in absehbarer Zeit eine Nationalratswahl abzuhalten ist«[67], lässt Franz Vranitzky sein damaliges konsequentes und mutiges Handeln in unserem Gespräch Revue passieren.

Der neue Bundeskanzler kündigt die Koalition mit der FPÖ auf und ruft Neuwahlen aus

Wenige Tage nach Haiders Putsch in Innsbruck begründete der Bundeskanzler seine Entscheidung für Neuwahlen damit, dass sich der Koalitionspartner nach dieser Aktion in einem »ganz anderen Kleid« präsentiere. Vranitzky betonte, dass beim FPÖ-Parteitag Tendenzen zutage getreten waren, die erkennen ließen, dass die ursprüngliche Grundlage für die Koalition – nämlich ein bedeutendes liberales Element bei den Freiheitlichen – stark in den Hintergrund gerückt war. Er bezog sich dabei auf Äußerungen beim Parteitag selbst und auf frühere Erklärungen des neuen Parteiobmannes Jörg Haider. Damit sei eine »gedeihliche Zusammenarbeit zur Lösung der wichtigen anstehenden Probleme nicht vorstellbar«. Er nehme die Probleme, wie das Beispiel der Verstaatlichten Industrie zeige, nicht auf die leichte Schulter und sehe sich jetzt als Regierungschef vor einer Situation, wo er eben einen Koalitionspartner mit einer ganz anderen Ausrichtung vor sich habe. »So geht es nicht weiter«, sagte Vranitzky und fügte hinzu, dass er die Politik danach auszurichten habe, was dem Land nützt – hehre Worte, die er zwei Tage nach der Übernahme der FPÖ durch Jörg Haider bei einer Pressekonferenz in Wien sprach.[68] Gegenüber den Medien schloss Franz Vranitzky zu diesem Zeitpunkt eine Große Koalition nach den Wahlen nicht aus, »allerdings unter der Führung der SPÖ«.

Nach dem Haider-Putsch von Innsbruck begann für Franz Vranitzky und sein Team nur drei Monate nach Amtsantritt der Wahlkampf. Die Voraussetzungen waren alles andere als gut: Knapp vor dem Bruch der rot-blauen Koalition hatte die ÖVP nach Ansicht der Mehrheit der Österreicher die besten Chancen auf einen Sieg bei den nächsten – damals noch für April 1987 geplanten – Nationalratswahlen. Die Daten des Meinungsforschungsinstitutes IMAS wurden am 23. September 1986 veröffentlicht und verhießen der SPÖ nichts Gutes: Demnach erklärten 38 Prozent der Befragten, dass ihrer Ansicht nach die ÖVP bei der nächsten Nationalratswahl die meisten Stimmen erhalten würde. Nur 28 Prozent gaben der SPÖ die größten Chancen, der Rest der Bürger zeigte sich unentschlossen.[69] Für die SPÖ waren das katastrophale Werte. Besonders die höheren Bildungsschichten vertraten die Ansicht, dass die ÖVP die nächste Wahl gewinnen würde. Rote Kernwählerschichten waren laut IMAS offenkundig geschrumpft. SPÖ-freundliche Denker und Künstler hielten der SPÖ aber weiterhin die Stange, weil sie Franz Vranitzky vertrauten. Auch eine Umfrage des Fessel-Instituts kurz vor dem FPÖ-Parteitag in Innsbruck hatte ergeben, dass die ÖVP bei der »Sonntagsumfrage« (»Welche Partei würden Sie bei der Nationalratswahl am nächsten Sonntag wählen?«) vorne lag: 33 Prozent der Befragten gaben zu diesem Zeitpunkt der ÖVP den Vorzug, nur 30 Prozent nannten die SPÖ. Für die Freiheitlichen wollten sich nur zwei Prozent entscheiden, für die Grün-Partei zeigten insgesamt vier Prozent der Befragten Interesse.[70]

Trotz dieser Daten, die der ÖVP einen Höhenflug vorhersagten, war die Stimmung im engsten Umfeld von Bundeskanzler Vranitzky keineswegs getrübt. Auch in der Partei insgesamt entwickelte sich ein starker Zusammenhalt. Der Wille, die Wahl trotz schlechter Umfragen zu gewinnen, war spürbar. »Wir haben sofort eine Strategie entwickelt. Wir konnten die Agentur von Hans Schmidt gewinnen, der Franzose Jacques Séguéla war Wahlkampf-Ideengeber. Es war eine Freude, dabei zu sein. Wir, mein Team und ich, waren sofort eine kleine, verschworene Gemeinschaft«, zeigt sich Franz Vranitzky Jahrzehnte später noch enthusiastisch über die allerorts spürbare Aufbruchsstimmung.[71]

Der Zeitraum zwischen der Auflösung der Koalition mit den Freiheitlichen Mitte September und der vorgezogenen Nationalratswahl am 23. November 1986 war extrem kurz. Die Meinungsumfragen zeigten, dass die ÖVP seit dem Verlust der absoluten Mehrheit der SPÖ 1983 im Aufwind war. Alois Mock, der Obmann der ÖVP, hatte – nachdem er überzeugt war, den langen Schatten Bruno

Kreiskys endlich losgeworden zu sein – Erwartungen entwickelt, Erster zu werden. »Die Meinungsumfragen haben das auch angezeigt. Selbst die *Kronen Zeitung* hat ausgiebig darüber berichtet, dass es einen Wechsel an der Regierungsspitze geben könnte. Und dass ein solcher Wechsel nach sechzehn Jahren SPÖ-Regierung auch richtig sei«, sagt Franz Vranitzky rückblickend.[72]

Trotz der Umfragedaten zugunsten der ÖVP und Meldungen der Boulevard-Medien, der ÖVP sei der Wahlsieg nicht mehr zu nehmen, ließ sich das Team Vranitzky nicht entmutigen und ging stets davon aus: »Wir schaffen es.« »Wir haben das nie ins Kalkül gezogen, aus dem Amt zu fliegen. Wir haben uns nie mit dem Gedanken beschäftigt, die Mehrheit zu verlieren.« In der retrospektiven Betrachtung ist Franz Vranitzky heute geneigt, diese unbeschwerte Herangehensweise an die Neuwahl im November 1986 als »unvorsichtig« oder »überoptimistisch« zu bewerten. Doch gleichzeitig sagt er auch, dass damals »ein starker Glaube an uns selber bestand. Dieser Glaube hat mir und den unermüdlichen Mitkämpfern die nötige Kraft gegeben, durchzuhalten und immer wieder durchzustarten«[73], berichtet Franz Vranitzky von damaligen Erlebnissen und Erfahrungen. Er unterstreicht auch, wie wichtig es war, dass im Wahlkampf »alle an einem Strang gezogen haben«. Tagtäglich und bei jedem Wetter fanden Wahlveranstaltungen statt, selbst in den kleinsten Gemeinden des Landes wurden Parteiauftritte organisiert. Tausende Menschen kamen, um den Spitzenkandidaten Franz Vranitzky zu sehen und zu hören. »Das hat mich motiviert und Vertrauen geschaffen. Die Parteiprofis haben mir gesagt, dass ›die Stimmung sehr gut‹ ist. Ich erwiderte vorsichtig, dass die positive Stimmung aber noch keinen Wahlsieg ausmacht.« Politische Beobachter berichteten zu diesem Zeitpunkt davon, dass ÖVP-Chef Alois Mock in siegessicherer Manier bereits die Möbel für sein Büro im Bundeskanzleramt bestellt haben soll, in das er bald einzuziehen glaubte.[74]

Für Franz Vranitzky war der intensive Wahlkampf im Spätherbst 1986 auch eine Möglichkeit, sich bei vielen Menschen vorzustellen, seine Positionen zu vermitteln, Missverständnisse und Vorurteile bezüglich seiner bisherigen Laufbahn als Bankmanager auszuräumen. Mit ihm wurde ein Typ Mensch Bundeskanzler und Spitzenkandidat der SPÖ, der vielen Parteigängern nicht vertraut war: modern, weltgewandt, selbstsicher. Er hatte auch nicht die übliche Aufstiegstour durch die Parteiorganisationen und Gremien absolviert. Allein die Berufsbezeichnung »Banker« führte bei nicht wenigen SPÖ-Mitgliedern, aber auch bei politisch Andersdenkenden, zu Skepsis, bisweilen sogar zu Ablehnung. Der abwertende Begriff vom »Sozialisten im Nadelstreif-Anzug« wurde geprägt. Das Argument, Vranitzky sei nicht der erste Sozialdemokrat, der teures Tuch trägt und einen sogenannten bürgerlichen Habitus pflegt, wurde in hitzigen Debatten rasch vom Tisch gewischt. Trotz spitzer Bemerkungen, die bis zu Anfeindungen gingen, passte sich Franz Vranitzky nicht an seine Kritiker an. Im Gegenteil. Er kultivierte seinen Stil weiter. Auch das war eine Frage der Haltung.

Der Wahlkampf und die Veranstaltungen mit Tausenden Menschen trugen dazu bei, dass viele Franz Vranitzky aus der Nähe kennenlernen, ihn das erste Mal live sehen konnten. »Im Wahlkampf habe ich die Woge der Zustimmung erkannt und auch genossen. Eine gewisse Fremdheit war damit aber noch nicht beseitigt«, erinnert er sich. Welche Fremdheit? Franz Vranitzky wird konkreter: »Die Leute in der Partei, die sich mit theoretischen Fragen beschäftigt haben und die eine gewisse Nostalgie verspürten, waren weiterhin distanziert. […] Das hat ein, zwei Jahre angedauert.«

In den vielen Begegnungen mit Menschen ließ sich Franz Vranitzky von den gegen ihn gerichteten Sticheleien der Dogmatiker in der Partei nichts anmerken. Unermüdlich erklärte er auf Veranstaltungen und in parteiinternen Diskussionen seine Vorhaben und Ziele. »Ich hatte viel vor: Ich musste die Verstaatlichte Industrie in Ordnung bringen, Strukturreformen durchsetzen, die außenpolitische Reputation wiederherstellen und die Frage der europäischen Integration

Österreichs klären.« Er scheute sich auch nicht, in Diskussionen mit Parteimitgliedern über Leistung, Wettbewerb und Effizienz zu sprechen, »damit die Sozialdemokratie sich den Leistungsbegriff nicht von den Konservativen wegnehmen lässt. Ich war nie damit einverstanden, dass Hunderttausende Arbeiter und Angestellte, die tagein, tagaus große Leistungen vollbringen, von manchen als Leute abgestempelt werden, die mit Leistung nichts anfangen können oder sogar als leistungsfeindlich hingestellt werden. Immer häufiger kam es zu Begegnungen mit Menschen, die mir gesagt haben: ›Du bist eh einer von uns.‹«[75] Und diesen Zuspruch gab es, obwohl Vranitzky trotz Protesten auch Kündigungen im Zuge der Umstrukturierung der verstaatlichten Unternehmen in Kauf nehmen musste.

Franz Vranitzky konnte im Wahlkampf immer mehr Menschen ansprechen und für seine Politik gewinnen. Er strahlte den Charme des glaubwürdigen Vertreters einer smarten und pragmatischen Erfolgsgeneration aus, der zum Kummer mancher Genossen, die dem Austromarxismus nachweinten, nicht einmal seine proletarische Kindheit herauskehrte. Umso eher beeindruckte er viele brav arbeitende und brav steuerzahlende Bürger, weil er jene Aura der Tüchtigkeit verbreitete, die für viele vorbildhaft war. In *Kurier*-Kommentaren wurde Franz Vranitzky schon mit dem legendären Präsidenten der Vereinigten Staaten von Amerika, John F. Kennedy, verglichen.

Der Kanzler besucht die Wiener Synagoge am Versöhnungstag

Während zahlreicher Wahlkampfauftritte war für Bundeskanzler Franz Vranitzky ein Termin besonders wichtig: Auf Einladung der Israelitischen Kultusgemeinde besuchte er am Sonntag, dem 12. Oktober 1986, anlässlich des Versöhnungstages Jom Kippur, des höchsten jüdischen Feiertages, die Synagoge in der Seitenstettengasse in der Wiener Innenstadt. Diesen Besuch nutzte Franz Vranitzky, um ein Bekenntnis zu Toleranz gegenüber den jüdischen

Mitbürgern abzulegen. Wörtlich erklärte der Bundeskanzler gegenüber Oberrabbiner Chaim Eisenberg: »Das heutige Versöhnungsfest gibt mir die Gelegenheit, Ihnen in meinem und im Namen der Bundesregierung zu erklären, dass wir alles tun werden, um bei Ihnen auch in Zukunft keinen Zweifel darüber aufkommen zu lassen, dass unsere Heimat auch die Ihre ist. Gemeinsam haben wir Österreich aus den Trümmern aufgebaut, gemeinsam werden wir die Herausforderungen der Zukunft annehmen. An diesem hohen Feiertag ersuche ich Sie deshalb, auch an diesen Aufgaben gestalterisch mitzuwirken.«[76]

In seiner Replik darauf forderte Oberrabbiner Chaim Eisenberg eine genaue Diagnose der Lage in Österreich in Bezug auf Vergangenheitsbewältigung, Rechtsextremismus und Antisemitismus. Nur eine objektive Diagnose ermögliche eine wirksame Therapie, so Eisenberg. Der Oberrabbiner beklagte sich über antisemitische Vorfälle, wie Hakenkreuzschmierereien auf jüdischen Friedhöfen in Wien, er betonte aber auch »Lichtblicke«, wie den Besuch des Bundeskanzlers in der Synagoge und die Absage an den Rechtsextremismus, die durch das Ausrufen der Neuwahlen ausgedrückt worden war.

Der Oberrabbiner betonte auch, dass »nicht Imagepflege unsere erste Pflicht sei, sondern eine bessere Erziehung und Bildungsarbeit gegen Intoleranz, ein hartes Eingreifen gegen rechtsextreme Erscheinungen und eine tatkräftige Unterstützung der Anliegen der jüdischen Gemeinde«.

Bei seinem Besuch in der Synagoge und dem Zusammentreffen mit Oberrabbiner Chaim Eisenberg spielte für Franz Vranitzky »Imagepflege« keine Rolle. Gerade wegen seiner kritischen Haltung gegenüber der Geschichtsvergessenheit vieler Österreicher, die sich nicht zuletzt in der Auseinandersetzung mit der NS-Vergangenheit Kurt Waldheims gezeigt hatte, war es dem Bundeskanzler ein »persönliches Anliegen« gewesen, die Synagoge zu besuchen.

Um sein internationales Engagement zu beweisen, kam Franz Vranitzky im Wahlkampf ein Besuch des amerikanischen Außenministers George Shultz gerade recht. Bei dem Zusammentreffen ging es um den Dialog der Supermächte und den KSZE-Prozess (Konferenz für Sicherheit und Zusammenarbeit in Europa).[77] Dabei wurde auch die heikle Waldheim-Causa besprochen. Vranitzky betonte nach dem Treffen mit Shultz, dass die im US-Justizministerium laufende Watch-List-Überprüfung für Waldheim »in kurzer Zeit« beigelegt sein werde.[78] Das war jedenfalls ein Irrtum, die Sache Kurt Waldheim beschäftigte Franz Vranitzky noch Jahre. Bekannt wurde im Wahlkampf auch, dass eine offizielle Einladung der Vereinigten Staaten von Amerika für einen Besuch in Washington bei Vranitzky eingetroffen sei.

23. November 1986: Franz Vranitzky gewinnt die Wahl und kann die ÖVP auf Distanz halten

Dann kam die Wahl am 23. November 1986, einem kalten, nebelverhangenen Spätherbsttag. »Es handelt sich um eine der spannendsten Wahlen seit Langem«, kommentierten Medien vorab übereinstimmend den Urnengang.

Was für ein politisch aufregendes Jahr ging mit dieser Nationalratswahl zu Ende! Beim Bundespräsidentschaftswahlkampf hatte Österreich anhand des Lebenslaufes des Kandidaten Kurt Waldheim seine und dessen Nazi-Vergangenheit unter heftigen Auseinandersetzungen neu verhandelt. Die Wahl Waldheims hatte die Gräben zwischen den Parteien auf viele Jahre hinaus verfestigt. Franz Vranitzky war Fred Sinowatz als Bundeskanzler gefolgt und konnte die Sozialdemokratie mit Reformen auf die neue Zeit einstimmen. Jörg Haider hatte die FPÖ putschartig übernommen. Bundeskanzler Franz Vranitzky hatte daraufhin die rot-blaue Regierung aufgelöst, Mitte September 1986 Neuwahlen ausgerufen und gleichzeitig dezidiert erklärt, mit der Haider-FPÖ keine Koalition eingehen zu wollen. Die ÖVP hatte sich – angetrieben von guten Umfragedaten – von der Nationalratswahl eine Richtungsentscheidung erwartet. Aus Sicht ihres Parteiobmanns Alois Mock sollte der Wahlausgang der ÖVP die Kanzlerschaft bringen.

Betrachtet man die Wahlplakate von ÖVP und SPÖ mit ihren unspektakulären Slogans, ist die Geschichte zwischen den beiden Parteien rasch erzählt: So versprach die ÖVP: »Wir führen Österreich aus den roten Zahlen.« Das war und ist eine Standardformel der Volkspartei bzw. der Türkisen, zumindest bis zum Ausbruch der Coronapandemie im Frühjahr 2020. Und Franz Vranitzky konterte: »Ich verspreche nichts, was ich nicht halten kann.«

Franz Vranitzky hatte keinen Wahlsieg versprochen, die Wünsche und Erwartungen der SPÖ aber dennoch erfüllt: Die SPÖ gewann die Wahl. Die Sozialdemokraten verloren zwar 4,5 Prozentpunkte, blieben aber mit 43,1 Prozent vor der Volkspartei (41,3 Prozent). Vor dem Hintergrund der Wahlprognosen war das Ergebnis für die SPÖ ein veritabler Erfolg, der dem Spitzenkandidaten Franz Vranitzky zuzuschreiben war. Die eigentlichen Gewinner der November-Wahl 1986 (und auch der Wahlen in den Jahren danach) waren jedoch andere Parteien: allen voran die FPÖ mit ihrem Neo-Chef Jörg Haider, die ihre Stimmen mit 9,7 Prozent fast verdoppeln konnte, sowie die von Freda Meissner-Blau angeführten Grünen, die mit 4,7 Prozent der abgegebenen gültigen Stimmen erstmals in den Nationalrat einzogen.

Israelische Wahlbeobachter und scharfe Reaktionen

In den internationalen Medien wurde der Wahlausgang kritisch kommentiert. Die Affäre Waldheim und der Wahlerfolg Jörg Haiders standen im Mittelpunkt. Die französische Tageszeitung *Le Monde* interpretierte das Ergebnis so: »Haider, der die Nostalgiker des Nationalsozialismus mobilisiert hat und der es nicht schafft, in die liberale Internationale aufgenommen zu werden, trägt in keiner

Weise zu neuem Glanz für das schwer getrübte Bild von Österreich nach der Waldheim-Affäre bei.«[79] Das liberale Blatt fordert Waldheim in seinem Kommentar auf, Konsequenzen zu ziehen: »Es gibt keinen Zweifel, dass in diesem Klima politisch Verantwortliche mehr und mehr wünschen, dass Waldheim mindestens eine der Hypotheken, die auf dem Land lasten, aufhebt. Entweder es gelingt ihm, das Bild zu korrigieren, oder er zieht für sich selbst die Konsequenzen.« – Wie wir wissen, ist beides nicht passiert.

The New York Times widmete sich in einem Leitartikel am 29. November 1986 den Regierungsverhandlungen in Wien und brach eine Lanze für die Große Koalition. »Die beiden Großparteien müssten bei der Bekämpfung der wirtschaftlichen Schwierigkeiten und des Deutschnationalismus zusammenfinden. Das Wahlergebnis würde eine Erneuerung der vor 1966 regierenden Großen Koalition erzwingen«, schrieb das renommierte US-amerikanische Blatt und wies auf die Stimmen- und Mandatsverluste von SPÖ und ÖVP hin.

Als großer Wahlsieger wurde Jörg Haider gesehen. Er habe aus der »Unzufriedenheit mit den bestehenden Verhältnissen Kapital [geschlagen]«. Als besorgniserregend bezeichnete die Zeitung Haiders Spiel mit »einer Art von pangermanistischem Ultranationalismus«. Das gute Abschneiden der FPÖ im Zusammenspiel mit der Wahl Kurt Waldheims zum Präsidenten der Republik erfordere ein »entschiedenes Vorgehen, um die Nation wieder zu einen«. Was den »beklagenswerten Geist« betreffe, der zu Haiders Erfolg beigetragen habe, so werde die künftige Regierung deutlich machen müssen, dass »die Behauptung, das Gestern sei nicht so schlecht gewesen, nur schädlich sein kann für das Heute und das Morgen«, heißt es im Leitartikel der New York Times.[80]

Der Präsident des Jüdischen Weltkongresses, Edgar Bronfman, vertrat in einem Interview für das Nachrichtenmagazin Der Spiegel die Auffassung, Österreich sei im Zusammenhang mit der Bundespräsidenten-Wahl »offener antisemitisch« geworden. Bronfman bekräftigte die Vorwürfe seiner Organisation, dass Bundespräsident Waldheim im Zweiten Weltkrieg als deutscher Offizier in Jugoslawien »Teil der Nazi-Mordmaschinerie« gewesen sei. Die Vorwürfe des Jüdischen Weltkongresses seien keine Einmischung in die inneren Angelegenheiten Österreichs, sondern ein »moralisches Gebot«, das weit über diese Angelegenheiten hinausgehe, sagte Bronfman gegenüber dem *Spiegel*.[81] Der WJC-Präsident hielt in dem Interview fest, dass er »felsenfest davon überzeugt« sei, dass Waldheim, den er für einen »völlig unmoralischen Mann und uneinsichtigen Lügner« halte, der als Person »unbedeutend« sei, da er »nicht einmal politische Macht« habe, bei den Nürnberger Kriegsverbrecherprozessen »hätte verurteilt werden können«.

Die Nationalratswahl in Österreich wurde auch von einer Gruppe sozialdemokratischer Knesset-Mitglieder beobachtet. Die israelischen Abgeordneten kamen auf Einladung der SPÖ nach Wien. Sie konstatierten in ihrem Bericht an den Vorsitzenden der Arbeiterpartei, den damaligen Außenminister und Vizepremier Shimon Peres, zunehmenden Antisemitismus in Österreich als Folge der Waldheim-Affäre. Die »scharfe und lärmende« Ausschlachtung der Kritik an Waldheim habe das »Wiederwachen antisemitischer Gefühle in nicht geringen Schichten der österreichischen Bevölkerung« hervorgerufen. Dieser Prozess sei im Verlauf des Nationalratswahlkampfes noch stärker geworden und habe zum Erfolg von FPÖ-Chef Jörg Haider geführt, dessen Wahlpropaganda von antisemitischen Tönen begleitet gewesen sei. In dem Bericht an Peres findet sich auch die Feststellung, dass die SPÖ die Angriffe auf Waldheim »schwer geschadet« hätten.

Franz Vranitzky wird von den israelischen Emissären gelobt. Er mache den Eindruck eines »mutigen, positiven und bezüglich der jüdischen Frage sensiblen Mannes«. Vranitzky habe den Abgeordneten gegenüber den Wunsch nach einer Normalisierung der österreichisch-israelischen Beziehungen geäußert. Auch die Entsendung eines israelischen Botschafters nach Wien, der ja wegen Waldheim abgezogen worden war, wurde mit Vranitzky besprochen und dabei auch nach alternativen Wegen zur Vertiefung der bilateralen Beziehungen gesucht, berichteten die Abgeordneten ihrem Chef, dem Vorsitzenden der Arbeiterpartei. Der Bundeskanzler habe sehr klar seine Befürchtung zum Ausdruck gebracht, dass »eine Verschlechterung der österreichisch-israelischen Beziehungen die antisemitischen Elemente in seinem Land stärken könnte«. Die Rückkehr des israelischen Botschafters nach Wien würde jedoch die verpflichtende Überreichung des Beglaubigungsschreibens an Bundespräsident Waldheim implizieren, was eine »Legitimierung« des Bundespräsidenten bedeuten und Israel in ein negatives Licht rücken würde.[82]

5. ROT-SCHWARZE KOALITION 1987: FRANZ VRANITZKY ALS STAATSMANN UND REFORMER

»Wenn zwei Partner unterschiedliche Standpunkte austragen müssen, wird dieser Vorgang in Österreich sofort als Krach, als Koalitionsstreit, beschrieben. Der Boulevard hat sich da besonders hervorgetan. Und tut es immer noch. Aber auch die Qualitätsblätter haben eine gewisse Boulevardisierung hinter sich.«
Franz Vranitzky

»Ich war mir bewusst, dass wir in vielen Bereichen neu denken müssen. Viele in Österreich waren noch sehr heimatverbunden und haben national gedacht. Es gab Vorbehalte gegenüber allem Neuen und gegenüber allem, was fremd war. Auch den internationalen Beziehungen gegenüber. Dabei waren gerade die außenwirtschaftlichen und die außenpolitischen Kontakte für das Land essenziell.« Am Abend der Nationalratswahl am 23. November 1986 konnte Franz Vranitzky aufatmen: Die SPÖ kam auf 43,1 Prozent der abgegebenen gültigen Stimmen. Doch eine Frage beschäftigte den Wahlsieger: »Wie kann ich die Menschen für Reformen gewinnen, sie von einem Modernisierungsschub überzeugen und mitnehmen auf den Weg, den ich als Bundeskanzler mit der Devise ›Österreich neu denken‹ beschreiten möchte?« Franz Vranitzky erinnert sich an diesen Tag, an dem die SPÖ überraschend die Nationalratswahl gewonnen hat – die Prognosen hatten ja die ÖVP vorne gesehen – und Vranitzky der strahlende Sieger war.[83] Der Moment der Freude über das Wahlresultat war für den Bundeskanzler aber auch verbunden mit grundsätzlichen Reflexionen über die Gestaltung der Zukunft des Landes, über Reformen im Inneren, mit der Suche nach einem neuen Image in der Welt sowie einem Platz Österreichs in der Europäischen Union. Der 23. November 1986 war der Beginn der Ära Franz Vranitzky als Bundeskanzler der Republik.

Die Regierungsverhandlungen, die nach Angaben Vranitzkys »hart und von Positionskämpfen gekennzeichnet waren«, mündeten im Jänner 1987 – erstmals nach 1945 – in eine SPÖ-geführte Große Koalition. Die Bezeichnung Große Koalition war für damalige Verhältnisse nicht übertrieben: Die Regierung aus Sozialdemokraten und Volkspartei verfügte über 157 von insgesamt 183 Abgeordneten im Nationalrat. ÖVP-Obmann Alois Mock wurde Vizekanzler und Außenminister, obwohl es sein Ziel gewesen war, Erster zu werden. Mock war für seine Ambition, Kanzler zu werden, auch ein Pakt mit Jörg Haiders FPÖ recht, aber der Parteivorstand der ÖVP verwarf den Antrag.[84]

In der Großen Koalition musste die SPÖ die Macht und die Ministerien mit ihrem Regierungspartner teilen. Es war nicht von vornherein ausgemacht, dass die ÖVP das begehrte Außenministerium bekommen sollte. Franz Vranitzky bot Alois Mock zunächst das Unterrichtsministerium an, doch Mock hatte eine klare Präferenz für das Außenamt. Angehörige der SPÖ alarmierten umgehend Alt-Bundeskanzler Bruno Kreisky: »Der Vranitzky gibt das Außenministerium her!«, beschwerten sie sich beim »Alten«, wie Kreisky parteiintern genannt wurde.[85] Die Aufregung erreichte rasch die Öffentlichkeit. Dass die ÖVP mit Alois Mock, einem hartnäckigen und schwierigen Verhandler, das Außenministerium bekam, empörte nicht nur einige Linke in der SPÖ, sondern ganz besonders Kreisky. Von seinem Wohnsitz in der Döblinger Armbrustergasse aus legte der in Österreich mit dreizehn Jahren am längsten im Dienst gewesene Regierungschef seit 1945 unter Protest die letzte Parteifunktion zurück, die ihm noch verblieben war: den Ehrenvorsitz der SPÖ.

Die Gründe für die Verbitterung des ehemaligen Bundeskanzlers waren vielfältig. Nicht nur, dass Kreisky seinem Nach-Nachfolger Franz Vranitzky, dem Banker, Wahlgewinner und neuen Mann in der SPÖ, misstraute. Der war seinen eigenen Weg gegangen und hatte die Regierung mit der FPÖ beendet, nachdem Jörg Haider im September 1986 Parteichef geworden war. Als Vranitzky jedoch in den Koalitionsverhandlungen der ÖVP auch noch das Außenministerium überließ, war das für den international agierenden und vernetzten Bruno Kreisky, der Österreich über viele Jahre ins Scheinwerferlicht der politischen Weltbühne zurückgeführt hatte, ein Affront und seiner Überzeugung nach »ein unverzeihlicher, strategischer Fehler«.[86]

Die Kritik des »Sonnenkönigs«, wie Bruno Kreisky in den Medien genannt wurde, war hart und umfassend. Diese Attacke wehrte Franz Vranitzky ausgesprochen sachlich ab. Der Bundeskanzler interpretierte den Entschluss Kreiskys, den Ehrenvorsitz der SPÖ zurückzulegen, als »einen Ausdruck seines Lebenswerkes. Für Kreisky hat die Außenpolitik stets einen hohen Stellenwert eingenommen. Dafür muss man Verständnis aufbringen, aber ebenso muss man auch dafür Verständnis zeigen, dass die neu gebildete Regierung nunmehr die heutigen und die künftigen Probleme lösen müsse«, stellte Franz Vranitzky unbeirrt von Kreiskys Kritik in einem Fernseh-Interview des ORF fest.[87] Die Beziehung Kreisky-Vranitzky war an einem Nullpunkt angelangt. Bis auf Weiteres hatte Bruno Kreisky »kein gutes Wort mehr für mich übrig«, schreibt Vranitzky in seinen Memoiren.[88]

Einfach gestaltete sich das gemeinsame Regieren von SPÖ und ÖVP keineswegs. »Die Koalitionspartner sind lange Zeit Gegner gewesen und daher kann man nicht von heute auf morgen von Liebe und Waschtrog reden«, erklärte Vranitzky wenige Tage vor der Angelobung der neuen Koalition.[89] Am 21. Jänner 1987 trat die Regierung ihr Amt an. Man werde sich aber bemühen, das gemeinsame Regierungsprogramm durchzuziehen und die Probleme schrittweise zu lösen, sagte der Bundeskanzler im ORF.[90] Aufbauend klang das nicht.

Reibungsflächen zwischen SPÖ und ÖVP

Die unterschiedlichen ideologischen Positionierungen von Rot und Schwarz waren ja kein Geheimnis. Es gab Differenzen in der Bildungs-, Gesellschafts- und Frauenpolitik, im Bereich Soziales und Beschäftigung, in der Sicherheits- und Verteidigungspolitik und anfänglich auch in Fragen der europäischen Integration. Das angespannte persönliche Verhältnis zwischen Vranitzky und Mock machte die Zusammenarbeit in der Regierung nicht leichter. »Alois Mock war jemand, der einem viel Arbeit gemacht hat, die Koalition zusammenzuhalten. Das gelang nur durch Überzeugungskraft und auch durch Autorität«, beschreibt Franz Vranitzky die regelmäßig feststellbare mangelnde Kooperationsbereitschaft des Regierungspartners in unserem Gespräch.[91] Alois Mock war »wenig kompromissbereit« und »in Verhandlungen stand er oft auf und sagte: ›Das machen wir nicht, da einigen wir uns nicht. Ich habe mir das ganz anders vorgestellt‹«, erinnert sich Franz Vranitzky an heikle Unterredungen mit seinem Vizekanzler und Außenminister. Entscheidungsfindungsprozesse und Problemlösungen mit Alois Mock haben »immer wieder lange gedauert« und auch bei Personalfragen sei er »unnachgiebig« gewesen. »Er hat nicht verstanden, dass jemand, der nicht in der Volkspartei ist, gleich gut oder sogar besser sein kann als ein ÖVP-Mitglied. Das war schon schwierig.«

Franz Vranitzky macht kein Hehl daraus, dass eine Koalitionsregierung zu führen und zusammenzuhalten »nicht einfach ist«. Zu notwendigen internen Abstimmungen mit der ÖVP kam auch noch massiver Druck von außen, von der Öffentlichkeit und den Medien. »Wenn zwei Partner unterschiedliche Standpunkte austragen müssen, wird dieser Vorgang in Österreich sofort als Krach, als Koalitionsstreit, beschrieben. Der Boulevard hat sich da besonders hervorgetan. Und tut es immer noch. Aber auch die Qualitätsblätter haben eine gewisse Boulevardisierung hinter sich«, bedauert Franz Vranitzky die Entwicklung bei den österreichischen Medien.

Trotz oftmaliger Unstimmigkeiten mit dem Koalitionspartner und der mühsamen und langwierigen Suche nach tragfähigen Kompromissen hielt Franz Vranitzky an dem Modell der Großen Koalition fest. Auch heute noch verteidigt er diese Regierungsform. »Wenn wir die Jahre rückblickend betrachten und heute feststellen, dass Österreich zu den reichsten Ländern der Welt gehört, dass Wien im globalen Vergleich die lebenswerteste Stadt ist, dass die Gesundheits- und Sozialsysteme funktionieren, dann sind diese Entwicklungen und positiven Tatbestände in Zeiten einer Großen Koalition grundgelegt worden. Sie sind ja nicht in den vergangenen Jahren entstanden. Das ist in Wirklichkeit das Ergebnis einer politischen Kultur der permanenten Auseinandersetzung und gleichzeitig der Zusammenarbeit.« Franz Vranitzky wehrt sich vor dem Hintergrund dieser Errungenschaften vehement dagegen, die Große Koalition ständig als »lähmend« und als System sich »gegenseitig blockierender Parteien« zu kritisieren und abzulehnen. »Ohne Große Koalition wäre der wirtschaftliche Wiederaufbau und der Wohlstand in Österreich nicht in dieser Weise gelungen.«[92]

Der Kitt der SPÖ/ÖVP-Koalition von Vranitzky und Mock waren ökonomische und politische Projekte wie die Privatisierung der verstaatlichten Unternehmen, eine große Steuerreform, wirtschaftliche und politische Anpassungen als Folge des Mauerfalls und des Endes des Kommunismus und der sich daraus ergebenden neuen geopolitischen Situation. Hinzu kamen die parteiübergreifenden, umfassenden Vorbereitungen für den Beitritt Österreichs zur Europäischen Union. Und innenpolitisch war eines nicht unerheblich und muss erwähnt werden: Beide Koalitionsparteien waren mit dem immer stärker werdenden Außenfeind Jörg Haider und seiner immer stärker werdenden FPÖ konfrontiert.

Bundeskanzler Franz Vranitzky hatte bei Antritt seiner Regierung, wie er in einem unserer Gespräche ausführt, »an zwei Fronten zu kämpfen«, um mit seinen Vorstellungen und Reformplänen durchzukommen. Die eine Front war »meine traditionsbewusste eigene Partei, die andere Front war der Koalitionspartner, die ÖVP«.[93] Unermüdlich musste der Bundeskanzler die Parteimitglieder und Funktionäre von dem notwendigen Reformschub überzeugen. »Ich habe immer gesagt, dass wir uns nicht an die Erfolge der Vergangenheit klammern dürfen und auch nicht daran, dass sich diese Erfolge automatisch weiterentwickeln.«

Franz Vranitzky erzählt auch, wie sehr es ihm darum ging, der Bevölkerung und der Partei die Notwendigkeit und den Nutzen internationaler Kontakte und der damit verbundenen Auslandsaufenthalte zu erklären. »Musst du immer so viel reisen? Kümmere dich doch um uns daheim« – das waren die Fragen und Bemerkungen, die er sich oft anhören musste. »Ich habe dann immer geantwortet, dass gerade das Kümmern mit den Auslandsreisen verbunden ist. Gerade für ein Land von der Größe Österreichs sind internationale Beziehungen und Kontakte für die Bereiche Wirtschaft, Kultur und Politik unerlässlich. Ich habe das Außen gebraucht, um im Inneren Gutes zu tun.«[94]

Rettung und Reform der verstaatlichten Unternehmen

Gerade frisch gewählt, hatte es für den Bundeskanzler – neben der Verbesserung des durch die Waldheim-Affäre angeschlagenen Republiks-Images in der Welt – oberste Priorität, die Lösung der Krise der verstaatlichten Unternehmen anzupacken. Hand in Hand damit ging auch die Sicherung und Modernisierung des Industriestandortes Österreich. Für einen SPÖ-Politiker war das nicht nur eine wirtschaftliche, finanzielle und beschäftigungspolitische Herausforderung, sondern auch eine soziale, die durch den Globalisierungsdruck immer brisanter und drängender wurde. Die drastische Bemerkung eines Fabriksarbeiters dem Bundeskanzler gegenüber zeigt exemplarisch, welche Bedeutung die Verstaatlichte Industrie für das ganze Land hatte: Dies geschah bei der Teilnahme Franz Vranitzkys an einer Betriebsversammlung der Chemie Linz. Im großen Speisesaal des Unternehmens kamen die Arbeiter zusammen, ein Mann im dunkelblauen Overall stand auf und schilderte kurz sein Leben. Er war im Krieg gewesen. »Hitler hat unser Land geraubt. Als Soldat an der Front habe ich mir geschworen, dass ich bei Kriegsende, sollte ich überleben, meine ganze Arbeitskraft dafür zur Verfügung stellen werde, um Österreich wieder zurückzubekommen. Deshalb arbeite ich in einem verstaatlichten Unternehmen«, erinnert sich Franz Vranitzky an diese Worte und an diese Begegnung. »Und dann komme ich und sage zu den Mitarbeitern der Chemie Linz, dass sich das Unternehmen ändern wird, weil es auf Dauer nicht so bleiben kann. Die Situation hat mich sehr nachdenklich gemacht.«

Zu Franz Vranitzkys Erfahrungen als Regierungschef gehört auch das Eingeständnis, während seiner Amtszeit unüberwindbare Grenzen kennengelernt zu haben. Er erinnert sich an einen VÖEST-Betriebsbesuch am Höhepunkt der Verstaatlichten-Krise. Das Arbeitermilieu war Franz Vranitzky ja nicht fremd, hatte er doch während seines Studiums in den Ferien am Bau, in der Fabrik und auf der Post gearbeitet. Doch was er am Beginn seiner Amtszeit als Bundeskanzler in der VÖEST in Linz erlebte, traf ihn tief. Es berührte sein sozialdemokratisches Selbstverständnis. Was war passiert?

Im Kongresszentrum am Donau-Ufer organisierte er eine österreichweite Betriebsräteversammlung. Betriebsräte der VÖEST in Schlosseranzügen und gelben Helmen standen Spalier, als der Kanzler ankam. Jeder hielt eine rote Nelke mit abgebrochenem Blütenkopf in der Hand. »Ich bin an ihnen entlanggegangen und habe gesagt: ›Ich weiß, wie euch zumute ist. Eure Unternehmensführer haben keine befriedigende Antwort, das Problem der drohenden Arbeitslosigkeit zu lösen. Und auch ich habe keine. Ich bin gekommen, um euch zu sagen, dass wir nicht verzagen und nicht loslassen dürfen‹«, erzählt Franz Vranitzky. Bei seiner Rede im Kongresssaal, wo Tausende

Arbeiter warteten, gelang es dem Bundeskanzler zu erklären, dass Arbeitnehmer, Betriebe und Politiker angesichts der globalen Wettbewerbsstrukturen ein gemeinsames Problem hatten. »Ich fand den Kontakt zu den Arbeitern und sagte, dass ich alles versuchen werde, die Grundlagen für Arbeit wieder her- und die soziale Absicherung außer Frage zu stellen. Langsam hat sich die Stimmung im Saal beruhigt. Als ich mich verabschiedete, gab es keine Protestrufe mehr.«

Franz Vranitzky hat die Krise der Verstaatlichten Industrie, die für ihn auch eine Krise des sozialdemokratischen Selbstverständnisses und sozialdemokratischer Politik war, als Herausforderung angenommen. In langen Umstrukturierungsprozessen hat er es geschafft, dass aus den verstaatlichten Betrieben international konkurrenzfähige, moderne Unternehmen wurden. Dadurch sind auch neue Beschäftigungsperspektiven für die Arbeitnehmer entstanden. Welche innovativen Ideen und Produktionen aus der Not und der Krise heraus entwickelt wurden, beschreibt Franz Vranitzky am Beispiel des Stahlwerkes in Donawitz, das zur voestalpine-Gruppe gehört. Das traditionelle Unternehmen in der Obersteiermark war Mitte der 1980er-Jahre vom Zusperren bedroht, der Abbau des Rohstoffes am Erzberg wurde 1986 ganz eingestellt. Doch Ingenieure gingen daran und entwickelten eine technologische Innovation: kopfgehärtete Eisenbahnschienen, die heute international bekannt sind und weltweit Verwendung finden. Seit 1990 ist die voestalpine der einzige Anbieter dieser Technologie, der längsten schweißstoßfreien Schiene mit einer Länge von 120 Metern. »Die Obersteiermark ist durch diese Entwicklung wirtschaftlich wieder erwacht«, freut sich Franz Vranitzky.

Bei der schrittweisen Umwandlung der Verstaatlichten Industrie in private Unternehmen stand dem Bundeskanzler ganz besonders sein Finanzminister und persönlicher Freund, Ferdinand Lacina, zur Seite. 1987 erhielt die Verstaatlichte Industrie nochmals Staatsgeld im Ausmaß von 33,6 Milliarden Schilling. »Wir mussten eine letzte Aktion starten, den Industriebetrieben Finanzmittel aus dem Budget zuzuschießen, um sie kapitalmarktfähig zu machen. Sie haben Grundkapital und Reserven gebraucht, diese Gelder konnten sie nur vom Hauptaktionär, der Republik Österreich, bekommen. Mithilfe dieser Finanzspritze wurden in der Folge zahlreiche Betriebe privatisiert. Den Grundgedanken, dass wir diese Unternehmen kapitalmarktfähig machen müssen, hatten wir ja schon in der Sinowatz-Zeit. Wir sind oft zu dritt zusammengesessen, Sinowatz, Lacina und ich. Später half auch Rudolf Streicher entscheidend mit.«[95] Den vier Sozialdemokraten ging es um den Erhalt dieser Unternehmen. »Wenn die Unternehmen keine Profitabilität vorweisen können, dann kann man mit ihnen nicht auf den Kapitalmarkt gehen, die Aktien würden fallen. Das heißt, die Unternehmen müssen ein Dividenden-Versprechen haben«, erklärt Franz Vranitzky. Und er vergisst nicht zu erwähnen, dass »es keineswegs selbstverständlich war, diese Strategie in der SPÖ zu vertreten, verständlich zu machen und dafür auch Unterstützung zu bekommen«.[96]

Bei manchen gelang die Überzeugungsarbeit. Eineinhalb Jahre nach der Begegnung mit VÖEST-Betriebsräten in Linz kam es erneut zu einem Treffen im Austria Center Vienna, dem internationalen Konferenzzentrum der Bundeshauptstadt. Wieder hatten sich die Betriebsräte in ihren blauen Arbeitsanzügen und gelben Helmen und mit einer roten Nelke in der Hand zu einem Spalier aufgestellt. »Doch diesmal waren die Blütenköpfe der Nelken nicht abgebrochen. Manche hatten sogar Tränen in den Augen. Die Reformen, die ich für die Verstaatlichte Industrie angestrebt hatte, wurden hier von den Betriebsräten verstanden und auch angenommen«, erzählt Franz Vranitzky.

Hürden galt es aber nicht nur in der SPÖ zu überwinden, sondern auch beim Koalitionspartner ÖVP. »Vor allem Alois Mock ist mit dem Gedanken, die Unternehmen kapitalmarktfähig zu machen, nicht zurande gekommen«, erinnert sich Franz Vranitzky.

»Mock hat gesagt, dass es keinen Groschen für die Verstaatlichte Industrie, für die Verlustbetriebe, geben dürfe. Dass die Stahlkrise eine internationale war, worunter auch die VÖEST gelitten hat, hat der Vizekanzler nicht akzeptiert. Er hat immer auf die Spekulation der Intertrading, einer Tochter der VÖEST, hingewiesen, die aber nichts mit der Stahlkrise zu tun hatte.« Wirtschaftsaffine Vertreter der Volkspartei, wie Josef Taus und Johannes Ditz, hatten größeres Verständnis für die Rettung der verstaatlichten Unternehmen. »Mit ihnen konnten wir die Betriebe auf neue Füße stellen. Dieser Prozess hat Jahre gedauert. Manche Unternehmen mussten neue Produkte herstellen, manche Standorte mussten auch geschlossen werden«, beschreibt Franz Vranitzky die damalige Entwicklung.

Viele sozialdemokratische Wähler wollten die Notwendigkeit von Umstrukturierungen und Reformen in den Betrieben nicht wahrhaben. »Die alte Verstaatlichten-Idee war immer noch vorhanden, wonach ›die Verstaatlichte‹ eine sozial- und beschäftigungspolitische Verpflichtung zur Sicherung der Arbeitsplätze hat. ›Warum braucht die Verstaatlichte einen Gewinn?‹, wurde ich häufig gefragt. Viele waren der Meinung, dass die Verluste doch die Republik decken soll«, beschreibt Vranitzky damalige Diskussionen.

Öffentliche Debatten über den Strukturwandel im Zusammenhang mit der Globalisierung hat es Mitte der 1980er-Jahre noch nicht gegeben. »Über den Begriff wurde nicht gesprochen, aber in der Realität hat es die Globalisierung schon gegeben«, bemerkt Franz Vranitzky. Gleich zu Beginn seiner Kanzlerschaft stellte er die politischen Weichen neu und gab die Richtung auch bei der Umstrukturierung der »Verstaatlichten« vor: mehr Wettbewerb, mehr Markt und Rückzug der Parteipolitik unter größtmöglicher Berücksichtigung regionaler Interessen und Vermeidung sozialer Härten.

Sozialer Ausgleich

Für Bundeskanzler Vranitzky stand in all den Jahren seiner Regierungszeit die soziale Dimension, die Sicherung des Wohlfahrtsstaates, im Fokus. So baute er die Pflegevorsorge für alte und behinderte Menschen aus. 1991 wurde der zweijährige bezahlte Karenzurlaub für berufstätige Mütter oder Väter von neugeborenen Kindern gesetzlich verankert; später wurde der bezahlte Karenzurlaub auf achtzehn Monate festgelegt.

Die sozialen Initiativen der Vranitzky-Regierungen trugen dazu bei, dass der Anteil der Sozialausgaben am Bruttoinlandsprodukt von etwa 27 Prozent im Jahr 1990 auf mehr als 29 Prozent im Jahr 1995 anstieg, was damals einem mittleren EU-Durchschnittswert entsprach. Dabei darf man nicht vergessen, dass Österreich nach dem EU-Beitritt im Jahr 1995 unter dem Druck stand, die finanzpolitischen Konvergenzkriterien des Vertrages von Maastricht (1992) erfüllen zu müssen, die den Mitgliedern der Wirtschafts- und Währungsunion ein Defizit von weniger als drei Prozent des Bruttoinlandsproduktes vorschrieben. Bereits im Jahr 1997 gelang die Einhaltung dieses Richtwertes.

Der Wirtschafts- und Sozialhistoriker Peter Berger bezeichnet die Maßnahmen der Regierung Vranitzky I bis V in seinem Buch »Kurze Geschichte Österreichs im 20. Jahrhundert« als »sozialpolitische Großtat« und den gesamten Zeitraum als »große Transformation« der Gesellschaft.[97]

Franz Vranitzky spricht über die Leistungen seiner fünf Kabinette (Übernahme der Regierung Sinowatz Mitte 1986; Nationalratswahlen November 1986; Oktober 1990; Oktober 1994; Dezember 1995 und daraus resultierend die Regierungsbildungen unter Bundeskanzler Vranitzky) in seiner Art etwas zurückhaltender, auch wenn er von den Erfolgen überzeugt ist. Für eine gelungene Sachpolitik nennt er einige Kriterien, »Ingredienzien«, wie er sie nennt. Und das sind: »Eine gute Ausbildung und der analytische Blick für Zusammenhänge. Das

Erkennen von Zusammenhängen ist ein Wesenselement des Politik-machens. Der wichtigste Zusammenhang, den es gibt, ist der gesell-schaftliche Zusammenhang. Sein Kern ist der soziale Ausgleich«, sagt Franz Vranitzky in einem unserer Gespräche.[98]

Es kommt heute nicht mehr so oft vor, dass ein Politiker den Wert des sozialen Ausgleichs und des Zusammenhaltes in der Gesell-schaft so deutlich formuliert. Für Franz Vranitzky gilt unmissver-ständlich: »Der Grundsatz, den die Sozialdemokratie aus ihrem Wesensverständnis her verfolgt und einhält, ist der soziale Ausgleich, der gleichberechtigte Mitglieder der Gesellschaft hervorbringt. Dazu gehört auch, dass sich Menschen um andere kümmern, denen es aus verschiedenen Gründen nicht möglich ist, an die Wohlstandsstufen anderer aufzuschließen. Das darf man nicht zulassen.«

»Fühlen wir uns durch einen gelungenen sozialen Ausgleich als gleichberechtigte Mitglieder dieser Gesellschaft?«, fragt Franz Vra-nitzky rhetorisch. Bei der Beantwortung dieser Fragen komme man schnell in den Bereich politischer Dogmen, bemerkt er und fügt in unserem Gespräch hinzu, dass es »unbedingte Aufgabe der Politik ist, bei den Menschen das Gefühl des Ausgegrenztseins, des Verges-senseins zu beseitigen«. Abgesehen vom menschlichen Leid und von Armut, gehe es bei der Nicht-Berücksichtigung der sozialen Frage um die politischen Folgen. »Wenn Menschen den Eindruck haben, nicht berücksichtigt zu werden, schließen sie sich Gruppen und Bewegun-gen an, die ihnen Versprechungen machen, diese aber nicht einlösen können. Man muss diese Konsequenzen sehen und erkennen, das ist ein politischer Grundsatz«, betont Franz Vranitzky.[99]

Ist es dem Bundeskanzler und SPÖ-Vorsitzenden durch Reformen in der Wirtschaft und in weiten Bereichen der Gesellschaftspolitik auch gelungen, die Partei mitzunehmen und auch zukünftige Ent-wicklungen und Herausforderungen zu antizipieren? Franz Vra-nitzky denkt nicht lange nach: »Das ist mir gelungen, weil in breiten Kreisen diese Meinung vorherrschte und diese auch ausgesprochen wurde: ›Er hat recht, das muss man erkämpfen‹, gaben mir viele zu verstehen.«[100]

Im Aufgaben-Heft von Franz Vranitzky stand in den ersten Jahren seiner Kanzlerschaft aber nicht nur die Modernisierung und Privatisierung der Verstaatlichten Industrie, Reformen im Bereich der Justiz (zum Beispiel bei der Wegweisung), der Förderung von Minderheiten, der Stärkung der Frauenrechte und der Gleichstellungspolitik. Innerhalb der SPÖ gelang ihm die Modernisierung der Partei und vor allem die Überzeugung ihrer Mitglieder, dass ein EU-Beitritt und die Anpassung an europäische Regeln ein Vorteil für das Land ist.

Franz Vranitzkys Anliegen war zunächst die Wiederherstellung der österreichischen Reputation nach der Waldheim-Affäre. Glaubwürdig und nachhaltig sollte die Imagepolitur sein sowie die internationale Verankerung des Landes wiederherstellen.

Kurt Waldheim bestimmt die Agenda des Bundeskanzlers

»Die erste Herausforderung war das Thema Kurt Waldheim, das mich monatelang in Anspruch genommen hat. Ich musste an zwei Seiten arbeiten: Die eine Seite war das Inland, wo ich als Bundeskanzler sicherstellen musste, dass die Organe im Staat – das Staatsoberhaupt, die Bundesregierung und das Parlament – funktionieren. Wenn ich nicht dafür gesorgt hätte, wäre eine Staatskrise nicht ausgeschlossen gewesen.« Die zweite Seite der Herausforderung bestand für den Bundeskanzler darin, seinen »außenpolitischen Verpflichtungen nachzukommen«, legt Franz Vranitzky in unserem Gespräch dar.[101] Als Regierungschef stand er außerdem vonseiten der Zivilgesellschaft unter Druck, die aus Protest gegen Kurt Waldheim auf die Straße ging und mit einem auffälligen Holzpferd des Bildhauers Alfred Hrdlicka an die Kriegsvergangenheit des Bundespräsidenten aufmerksam machte. Es gab aber auch massive und lang andauernde Kritik des Auslandes gegenüber dem

Staatsoberhaupt, vor allem vonseiten der USA, anderer westlicher Demokratien und Israel.

Die ÖVP erschwerte die diplomatische Strategie und Offensive des Bundeskanzlers. »Ich musste feststellen, dass ich einen Koalitionspartner hatte, der ohne Vorbehalt für Waldheim eintrat. Außenminister Alois Mock war auf einmal bemüht, überall dort, wo Waldheim nicht angefeindet wurde, ein gutes Klima für Österreich zu erzeugen. Das waren die kommunistischen Länder des Ostens und die arabische Welt.« Für Franz Vranitzky ist dieses Verhalten der Volkspartei »ein Paradoxon«. Ausgerechnet die ÖVP, die kommunistischen Regierungen immer mit Argwohn und großer Distanz begegnet war, warb in diesen autoritären Staaten für Waldheim. Und weil Israel gegen Waldheim war, suchte die Volkspartei Verbündete in den arabischen Ländern. Vergessen hatten ÖVP-Vertreter zu diesem Zeitpunkt ihre einstige Ablehnung einer arabischen Beteiligung bei der Errichtung des Konferenzzentrums in Wien, wofür sich Bruno Kreisky sehr engagiert eingesetzt hatte.

Heikler Besuch in Amsterdam

Franz Vranitzky erzählt von seiner ersten Auslandsreise, die ihn vom 2. bis 4. Mai 1987, gut drei Monate nach Angelobung der rot-schwarzen Regierung, in die Niederlande führte. Der Zeitpunkt des Besuches war besonders heikel, denn nur wenige Tage zuvor, am 27. April, hatte die amerikanische Regierung Bundespräsident Kurt Waldheim auf die Watch-List gesetzt. Diese US-Entscheidung bedeutete, dass Waldheim als Privatmann erst in die USA einreisen durfte, wenn er zuvor seine Unschuld im Zusammenhang mit den gegen ihn erhobenen Vorwürfen betreffend seine Militärdienstzeit im Zweiten Weltkrieg nachgewiesen hatte. Das diesbezügliche Verfahren gegen den früheren UNO-Generalsekretär war während des österreichischen Präsidentschaftswahlkampfes auf Antrag des Jüdischen Weltkongresses eingeleitet worden. Waldheim auf der Watch-List – das erleichterte die Reise des Bundeskanzlers nach Amsterdam keineswegs und war auch in den Niederlanden ein großes Thema. Das Interesse der niederländischen Medien für Österreich war entsprechend, mit dem Bundeskanzler wurden zahlreiche Interviewtermine vereinbart.

Auf dem Programm Franz Vranitzkys standen Treffen mit dem christdemokratischen Ministerpräsidenten Ruud Lubbers und dem Außenminister Hans van den Broek. Franz Vranitzky und seine Gattin Christine wurden auch von Königin Beatrix I. empfangen. Doch der eigentliche Anlass für den Besuch war die Eröffnung der neuen Räume des Jüdischen Historischen Museums von Amsterdam, das in einer ehemaligen Synagoge im Herzen des alten jüdischen Viertels untergebracht ist. Österreich hatte zur Renovierung und Neugestaltung des Museums einen Beitrag von 2,7 Millionen Schilling geleistet. Es handelte sich um Spenden von Banken und Industrieunternehmen in der Höhe von 1,35 Millionen Schilling, die von der Bundesregierung verdoppelt wurden. Diese Spenden waren auf Anregung eines bekannten Mitgliedes der jüdischen Gemeinde Amsterdam zustande gekommen, das Vranitzky von dem Treffen der »Bilderberg«-Gruppe her kannte.[102] Für Vranitzky, damals noch Finanzminister, war die Spende ein guter Anlass, zu zeigen, dass Österreich sich seiner Untaten während des Zweiten Weltkrieges bewusst war. Der Bundeskanzler bezog sich dabei auf Taten des später hingerichteten nationalsozialistischen österreichischen Politikers Arthur Seyss-Inquart, die dieser als »Statthalter« in den Niederlanden mit seinem zum Großteil aus Österreich stammenden Stab während der deutschen Besatzung von 1940 bis 1945 begangen hatte.

Die Spende Österreichs an das Jüdische Historische Museum war in der niederländischen Bevölkerung und in den Medien nicht unumstritten. Im Vorfeld waren von einer orthodoxen jüdischen Gemeinde Einwände gegen den Besuch Vranitzkys laut geworden. Man wollte keine Spenden aus der »Waldheimat«. Einige sahen darin eher eine Public-Relations-Idee als eine echte Geste der Reue. Daran erinnerte auch die auflagenstärkste niederländische Tageszeitung *De Telegraaf* in einem Kommentar: »Österreich hätte schon früher eine solche symbolische Geste als moralische ›Wiedergutmachung‹ der endlosen Leiden setzen sollen, die unter der deutschen Besetzung insbesondere durch Österreicher verursacht wurden.«[103] Trotz dieses Einwandes hieß die Zeitung den Bundeskanzler herzlich willkommen: »Er gehört zu jenen Österreichern, die sehr wohl Scham für das empfinden, an das sich Waldheim nicht mehr erinnern mag.«

Franz Vranitzky wusste genau, was ihn in den Niederlanden erwartete, mögliche Proteste und ein Eklat nicht ausgeschlossen. »Die Situation war sehr angespannt«, erinnert er sich in unserem Gespräch. Die Eröffnungsfeierlichkeiten für das Jüdische Historische Museum fanden an einem Sonntagnachmittag, dem 3. Mai 1987, in dem erst fertiggestellten Musiktheater statt, das vom bekannten österreichischen Architekten Wilhelm Holzbauer errichtet worden war. Die Königin mit dem Prinzgemahl, die gesamte Regierungsspitze der Niederlande sowie höchste Vertreter der jüdischen Gemeinde waren anwesend. Es gab Applaus für den österreichischen Bundeskanzler und seine Frau, ein Pfeifkonzert blieb aus. Nach der Eröffnungszeremonie wechselte der Bundeskanzler mit seinem Tross über die Straße ins Jüdische Museum. Hinter den Absperrungen war eine Menschenmenge zu sehen. Man hörte laute Stimmen. War das die erwartete Protestkundgebung? Eine Schrecksekunde für den Kanzler. Die Erleichterung war groß, als Vranitzky bemerkte, dass es eine österreichische Reisegruppe war, die sich über den überraschenden Anblick des Kanzlers freute, »Hoch, Vranitzky!« rief und wild mit den Armen gestikulierte. Auch die umstehenden Niederländer jubelten dem Bundeskanzler zu. »Da stiegen dem Bundeskanzler Tränen in die Augen«, schreibt Hans Rauscher in seinem Buch »Franz Vranitzky. Eine Chance«.[104] Es war ein Moment voller Rührung. Franz Vranitzky negiert in unserem Gespräch diese Emotion auch gar nicht. In seiner zurückhaltenden, vorsichtigen und rationalen Art stellt er nur fest, dass »der Besuch gut über die Bühne gegangen ist«.

Besuch bei US-Präsident Reagan

Kurz nach dem Besuch in den Niederlanden folgte eine Reise in die USA, die ganz im Zeichen Waldheims und des Watch-List-Problems stand. »Ich war sehr unzufrieden mit der Watch-List-Entscheidung. Ich habe sie für sehr schlecht und unhöflich gegenüber Österreich gehalten«, bringt Franz Vranitzky ganz entschieden seine Haltung in unserem Gespräch zum Ausdruck.[105] Diese Einstellung vertrat er auch gegenüber dem amerikanischen Präsidenten Ronald Reagan, der ihn am 21. Mai 1987 im Weißen Haus empfing. »Die USA als Signatarstaat des Staatsvertrages, als größte Wirtschaftsmacht der Welt, geht gegen ein kleines Land wie Österreich vor wegen eines Bundespräsidenten, der frei gewählt wurde. Das habe ich Präsident Reagan so gesagt.« Franz Vranitzky hat noch die eindeutige Antwort des US-Präsidenten im Kopf. Die Watch-List-Entscheidung richte sich nicht gegen das österreichische Volk, auch nicht gegen die Bundesregierung, sondern allein gegen Kurt Waldheim. Vranitzkys Replik lautete: »Dann kommen Sie nach Wien und erklären Sie den Unterschied.«

Dem Bundeskanzler lag sehr viel daran, die Causa Waldheim auf Augenhöhe mit den Spitzen der amerikanischen Politik zu besprechen und sich »aus erster Hand« den US-Standpunkt hinsichtlich der Watch-List-Entscheidung darlegen zu lassen. Gleichzeitig ging es ihm auch darum, die österreichische Position in Washington zu erklären.

In Wien gab es ja durchaus unterschiedliche Meinungen, was den USA-Besuch betraf. Vizekanzler und Außenminister Alois Mock betonte, dass sich Österreich »nicht erpressen« lassen dürfe. Für FPÖ-Chef Jörg Haider bedeutete der Watch-List-Beschluss einen »Angriff auf die Soldatengeneration«.[106] Bundeskanzler Vranitzky

Entspannte Atmosphäre im Weißen Haus: Franz Vranitzky trifft
bei seinem ersten USA-Besuch als Bundeskanzler am 21. Mai 1987
US-Präsident Ronald Reagan in Washington

betonte vor seiner Abreise, dass er eine Entscheidung über seinen
Amerika-Besuch in einem schwierigen Augenblick zu treffen hatte
und dass es dazu durchaus unterschiedliche Meinungen geben könne.
»Ich bin aber davon ausgegangen, dass dieser offizielle Besuch in den
USA im Interesse des Staates liege und daher vom Bundeskanzler
wahrzunehmen ist.«[107] Die USA hätten nicht an ihn appelliert, den
Besuch einzuhalten, es sei jedoch die Hoffnung durchgeklungen,
dass dieser Besuch stattfinden möge, erklärte Franz Vranitzky gegenüber dem Koalitionspartner und der Opposition.

Bevor der Bundeskanzler mit seinen engsten Mitarbeitern und
seiner Gattin in die USA reiste, führte er noch ein Gespräch mit Bundespräsident Kurt Waldheim in der Hofburg. Waldheim war über
die USA-Entwicklungen, die ihn betrafen, in Sorge und habe diese
auch im Zusammenhang mit dem Besuch vorgebracht. Im Verlauf
des Gesprächs habe der Bundespräsident jedoch seine Argumente

akzeptiert, die Reise durchzuführen, sagte der Bundeskanzler gegenüber der *APA*.[108]

Franz Vranitzky traf in Washington auch mit Außenminister George Shultz zusammen, mit dem ihn eine freundschaftliche Beziehung und eine gute Gesprächsbasis verband. Dieser informierte den Bundeskanzler über einige Hintergründe zur Watch-List-Entscheidung, die Franz Vranitzky bei einem unserer Treffen erwähnt: »Es gab zwei wesentliche Elemente, warum der Zorn der Amerikaner auf Waldheim so groß war. Eines davon war, dass die Sowjetunion Vorbehalte gegenüber Waldheim verschwiegen hatte. Deswegen hatten die Amerikaner für eine zweite Periode Waldheims als UNO-Generalsekretär gestimmt. Hätten die Russen gesagt, was sie über Waldheim wussten, hätten die Amerikaner nicht für ihn votiert. Das ärgerte die amerikanische Regierung, sie wähnten sich hintergangen. Das zweite Element war, dass George Shultz mir gesagt hat, es gebe von den USA Vorbehalte gegen Waldheim. Sei froh, dass du sie nicht kennst. Das zu hören war nicht angenehm für mich.«[109]

Wie bei allen seinen Amerika-Aufenthalten hatte Franz Vranitzky auch bei seinem heiklen ersten Besuch als Bundeskanzler ein Treffen mit Vertretern jüdischer Organisationen. »Es gab ausführliche, aber auch kontroversielle Gespräche«, sagte Vranitzky. Diskutiert wurde über Kurt Waldheim, die Vergangenheit Österreichs sowie den lange in Österreich aufrechterhaltenen Mythos, erstes Nazi-Opfer gewesen zu sein. »Ich habe meinen Gesprächspartnern gegenüber immer wieder gesagt, ›ich verstehe euch, aber die Österreicher haben Waldheim gewählt‹.« An einen kritischen Moment bei einem der Treffen mit jüdischen Repräsentanten erinnert sich Franz Vranitzky noch heute, und eine Frage lässt ihn nachdenklich werden. »Wenn die Österreicher Waldheim gewählt haben, was haben wir dann vom österreichischen Volk zu halten?«, fragte ein Teilnehmer und drang damit tief in die österreichische Innenpolitik ein. Erwin Ringel, der bekannte Wiener Mediziner und

Psychologe, würde sagen, er blickte tief in die österreichische Seele und schaute in einen Abgrund.[110]

Was Franz Vranitzky in der Debatte über die österreichische Vergangenheit nicht zulässt, ist das Argument der »Vergesslichkeit der Völker«. »Das wäre eine Behübschung.« Dann holt er aus: »In Österreich gab es über das faschistische Erbe keine Diskussion. Weil sich die politische Führung des Landes ausgesprochen wohl mit der Opfertheorie gefühlt hat. Und weil man der Meinung war, in der Nachkriegszeit und auch noch später Wichtigeres zu tun zu haben, als sich mit der Vergangenheit zu befassen.« »Vergangenheit« bedeutet für Franz Vranitzky aber nicht nur die Zeit des Nationalsozialismus und die Jahre danach, sondern die Zeit nach dem Ersten Weltkrieg, die Zwischenkriegszeit. »Ich besuchte von 1947 bis 1955 das Gymnasium und habe nichts von 1918 bis 1945 gehört. Ich kenne keine Alterskollegen, die über die Zwischenkriegszeit informiert worden wären.« Franz Vranitzky räumt ein, dass es in seiner Schule eine Ausnahme gab: Ein Geschichte-Professor unterrichtete auch über den Bürgerkrieg 1934 und die Gräueltaten der Polizei gegen Mitglieder des Schutzbundes. »Die Eltern sind dann gekommen und haben sich beschwert.«

Franz Vranitzky hat sich bei Diskussionen mit jüdischen Vertretern in den USA nie gescheut, offen über die Vergangenheit Österreichs zu reden und auch Defizite und Fehler in der Auseinandersetzung einzugestehen.

Zurück in Wien nach diesem heiklen USA-Besuch, gab es für den Bundeskanzler Zuspruch und Lob – mit Ausnahme von der FPÖ. Jörg Haider bemerkte zynisch, dass Vranitzky »bloß ein hochrangiger Tourist war, der auf Staatskosten einen Privatbesuch beim US-Präsidenten absolviert«[111] hätte. Der FPÖ-Obmann mokierte sich auch darüber, dass die US-Regierung Österreich »gepflanzt« hätte, weil US-Justizminister Edwin Meese erst am Ende der Vranitzky-Reise gesagt hätte, dass die US-Regierung Waldheim keines Kriegsverbrechens beschuldige.

Vizekanzler und Außenminister Alois Mock bescheinigte dem Bundeskanzler, die österreichische Position zur Watch-List-Entscheidung gegen das Staatsoberhaupt »sehr gut auseinandergesetzt« zu haben. Das Ziel, die Aufhebung des Watch-List-Beschlusses zu erreichen, werde nicht aufgegeben, sagte Mock. Der Vizekanzler drängte auf eine weltweite Aufklärung der Waldheim-Causa und kündigte an, Sonderbotschafter in westliche Hauptstädte entsenden zu wollen[112], was auch Vranitzkys wohlwollende Zustimmung fand.

In einer kurzen Unterredung berichtete der Bundeskanzler dem Staatsoberhaupt über seine Gespräche in den USA. Kurt Waldheim habe das Ergebnis dieser Reise als »freundlich« beurteilt. Darüber hinaus sei man übereingekommen, dass die von Waldheim gewünschte Historikerkommission zustande kommen soll.

Im September 1987 begann eine international zusammengesetzte Kommission von Historikern die Kriegsvergangenheit Kurt Waldheims aufzuarbeiten. Mitten in den Recherchen der Wissenschaftler und Experten leistete sich ÖVP-Generalsekretär Michael Graff im November 1987 eine schwere Verfehlung. Im französischen Nachrichtenmagazin *L'Express* wurde er mit den Worten zitiert: »Solange nicht bewiesen ist, dass er [Waldheim, Anm.] mit eigenen Händen sechs Juden erwürgt hat, gibt es kein Problem.«[113] Zwei Tage nach Veröffentlichung dieses Interviews musste Graff als Generalsekretär der ÖVP zurücktreten.

Historikerkommission legt Waldheim-Bericht vor

Nach einem halben Jahr der intensiven Aufarbeitung der Quellen und des Akten-Studiums legte der Vorsitzende der Waldheim-Historikerkommission, der Schweizer Militärexperte Hans Rudolf Kurz, am 8. Februar 1988 den Bericht mit folgender zentraler Aussage vor: Waldheim ist »kein Kriegsverbrecher«, aber »ein gut informierter, an zentraler Stelle positionierter Mann« gewesen. »Er hat viel gewusst.«[114]

Der Bericht wurde im Blitzlichtgewitter der Pressefotografen aus aller Welt und im Beisein von mehr als 150 internationalen Journalisten an Bundeskanzler Franz Vranitzky übergeben. Dabei waren auch Vizekanzler Alois Mock und alle Mitglieder der Historikerkommission anwesend.

Auch wenn Kurt Waldheim kein Kriegsverbrechen nachgewiesen werden konnte, fielen die »zusammenfassenden Schlussbetrachtungen« der Tätigkeit des Bundespräsidenten während des Zweiten Weltkrieges kritisch aus. Wörtlich heißt es im Bericht, »insgesamt« ergäbe »sich das Bild einer je nach Dienststellung unterschiedlichen Nähe zu kriegsrechtlich inkriminierten Maßnahmen und Befehlen«. Mit diesen Feststellungen werde allerdings die Frage nach Waldheims schuldhaftem Verhalten im Krieg nicht abschließend beantwortet, schreiben die Autoren. Ganz allgemein könne »bereits aus dem bloßen Wissen um Verletzungen der Menschenrechte am Ort des eigenen Einsatzes eine gewisse Schuld erwachsen, wenn der Betreffende – aus Mangel an Kraft oder Mut – seine menschliche Pflicht verletzte, gegen das Unrecht einzuschreiten«. Konkret heißt es: »Schwerwiegender als bei der untätigen Hinnahme solcher Verletzungen menschlichen Rechts war die Mitwirkung in jenen Fällen, in denen verschiedene Abstufungen der Mitbeteiligung festgestellt werden konnten.«[115]

Bei der Prüfung der Frage, wieweit bei Waldheim von »einer Mitschuld an Kriegsunrecht« gesprochen werden müsse, sei »von der im Bericht vielfach festgestellten Tatsache auszugehen, dass dieser in seinen Stabsfunktionen auf dem Balkan sicher weit mehr als nur ein zweitrangiger ›Kanzleioffizier‹« gewesen sei. Aus einer »beträchtlichen Anzahl von Lageberichten und Kriegstagebuch-Eintragungen« habe Waldheim »einen tiefen und umfassenden Einblick in die Verhältnisse an den Fronten und namentlich auf dem Balkan« erhalten. Waldheims Einblicke seien also »umfassend« gewesen: »Sie bezogen sich nicht nur auf die taktischen, strategischen und administrativen

Anordnungen, sondern schlossen in einigen Fällen auch die Handlungen und Maßnahmen ein, die im Widerspruch zum Kriegsrecht und zu den Grundgesetzen der Menschlichkeit standen.«

Die Kommission habe »von keinem Fall Kenntnis erhalten, in welchem Waldheim gegen die Anordnung eines von ihm zweifellos erkannten Unrechts Einspruch erhoben, Protest geführt oder irgendwelche Gegenmaßnahmen getroffen« habe, »um die Verwirklichung des Unrechts zu verhindern oder zumindest zu erschweren«. Waldheim habe »im Gegenteil wiederholt im Zusammenhang rechtswidriger Vorgänge mitgewirkt und damit deren Vollzug erleichtert«.[116]

In ihrem Resümee geht die Historikerkommission auch darauf ein, dass sich Waldheim »bis in die jüngste Zeit« auf »das Gebot der uneingeschränkten militärischen Pflichterfüllung« berufen habe. Dieser Rechtfertigung habe die Kommission jedoch »in den genannten Fällen nicht zu folgen« vermocht. »Die Rechtsprechung der Nachkriegsjahre über die Kriegszeit, insbesondere in den Nürnberger Folgeprozessen«, habe »mehrfach mit aller Entschiedenheit festgestellt, dass selbst im Krieg der militärische Befehl keine unbeschränkte Gültigkeit hat.« Wer rechtswidrige Befehle ausführte oder ihren Vollzug förderte, habe auch zur Zeit des Zweiten Weltkrieges gegen allgemein gültige Rechtsnormen verstoßen und sich somit an Unrecht mitschuldig gemacht: »Die Berufung auf einen ›Befehlsnotstand‹ vermag die Befolgung von widerrechtlichen Befehlen nicht zu rechtfertigen.«[117]

Die Kommission habe in ihren Untersuchungen eine Anzahl von Vorfällen festgestellt, in denen Offiziere die Verantwortung übernommen hatten, rechtswidrige Befehle zu umgehen oder ihnen sogar zuwiderzuhandeln, ohne dass ihnen daraus erhebliche Nachteile erwachsen wären. Die Behauptung, wonach Widerstand gegen die Befehlsgewalt von vornherein Selbstmord gewesen wäre, könne aufgrund dieser Erfahrungen »in einer derart kategorischen Form nicht anerkannt werden – obgleich eingeräumt werden muss, dass niemand eine Gewähr dafür besaß, der Rache des Systems zu entgehen«.

Waldheim sei auch »zugutezuhalten, dass ihm für einen Widerstand gegen das Unrecht nur äußerst bescheidene Möglichkeiten offenstanden«. Der Kommissionsbericht stellt dazu fest: »Für einen jungen Stabsangehörigen, der auf Heeresgruppenebene keine eigene Befehlsgewalt besaß, waren die praktischen Möglichkeiten des Gegenhandelns sehr gering und hätten mit aller Wahrscheinlichkeit kaum zu einem greifbaren Ergebnis geführt. Sie hätten sich wohl auf einen formellen Protest oder auf die praktische Ablehnung seiner Mitarbeit beschränken müssen – was zwar als mutige Tat erschienen wäre, aber kaum zu einem praktischen Erfolg geführt hätte. Ein derartiges Handeln von Waldheim ist nicht bekannt geworden.«

Schließlich geht die Historikerkommission auch auf den »besonderen Charakter des mit unmenschlicher Härte und Grausamkeit geführten Krieges auf dem Balkan« ein, der »bei der Beurteilung der Haltung der verantwortlichen Führungsstellen« berücksichtigt werden müsse. Zumal es sich dabei »um einen Volkskrieg gegen die fremden Invasoren und deren Kollaborateure« gehandelt habe. »Zu bedenken ist jedoch, dass die deutschen Okkupanten den besonderen Charakter dieses Krieges mitverursacht hatten, wozu auch die Ausnützung der bestehenden ethnischen und politischen Gegensätze auf dem Balkan gehörte. Die Ic/AO-Gruppen [militärischer Nachrichtendienst, Anm.] der verschiedenen Stäbe waren hier besonders intensiv tätig.« Kurt Waldheim war Oberleutnant, also im zweitniedrigsten Offiziersrang. Er befand sich in der riesigen Militärmaschinerie in einer formal untergeordneten, aber informationsmäßig brisanten Position. In der Terminologie der Wehrmacht war er ein O3 in der Gruppe Ic/AO im Oberkommando der Heeresgruppe E. O3 ist ein Ordonnanzoffizier, der dem militärischen Nachrichtendienst zugeteilt ist. Ic war die militärische Nachrichtendienstabteilung des jeweiligen Stabes. AO bedeutet

Abwehroffizier. Die Heeresgruppe E (rund 450.000 Mann) hatte den ganzen Balkan unter sich.[118]

Die Kommission beendet die zusammenfassenden Schlussbetrachtungen mit der Feststellung, dass Kurt Waldheims Darlegung seiner militärischen Vergangenheit in vielen Punkten nicht im Einklang mit den Ergebnissen der Kommissionsarbeit stehe. »Er war bemüht, seine militärische Vergangenheit in Vergessenheit geraten zu lassen und, sobald das nicht mehr möglich war, zu verharmlosen. Dieses Vergessen ist nach Auffassung der Kommission so grundsätzlich, dass sie keine klärenden Hinweise für ihre Arbeit von Waldheim erhalten konnte.«[119]

Aufschlussreich ist die Aussage des deutschen Mitgliedes der Historikerkommission, des Militärhistorikers und Juristen Manfred Messerschmidt, gegenüber dem ZDF: Waldheim habe »zu Beginn bestimmte Erklärungen über sein Nichtwissen abgegeben« und befinde sich nun in einer »Zwangslage«. Messerschmidt sprach wörtlich von einer »selbst gestellten Falle, aus der herauszukommen sicher schwierig« sei. Es sei richtig, dass es eine Fülle an Material gebe, die eine »Mitwisserschaft« belege. »Die Mitwisserschaft ist zuverlässig dokumentiert.«[120]

Der israelische Historiker Jehuda Wallach, ebenfalls Mitglied der Untersuchungskommission, hob hervor – und das sei der »wichtigste Punkt« –, dass Waldheim »viele Jahre hindurch versucht habe, gewisse Perioden seiner Kriegszeit zu verbergen und gewisse Tatsachen erst dann widerstrebend zugegeben habe, als er mit Fakten konfrontiert« worden sei, die er nicht abstreiten konnte.[121]

Bundeskanzler Franz Vranitzky reagierte »betroffen« auf den Inhalt des 200 Seiten umfassenden Historikerberichtes. Ein schuldhaftes Verhalten Kurt Waldheims während seiner Wehrmachtszeit sei nicht festgestellt worden, erklärte der Kanzler. Aber der Bericht enthalte kritische Anmerkungen, »die betroffen machten«. Es werde jetzt »eine Zeit der Erklärungen und Begründungen auf uns zukommen«.[122]

Vizekanzler und Außenminister Alois Mock hob in einer kurzen Erklärung hervor, dass der Bericht »eindeutig« zeige, dass »kein schuldhaftes Verhalten« Kurt Waldheims nachgewiesen werden könne. Er warf der Historikerkommission vor, das von der Bundesregierung erteilte Mandat überschritten zu haben. Die Historikerkommission habe »kritische Anmerkungen und Interpretationen mitgeliefert, für die sie keinen Auftrag hatte«.[123] Der Bundeskanzler betonte hingegen, dass »kein Druck« auf die Mitglieder der Kommission ausgeübt worden sei. Um jedem Vorwurf der Voreingenommenheit von Anfang an die Spitze zu nehmen, habe der Historikerkommission kein österreichischer Staatsbürger angehört, fügte der Regierungschef hinzu.

Einen Tag nach Übergabe des Berichtes der Historikerkommission erklärte Franz Vranitzky beim Pressefoyer nach dem Ministerrat, dass der Bericht vor Augen führe, »dass es nicht einmal ein halbes Jahrhundert her ist, dass auf unserem Kontinent unfassbare Gräueltaten und kaum zu beschreibende Unmenschlichkeiten« begangen worden seien. Heute müsse alles getan werden, um sich nicht nur dieser Katastrophe selbst, sondern auch deren Wurzeln und Ausgangssituation zu besinnen und alles zu unternehmen, damit sich eine solche Katastrophe nicht wiederhole, appellierte der Bundeskanzler an die gesamte Bevölkerung.[124]

Auf die Frage, was Österreich mehr nütze oder schade, ein Verbleiben Waldheims im Amt oder dessen Rücktritt, antwortete der Bundeskanzler staatsmännisch: »Diese Regierung ist angetreten, um dem Land zu nutzen. Solche Diskussionen erfordern einen zusätzlichen Arbeitsaufwand. Der Nutzen für die Republik wird umso größer sein, je weniger Diskussionen es gibt.«[125]

In dieser diplomatischen Antwort liegt aber auch die Strategie begründet, die Franz Vranitzkys Handeln im In- und Ausland bestimmte: dem Land zu nützen, dem Land zu dienen. Es ging dem Bundeskanzler darum, den Fall Waldheim nicht zur Zerreißprobe für die Koalition werden zu lassen, die weitere Spaltung der Bevölkerung zu verhindern und, last but not least, das Ansehen Österreichs in der Welt zu verbessern.

Internationale Kritik

Die Reaktionen auf den Bericht der Historikerkommission, vor allem die internationalen, fielen äußerst kritisch bis vernichtend aus. Die jüdische Organisation B'nai B'rith forderte den Bundespräsidenten zum Rücktritt auf, weil er »für das österreichische Volk ein Handicap ist. Er würde Österreich und der Welt einen schlechten Dienst erweisen, wenn er in seinem Amt verbleiben sollte«, stellte der Präsident von B'nai B'rith, Seymour Reich, in einer Aussendung fest.[126] Der Präsident des World Jewish Congress, Edgar Bronfman, bezeichnete den Bericht als »profunde moralische Anklage gegen Waldheim«, die die Rolle Österreichs im Zweiten Weltkrieg hervorhebe, wo Österreich einen »mehr als willfährigen Part im Nazismus« gespielt habe.[127]

Besorgte Stimmen kamen aus den USA. Nach Einschätzung eines für Nazi-Verbrechen zuständigen US-Beamten im Justizministerium, Neal Sher, hätten die Befunde des Historikerberichtes vermutlich für einen Schuldspruch vor dem Nürnberger Kriegsverbrechertribunal gereicht. Der Inhalt des Berichtes »passt genau in unsere Erkenntnisse, die dazu führten, dass Waldheim auf die Liste der in den USA unerwünschten Personen gesetzt wurde«, sagte Sher.[128] Das amerikanische Außenministerium erklärte, dass der Historikerbericht keinen Einfluss auf die Watch-List-Entscheidung habe.[129]

Als einzige Regierung gab die Sowjetunion offiziell eine Waldheim-freundliche Stellungnahme ab. »Was unsere Beziehungen zu Österreich und zum österreichischen Bundespräsidenten betrifft, so betrachten wir Kurt Waldheim als den Bundespräsidenten Österreichs«, verkündete der Erste Stellvertretende Außenminister Anatoli Kowaljow in einer Aussendung.[130]

Besorgniserregend bis abfällig fielen die internationalen Pressekommentare aus. »Das Trauerspiel geht weiter. Natürlich hat niemand ernsthaft erwartet, der Spruch der internationalen Historikerkommission könnte den österreichischen Bundespräsidenten über Nacht politisch und moralisch aufrütteln. Dass er bis heute den eigentlichen Kern der Auseinandersetzungen um seine Person und die Vorwürfe wegen seiner Kriegsdienstzeit in der deutschen Wehrmacht noch immer nicht zur Kenntnis nimmt, daran haben sich seine Landsleute und auch die Beobachter von außen gewöhnt. Mit welchem Zynismus aber er und seine Hintermänner – mittlerweile ist dieser Begriff durchaus angebracht – die äußerst differenzierten, insgesamt brisanten Feststellungen des sechsköpfigen Wissenschaftergremiums in einen billigen Freispruch in allen Punkten umzusetzen versuchen, löst jetzt sogar bei politischen Parteigängern des Staatsoberhauptes und auch der Österreichischen Volkspartei Entsetzen aus«, schreibt die *Süddeutsche Zeitung*.[131]

Unter dem »Deckmantel des Patriotismus« werde Österreich die »schwerste Prüfung nach dem Kriege« aufgezwungen, schreibt das Blatt weiter. »Denn die Behandlung des Berichts der Historikerkommission durch Waldheim und seine Berater, insbesondere durch den Vizekanzler und ÖVP-Vorsitzenden Alois Mock, ist nichts weiter als die mutwillige Fortsetzung des Hauptthemas, das Verdrängung heißt.«

»Aus dem vergesslichen Präsidenten droht ein fürchterlicher Präsident zu werden. Um dies klarzustellen: Anteilnahme, ja Mitleid, auch mit der tragischen Komponente in der Person Waldheims, ist nicht unvorstellbar. Aber das kann keine Relevanz besitzen, solange Kurt Waldheim, der sich einen ›Patrioten‹ nennt, kein Erbarmen mit Österreich zeigt und dieses Land weiter Demütigungen, falschen Beschuldigungen und der Gefahr aussetzt, isoliert zu werden. Der Bundespräsident selbst macht den Fall Waldheim zum Fall Österreich.«[132]

Die *Neue Zürcher Zeitung* schreibt über die »unangenehme Wahrheit für Waldheim«: »Der Befund der auf Wunsch des österreichischen Bundespräsidenten eingesetzten internationalen Historikerkommission über dessen Kriegsvergangenheit ist für Kurt Waldheim als Mensch und Politiker eindeutig negativ ausgefallen. [...] Indem er sich weiterhin der Einsicht verweigert, dass das Verleugnen seine Glaubwürdigkeit als höchster Repräsentant aller Österreicher belastet hat, hat er kein gutes Beispiel gegeben.«[133]

Unter dem Titel »Abscheuliche Figur« fasst die liberale israelische Tageszeitung *Haaretz* die Ergebnisse der Historikerkommission zusammen: »An der Spitze Österreichs steht eine Person, die sich, wenn nicht als Kriegsverbrecher, dann zumindest als unverbesserlicher Lügner entpuppte. In der Hand des österreichischen Volkes liegt es jetzt, Waldheim loszuwerden, zum Rücktritt zu zwingen oder, aus gefälschtem nationalen Stolz und sogar Solidarität mit seiner Vergangenheit, zu unterstützen.«[134]

Die auflagenstarke niederländische Tageszeitung *De Volkskrant* sieht im Befund der Historikerkommission die Rechtmäßigkeit der isolierten Position von Bundespräsident Kurt Waldheim bestätigt.[135] Mehrere angesehene Blätter, wie der Zürcher *Tages-Anzeiger*, die konservative britische Tageszeitung *The Daily Telegraph*, das ebenfalls konservative schwedische Blatt *Svenska Dagbladet* und die liberale französische Tageszeitung *Le Monde,* fordern in ihren Leitartikeln den Rücktritt Waldheims.[136]

Der angeschlagene Ruf des Landes in Europa und auch in der Welt hat sich durch den Bericht der Historikerkommission weiter verschlechtert, die Spaltung der Gesellschaft und die Identitätskrise Österreichs weiter vertieft. Auch für Altbundeskanzler Bruno Kreisky stellt die Analyse der Wissenschaftler nicht »das Ende der Angelegenheit« dar. In einem vom Auslandsdienst der BBC gesendeten Interview vertrat er die Meinung, dass Waldheim zurücktreten müsse, »weil seine Vergangenheit nicht so ist, dass er Österreich im

Sinne unserer Verfassung vertreten könne«. Es sei nicht gut für ein Volk, einen Präsidenten zu haben, der auf einer Watch-List stehe. »Deswegen müssen wir versuchen, ihn von der Watch-List wegzubekommen, wenn das möglich ist«, sagte Kreisky. »Österreich ist nicht schuldig. Aber andere Länder werden im Zweifel über uns sein, und dies wird Folgen haben, die, wie ich glaube, schwierig genug sein werden.«[137]

Diese Folgen der Waldheim-Affäre nahmen Bundeskanzler Franz Vranitzky in den ersten Jahren seiner Regierungszeit über alle Maßen in Anspruch. Als Realist ging er »von einer absehbaren Situation eines Lebens mit Bundespräsident Kurt Waldheim« aus, sagt er in einem unserer Gespräche. Die Möglichkeit, den Bundespräsidenten zu einer Konsequenz zu bewegen, hatte Franz Vranitzky nicht. Und nur wenige Tage nach der Präsentation des Historikerberichtes gab Kurt Waldheim in einem Interview für den französischsprachigen Dienst von »Radio Österreich International« des ORF bekannt, dass er nicht daran denke zurückzutreten.[138]

Heute herrscht die Meinung vor, dass die Uneinsichtigkeit Waldheims auch eine große Chance für den sozialdemokratischen Politiker Franz Vranitzky war, sich international als glaubwürdiger Vertreter der österreichischen Regierungsspitze zu positionieren und auch zu profilieren. Kurzum: Vranitzky hatte eine Doppelrolle, er war Bundeskanzler und übernahm zusätzlich die Aufgaben des Bundespräsidenten, das Land nach außen zu vertreten und Spannungen im Inneren abzubauen.

Franz Vranitzky erinnert sich, dass er viele Gespräche mit Bundespräsident Waldheim führte und dieser sich immer unverstanden fühlte. »Er hat sich immer wieder darüber beschwert, dass er attackiert wird. Und dass die Historikerkommission ihn nicht spektakulär freigesprochen hat. Er hat mir gesagt, in den Jahren 1942 und 1943 nichts getan zu haben.« Franz Vranitzky antwortete: »Herr Bundespräsident, Ihr Problem sind nicht die Jahre 1942 oder 1943, Ihr

Problem und auch unser Problem sind die Jahre 1986, 1987 und 1988 und wie Sie und wir alle damit umgehen. Ich habe ihm gesagt, dass ich weiß, wie ich damit umzugehen habe. Ich bin nicht die Hauptperson, Herr Bundespräsident, Sie sind die Hauptperson.« In einem unserer Gespräche hält Franz Vranitzky lange inne und formuliert in einem Satz, worum es ging: »Kurt Waldheim hat sein eigenes Problem nicht verstanden.«[139]

Der Bundespräsident fragte den Kanzler immer wieder, was er denn tun solle?

Franz Vranitzky machte Kurt Waldheim auf die vielbeachtete Rede des deutschen Bundespräsidenten Richard von Weizsäcker vom 8. Mai 1985 aufmerksam, die bis heute große Bedeutung für die gesamtdeutsche Diskussion über das Ende des Zweiten Weltkrieges hat. Er wies auf die bedeutenden Inhalte dieser Ansprache hin, in der Weizsäcker den Tag des Kriegsendes als einen »Tag der Befreiung« und einen »Tag der Erinnerung« bezeichnete. Der deutsche Bundespräsident sprach in seiner Rede alle »Opfer und die in Schuld Verstrickten« an. Den »Völkermord an den Juden« nannte er explizit »beispiellos in der Geschichte«. Bemerkenswert war in der Rede auch die Würdigung des Widerstandes. Bundespräsident Weizsäcker führte den Deutschen die Verantwortung für die NS-Verbrechen eindringlich vor Augen. Hinsichtlich der Schuldfrage konstatierte er jedoch: »Schuld ist, wie Unschuld, nicht kollektiv, sondern persönlich. [...] Jeder, der die Zeit mit vollem Bewusstsein erlebt hat, frage sich heute im Stillen selbst nach seiner Verstrickung.« Die »deutsche Schuld am Ausbruch des Zweiten Weltkrieges« benannte Weizsäcker »ausdrücklich und unmissverständlich«.[140]

Bundeskanzler Franz Vranitzky versuchte, Bundespräsident Kurt Waldheim davon zu überzeugen, wie »sehr die Ansprache von Weizsäcker weltweit Anerkennung [gefunden] und den Schlüssel dafür geliefert [hatte], wie sich die Deutschen innen- und außenpolitisch zu der Frage Schuld am Zweiten Weltkrieg und am Holocaust zu verhalten haben«. Franz Vranitzky zitiert die kurze Antwort Kurt Waldheims: »Weizsäcker war wirklich ein Nazi.«[141] »Nach drei oder vier Jahren Amtszeit«, erinnert sich Vranitzky in unserem Gespräch, hat Kurt Waldheim bei einem Treffen mit dem Bundeskanzler erwähnt, dass er doch nicht hätte sagen sollen, ›Ich habe meine Pflicht getan‹.«[142]

Franz Vranitzky investierte als Bundeskanzler viel Zeit, um innerhalb Österreichs den Streit über Kurt Waldheim zu schlichten und einen für die Regierungsarbeit notwendigen Grundkonsens zwischen den beiden politischen Lagern wiederherzustellen. Auch für die Reputation Österreichs im Ausland und für die internationale Zusammenarbeit brauchte es seinen ganzen Einsatz. Der Bundeskanzler betonte, dass die Österreicher nicht auf einer Insel leben und das Ausland aufgrund der Kleinheit des Landes und der Wirtschaftsbeziehungen »lebenswichtig« benötigen. Dazu komme noch die Position Österreichs als Kulturland, erklärte der Bundeskanzler in einer ORF-Pressestunde im Februar 1988. Diesen medialen Auftritt benützte Franz Vranitzky auch, um auf seine – durch Waldheim ausgelöste – Beeinträchtigung in der Regierungsarbeit hinzuweisen, was einer Rücktrittsdrohung gleichkam. »Er oder ich«, das war die Frage.

Franz Vranitzky skizzierte seine damaligen Überlegungen mit folgenden Worten: Er wolle seine Funktion als Regierungschef davon abhängig machen, ob er sich in »einer überschaubaren Zeit« wieder verstärkt der eigentlichen Regierungsarbeit zuwenden kann oder ob auch dann noch etwa 60 Prozent seiner täglichen Arbeit vom Thema Waldheim in Anspruch genommen werden. Es gehe ihm um die »politischen Arbeitsbedingungen in der Regierung«, sagte Vranitzky.[143] In der sonntäglichen Fernseh-Pressestunde erklärte er auch, dass sich nun der Bundespräsident dem »Rede- und Antwortspiel in der Demokratie stärker als bisher stellen muss«, wobei

Zeitungsinterviews ein erster Schritt, aber nicht ausreichend seien. Das war ein klarer Auftrag mit Handlungsanleitung an den Bundespräsidenten, sich stärker mit seiner Problematik und Glaubwürdigkeit auseinanderzusetzen. Es gehe nun darum, dass seitens des Bundespräsidenten dieses Anforderungsprofil in der nächsten Zeit in die Tat umgesetzt werde. Vranitzky verwies auch auf die »Integrationswirkung« des Bundespräsidenten in der Gesellschaft und auf das »Vertrauensverhältnis« zwischen Staatsoberhaupt und Bundesregierung. Es liege somit auch an Waldheim, zum »Funktionieren der staatlichen Institutionen« beizutragen.

Wenige Tage nach der ORF-Pressestunde mit der Rücktrittsdrohung von Bundeskanzler Vranitzky veröffentlichte das SPÖ-nahe Meinungsforschungsinstitut IFES eine Umfrage: Gleich viele Österreicher sprachen sich für einen Verbleib wie für einen Rücktritt von Bundespräsident Waldheim aus.[144] Eine Fifty-fifty-Situation.

Die Frage nach dem Rücktritt des Bundespräsidenten wurde in Österreich breit diskutiert. Doch Kurt Waldheim sah dafür keinen Anlass. Dennoch, die Frage blieb im Raum. »Für den Fall, dass sich Waldheim dazu entschließen sollte, sein Amt zur Verfügung zu stellen, dann ist es entscheidend, wie dieser Akt vollzogen wird und wie er von den politischen Gruppierungen dieses Landes kommentiert wird«, erklärte Bundeskanzler Franz Vranitzky in einem Interview mit der deutschen Tageszeitung *Die Welt*.[145] Und weiter: »Dann wären alle in ihrer Verantwortung gefordert. Aber ich bin mir bewusst, dass auch ein honoriger Rücktritt nicht schlagartig das emotional aufgewühlte Volk beruhigen würde«, betonte der Bundeskanzler gegenüber der *Welt*. Und noch etwas Entscheidendes fügte er hinzu: Der Bundespräsident und seine Ratgeber hätten die Verteidigungslinie »nur auf juristische Argumente aufgebaut«. Doch spätestens nach seinen Gesprächen mit US-Präsident Ronald Reagan, Außenminister George Shultz und US-Justizminister Edwin Meese war ihm klar geworden, dass die juristische

Argumentation Waldheims nicht zu halten sei: »Denn die Amerikaner haben, indem sie Waldheim auf die Watch-List setzten, nicht gesagt, dass er ein Kriegsverbrecher sei, sondern sie haben damit eine politische Demonstration vollzogen«, erklärte Vranitzky im Gespräch mit der konservativen deutschen Tageszeitung. Diese Demonstration sei von vielen in Wien nicht richtig eingeschätzt worden, stattdessen wurde die Frage nach Beweisen gestellt. »Aber in Wirklichkeit besteht das Problem nicht darin, ob bestimmte Vorgänge in Jugoslawien oder Griechenland heute so oder so zu sehen sind. Das Problem besteht darin, dass die heutige Debatte längst von den Ereignissen abgehoben geführt wird«, unterstrich der Bundeskanzler.

1988: Ein Erinnerungsjahr

1988 war nicht irgendein Jahr, sondern markierte das fünfzigjährige Ereignis des sogenannten Anschlusses an das Dritte Reich im Jahr 1938. Es war ein Erinnerungsjahr.

Franz Vranitzky erinnert sich daran und erzählt, wie sehr ihn die Frage damals beschäftigte, wie viele faschistische Ideen, Faschismus verharmlosende Gedanken oder Nazi-Leugner es in der Bevölkerung immer noch gab – und bis heute gibt. »Man kann natürlich argumentieren, woher hätten die Staatsbürger wissen sollen, was vor, während und nach dem Zweiten Weltkrieg in Österreich geschehen ist, wenn es die Menschen niemand gelehrt hat und die Politik in der Nachkriegszeit peinlich dazu geschwiegen hat.« Oder inakzeptable Aussagen möglich waren, wie jene des langjährigen sozialdemokratischen Innenministers Oskar Helmer (1945–1959), der 1948 zu jüdischen Entschädigungsforderungen Folgendes sagte: »Auch den Nazis ist im Jahr 1945 alles weggenommen worden. [...] Ich wäre dafür, dass man die Sache in die Länge zieht. [...] Die Juden werden das selbst verstehen, da sie im Klaren darüber sind, dass viele gegen sie Stellung nehmen.«[146]

Erneut konfrontiert wurde Franz Vranitzky mit der Waldheim-Affäre bei seinem zweiten US-Besuch als Bundeskanzler im Frühling 1989, wenn auch nicht in derselben brisanten Form wie bei seinem ersten Aufenthalt 1987. Am 4. Mai 1989 hielt er an der Universität von Chicago einen Vortrag zum Thema: »Die Zukunft der Sozialdemokratie in Europa« und führte Gespräche mit Vertretern der Medien und des Bankwesens. Auch hier wurde er zur Waldheim-Causa befragt, ebenso wie bei seinen anschließenden Besuchen in Washington und New York. Am 5. Mai 1989 kam der Bundeskanzler mit dem amerikanischen Präsidenten George Bush sen. im Weißen Haus in Washington zusammen. Da Bush erst im Jänner 1989 die Amtsgeschäfte von seinem Vorgänger Ronald Reagan übernommen hatte, war Vranitzky der erste Regierungschef Europas, der Gelegenheit zu einer Unterredung mit dem neuen US-Präsidenten erhalten hatte. Bei diesem Treffen, in dem es nach Angaben des Bundeskanzlers unter anderem um Informationen an den Signatarstaat USA über Österreichs EU-Integrationsbemühungen ging ebenso wie um gemeinsame Einschätzungen der Reformbemühungen in Osteuropa, spielten Waldheim und die Watch-List-Entscheidung »keine wirkliche Rolle« mehr. »Das Klima [hatte] sich beruhigt.«[147]

Im anschließenden Journalisten-Gespräch wurde der Bundeskanzler nicht nur nach den bilateralen Beziehungen zwischen Österreich und den USA befragt, sondern auch zur Causa Waldheim und der amerikanischen Watch-List-Entscheidung. Der Kanzler wiederholte seine Eindrücke aus dem Treffen mit Bush. Für die Journalisten fiel die Antwort Franz Vranitzkys überraschend aus, markierte sie doch einen diskursiven und politischen Kurswechsel in der Affäre Waldheim: »Darüber ist bei meinem USA-Besuch vor zwei Jahren ausführlich diskutiert worden. Beim jetzigen Gespräch mit Bush war das kein Thema. Das Gespräch fand in einer überaus angenehmen Atmosphäre statt. Der amerikanische Präsident hat große Wertschätzung für Österreich zum Ausdruck gebracht und betont, dass bilaterale Probleme zwischen beiden Ländern der Vergangenheit angehören.« Auf die Frage, ob Österreich das Ziel einer Streichung Waldheims von der Watch-List aufgegeben habe, sagte Franz Vranitzky: »Kein vernünftiger Mensch investiert in ein aussichtsloses Projekt.«[148] Mit dieser Aussage drückte der Bundeskanzler unmissverständlich aus, dass er damit das Vorhaben ad acta legte. Das Thema Nummer eins, Waldheim und die Watch-List, war in den Hintergrund gerückt. Auch bei einem Dinner in Washington, an dem Minister, Senatoren, Abgeordnete, Nationalbankchef Alan Greenspan, der Sicherheitsberater unter Präsident Jimmy Carter, Zbigniew Brzeziński, die ehemalige UNO-Botschafterin Jeane Kirkpatrick und viele andere Persönlichkeiten der US-Politik teilnahmen, ging es um internationale Zukunftsfragen, wie beispielsweise um die Reformen in Osteuropa und den weiteren europäischen Integrationsprozess sowie den Aufbau des Binnenmarktes, ein Projekt, das die USA aus marktwirtschaftlichen Gründen genau beobachteten.

Über die allseits spürbare Aufbruchs- und Wendestimmung in osteuropäischen Ländern und die Wirtschaftsbeziehungen zwischen West- und Osteuropa, aber auch den EG- und EFTA-Ländern sprach der Bundeskanzler zum Abschluss des Amerika-Besuches in New York. Bei einem Round-Table-Gespräch im Rat für Auslandsbeziehungen, einem einflussreichen Thinktank, und in Interviews mit CNN, der *New York Times* und dem *Time Magazine* warnte Franz Vranitzky davor, dass die europäische Integration nicht dazu führen dürfe, dass »Mauern gegen Dritte errichtet« werden. Damit meinte Vranitzky explizit »die Mauern«, die zwischen den Mitgliedsländern der Europäischen Gemeinschaft und den Staaten der Europäischen Freihandelszone (EFTA), zu der Österreich und die skandinavischen Länder gehörten, entstehen könnten. »Wenn diese Integrationsbemühungen zu einem Ganzen zusammenwachsen, wird es viele Barrieren nicht mehr geben«, sagte der Bundeskanzler perspektivisch und wies damit auf die österreichischen EU-Beitrittsambitionen hin.[149] (Der Weg Österreichs in die EU wird in Kapitel 8 ausführlich behandelt.)

Nach der Rückkehr von seiner fünftägigen USA-Reise verkündete Franz Vranitzky,»neben der Konzentration auf die EG-Frage die Auslandsbeziehungen Österreichs ausweiten und [...] intensivieren« zu wollen.[150] Im Herbst 1989 plane er einen Besuch in Japan, wo seit mehr als zwanzig Jahren kein österreichischer Regierungschef mehr war. Seine Strategie war ganz klar: Der Bundeskanzler wollte nicht mehr länger Troubleshooter in der Causa Waldheim spielen, sondern der Außenpolitik und den internationalen Beziehungen eine neue Dynamik und ein eigenständiges Profil geben. »Intensive Auslandsbeziehungen würden in konfliktarmen Zeiten zwar nicht so wichtig erscheinen. Schwierige Zeiten könnten mit mehr Präsenz besser überlebt werden.« Österreich müsse »an einer guten, verständlichen Identität arbeiten«, erklärte der Bundeskanzler.[151] Man kann diese Aussage auch so interpretieren, dass es Franz Vranitzky stets um eine eindeutige Identität ging, die unzweifelhaft jene eines demokratischen und weltoffenen Österreichs war und nichts mit nazibelasteter Vergangenheit oder notorischer Geschichtsvergessenheit zu tun hatte.

Vranitzky hat mit seiner außenpolitischen Offensive in seinen ersten Regierungsjahren, seinen historischen Reden über die Mitschuld Österreichs an den Verbrechen des Hitler-Regimes (siehe Kapitel 7) ganz entscheidend dazu beigetragen, dass die Inhalte der Waldheim-Affäre und die damit zusammenhängenden nationalen und internationalen Diskussionen um dessen Kriegsvergangenheit danach allgemein bekannt waren und als aufgearbeitet galten. Historiker und Politikwissenschaftler sind sich heute darüber einig, dass die heftigen und zum Teil emotional geführten Auseinandersetzungen um Waldheims Rolle im Zweiten Weltkrieg der Startschuss für eine längst fällige Aufarbeitung der NS-Vergangenheit Österreichs waren.

Waldheim tritt nicht mehr an

Spät reagierte auch Kurt Waldheim. Im Juni 1991 gab er in einer Fernseh-Ansprache bekannt, nicht mehr für eine zweite Amtsperiode bei der Bundespräsidenten-Wahl antreten zu wollen. Im Juni 1992 endete seine Ära als Staatsoberhaupt und sein Nachfolger in der Wiener Hofburg wurde der ehrgeizig agierende Spitzendiplomat Thomas Klestil.

Waldheim selbst erklärte in einem Interview am 5. März 2006, dass es »notwendig, ja unverzichtbar war, dass wir Österreicher uns von der reinen Opferrolle verabschiedet haben. Sie war zwar Grundlage unseres inneren Friedens nach 1945, des Wiederaufbaues und unserer Nachkriegsidentität, aber doch nur Teil der Wirklichkeit.« Und seinen Satz von der »Pflichterfüllung« aus dem Wahlkampf 1986 würde er zwanzig Jahre später »unmissverständlicher« formulieren. Bundeskanzler Franz Vranitzky gegenüber hatte Kurt Waldheim diesen Fehler, wie erwähnt, ja bereits früher eingestanden, noch zu einem Zeitpunkt, als er international weitgehend isoliert in der Hofburg seines Amtes waltete.

Nach dem Tod Waldheims am 14. Juni 2007 sagte der Politologe Peter Filzmaier über den Alt-Bundespräsidenten, dass dieser »die Chance zur Differenzierung« verpasst habe. Filzmaier sieht in Waldheim die österreichische Seele verkörpert: »Das Sich-Arrangieren und die selektive Verantwortung. Es waren Verdrängungsmechanismen, die vor diesem Fall zum guten Ton gehört haben und danach nicht mehr salonfähig waren.«[152]

Auch ohne Kurt Waldheim auf der Agenda zu haben, reiste Franz Vranitzky Anfang der 1990er-Jahre zu seinem dritten Besuch als Bundeskanzler in die USA, der ihn nach Washington, New York und Boston führte. Wirtschaftsgespräche und die Entwicklungen in

Osteuropa standen im Mittelpunkt seines Aufenthaltes vom 14. bis zum 20. Februar 1990. Vor seinem Vier-Augen-Gespräch mit US-Präsident George Bush sen. im Oval Office und danach auch mit Außenminister James Baker erzählte der Bundeskanzler unter dem Blitzlichtgewitter der Fotografen und in Anwesenheit einer Reihe von Fernsehteams, dass das Hauptmotiv seiner USA-Reise jenes wäre, »die Interessen und die Position Österreichs im sich verändernden Europa nach dem Fall der Mauer darzulegen«. Der Bundeskanzler berichtete Präsident Bush von seinen jüngsten Unterredungen mit osteuropäischen Spitzenpolitikern, den Regierungschefs Hans Modrow (DDR), Marián Čalfa (CSSR) und dem polnischen Staatspräsidenten Wojciech Jaruzelski. Angesichts der in den USA mit Begeisterung und Interesse registrierten Umwälzungen in Osteuropa sei es für Österreich »besonders wichtig, Flagge zu zeigen«.[153] Mit anderen Worten: Franz Vranitzky machte in den USA Werbung für Österreich als Drehscheibe zwischen Ost- und Westeuropa und sondierte auch die Möglichkeiten für die Austragung eines KSZE-Gipfels (Konferenz für Sicherheit und Zusammenarbeit in Europa) in Wien.

In Gesprächen mit hochkarätigen Vertretern aus dem Bereich der Politik, der Banken und der großen Finanzinstitutionen mit Finanzminister Nicholas Brady, US-Zentralbankchef Alan Greenspan, dem Direktor des Internationalen Währungsfonds Michel Camdessus sowie Weltbank-Präsident Barber Conable besprach er den Plan, eine Ost-West-Entwicklungsbank mit dem Sitz in Wien zu installieren.

Bei Franz Vranitzkys USA-Besuchen gehörten immer auch Treffen mit Wissenschaftlern, Universitätsprofessoren und Studenten zum Programm. Diesmal nahm er am Joseph-Schumpeter-Colloquium des »Minda de Gunzburg Center for European Studies« der Harvard University in Boston teil, bei dem es einmal mehr um die Neuordnung Europas und die Zukunft der Europäischen Union ging.

Im Oktober 1991 brach Franz Vranitzky erneut nach Amerika auf, zu seiner vierten Reise seit Antritt als Regierungschef. Einer der Schwerpunkte seines USA-Besuches waren diesmal verstärkte Kontakte mit jüdischen Organisationen in Los Angeles und Washington, wo er Vertreter des American Jewish Committee traf. Höhepunkt dieses USA-Besuches waren ein Gespräch mit US-Präsident George Bush sen. im Weißen Haus, eines mit Verteidigungsminister Richard Cheney sowie ein weiteres mit Führern des US-Kongresses. Innerhalb von zwei Jahren war es das dritte Treffen mit dem amerikanischen Präsidenten (nach Mai 1989 und Februar 1990).

Wenige Monate nach diesem Besuch in den USA ging es für Bundeskanzler Franz Vranitzky Ende Jänner 1992 erneut über den Atlantik, wo er zuerst in New York Station machte und an einem Gipfeltreffen der Sicherheitsratsmitglieder der Vereinten Nationen teilnahm. Im UNO-Hauptquartier am East River versammelten sich die Regierungsspitzen der fünfzehn ständigen und nicht ständigen Mitglieder des Sicherheitsrates, um über neue Bedrohungsszenarien in einer veränderten Weltlage zu sprechen. Franz Vranitzky wies kurz vor seinem Auftritt vor dem höchsten UN-Gremium gegenüber Journalisten darauf hin, dass der Sicherheitsrat vor »neuen Aufgaben« stehe. Vor allem »bei Menschrechtsverletzungen, ethnischen Konflikten, sozialen und wirtschaftlichen Ungleichgewichten, Umweltzerstörung, beim international organisierten Verbrechen und bei Konflikten, die durch Flüchtlingsbewegungen entstehen, muss der Sicherheitsrat in der Lage sein, mit neuen Instrumenten reagieren zu können«. Unter Hinweis auf die Prinzipien der KSZE sprach sich der Bundeskanzler dafür aus, dass auch die Vereinten Nationen die »Doktrin der unzulässigen Einmischung« in interne Angelegenheiten eines Landes abschaffen sollten. Allerdings – auf einen Schlag werde das Ende des Prinzips der Nichteinmischung nicht möglich sein, räumte der Bundeskanzler ein.[154]

Bundeskanzler Franz Vranitzky hat US-Präsident George W. Bush
mehrere Male getroffen. Hier ein Gespräch am 30. Jänner 1992 im
Hotel Waldorf-Astoria in New York

Im Zuge seines New-York-Aufenthaltes traf der Bundeskanzler
mit einer Reihe von Staats- und Regierungschefs zusammen, unter
anderem zum vierten Mal mit US-Präsident George Bush sen. und
erstmals mit dem russischen Präsidenten Boris Jelzin. Dem neuen
UNO-Generalsekretär Boutros Boutros-Ghali sagte er Unterstützung bei dessen Bemühungen um den Nord-Süd-Dialog zu. Es gehe
nicht zuletzt darum, den Befürchtungen der armen Entwicklungs-
länder im Süden zu begegnen, »dass Europa sich nur noch mit Osteuropa beschäftigt«, betonte der Bundeskanzler.[155]

Eine neuerliche Visite in den USA fand Mitte April 1994 statt (der
sechste offizielle Besuch als Bundeskanzler). Aber nicht Washington
war diesmal die erste Station der fünftägigen Reise, sondern Atlanta,
die Hauptstadt des Bundesstaates Georgia, wo Franz Vranitzky den
ehemaligen Präsidenten Jimmy Carter und Coretta King, die Witwe

Gute Freunde: Bundeskanzler Franz Vranitzky begrüßt am 5. September 1996 den ehemaligen US-Präsidenten Jimmy Carter und dessen Gattin Rosalynn in Wien

des verstorbenen Bürgerrechtlers Martin Luther King, besuchte. Es ist charakteristisch für den Kanzler, dass er bei all seinen Auslandsbesuchen bestimmte Zeichen setzte: Er besuchte Museen und Ausstellungen, traf Vertreter von NGOs und Wissenschaftler, würdigte Persönlichkeiten und ihre Anliegen gegen Rassismus, Antisemitismus, Unterdrückung und soziale Ungerechtigkeit. Im Falle von Coretta King und ihres verstorbenen Mannes war es der gewaltfreie Kampf gegen die Rassentrennung in den USA. Franz Vranitzky waren diese Treffen ein persönliches Anliegen, weil sie seiner humanistischen Haltung entsprachen.

In Amerika hatte es in der Zwischenzeit einen Machtwechsel gegeben. Seit Anfang 1993 war Bill Clinton von der Demokratischen Partei Präsident der Vereinigten Staaten von Amerika – und von ihm wurde der Bundeskanzler am 20. April 1994 in Washington empfangen. Wie oft bei großen Auslandsreisen wurde der Bundeskanzler von seiner Gattin Christine Vranitzky begleitet, die von First Lady Hillary Clinton zu einer Unterredung im Weißen Haus eingeladen wurde. Christine Vranitzky stellte der Gattin des US-Präsidenten das österreichische Hilfsprogramm für Jugendliche mit dem Titel »Sport statt Drogen« vor, Hillary Clinton präsentierte ihre Vorhaben für eine Reform des amerikanischen Gesundheitssystems.

Im Mittelpunkt des Gesprächs des Bundeskanzlers mit Bill Clinton, seinem Vizepräsidenten Al Gore und Außenminister Warren Christopher standen die eskalierende Situation in Bosnien-Herzegowina und die Kriege am Balkan. Dabei sprach sich der US-Präsident für einen verschärften Druck auf die Kampftruppen der bosnischen Serben aus, um eine Wiederaufnahme der Friedensverhandlungen zu erzwingen. Kanzler Vranitzky betonte, dass sich die internationale Politik auch um einen Wiederaufbau Bosnien-Herzegowinas bemühen sollte, Clinton begrüßte das.

Der Bundeskanzler und seine Delegation nutzten den Washington-Aufenthalt auch, um das Holocaust-Museum zu besuchen.

Das letzte Mal als Bundeskanzler machte sich Franz Vranitzky im November 1995 nach Washington auf, wo ihm am 11. November in einer feierlichen Zeremonie der Fulbright-Preis für internationale Verständigung überreicht wurde. Dieser Preis wurde ihm »für sein Engagement bei der Bewältigung der Probleme in Osteuropa nach dem Fall des Eisernen Vorhangs zuerkannt«, heißt es in der Begründung des Fulbright-Wahlkomitees. Der Preis ist nach dem amerikanischen Senator J. William Fulbright, einem Demokraten, benannt. Dieser wurde für seine Bemühungen um die Völkerverständigung bekannt. Mithilfe der Fulbright-Stiftung konnten bisher Tausende Nicht-Amerikaner, auch Österreicher, in den USA studieren.

Weiters heißt es in der Begründung des Fulbright-Wahlkomitees, der Kanzler habe seine politische Laufbahn, »die geprägt war von seinen Kindheitserinnerungen an die Grausamkeiten des Zweiten Weltkriegs und die Errichtung des Eisernen Vorhangs [...] der Vision

Hohe Auszeichnung für internationale Verständigung: Bundeskanzler
Franz Vranitzky erhält am 11. November 1995 in Washington den
Fulbright-Preis von Fulbright-Präsident Maurizio A. Gianturco überreicht

von einem Europa ohne Grenzen und dem Kampf gegen neue Nati-
onalismen durch die Verstärkung von Zusammenarbeit und Solidarität gewidmet«. Unter der Regierung Vranitzky habe Österreich
den Reformstaaten Osteuropas auf dem Weg zur Demokratie sehr
geholfen und für Kriegsflüchtlinge aus Ex-Jugoslawien eine wichtige
humanitäre Rolle gespielt.[156]

Franz Vranitzky war nach dem südafrikanischen Präsidenten
Nelson Mandela (1993) und dem früheren US-Präsidenten Jimmy
Carter (1994) der dritte Preisträger und der erste Europäer, der diese
Auszeichnung der Fulbright-Stiftung erhielt. Der Bundeskanzler
widmete den mit 50.000 Dollar dotierten Preis dem Jugendfriedensfo-
rum für den Nahen Osten, einem Projekt des Bruno Kreisky Forums
zur Zusammenführung junger Menschen aus Israel, Palästina, Jorda-
nien, Ägypten und Österreich. Die Spende an die Jugendinitiative

sei im Sinne des Fulbright-Programmes und im Gedenken an den ermordeten israelischen Premier Yitzhak Rabin, erklärte Bundeskanzler Vranitzky in seiner Dankesrede und betonte, dass das Geld »eine Investition in unsere gemeinsame Zukunft« wäre.[157] »Politische Erziehung im weitesten Sinne« müsse den Werten der Toleranz, des nationalen Konsenses und der internationalen Verständigung Glaubwürdigkeit verleihen. In Bezug auf die neuen Herausforderungen in Europa plädierte der Kanzler für »gemeinsame Aktionen und Strategien der Staaten, die weit über die traditionelle Zusammenarbeit hinausgehen«. Aus ebendiesem Grund wirke Österreich an der europäischen Integration mit und sei Mitglied der Europäischen Union geworden und unterstütze die Staaten Ost- und Südosteuropas im Bemühen, so rasch wie möglich Teil des europäischen Projektes zu werden. Aber schon damals warnte Franz Vranitzky vor der »Gefahr des Nationalismus und der Abschottung«. Bald nach 1989 sei der Glaube an ein Ende der ideologischen Konfrontation durch Ereignisse wie in Sarajevo und Srebrenica, in Kurdistan, im Kaukasus und in Ruanda erschüttert worden. »Die Stimmen der Vernunft und des Humanismus gingen in nationalistischer Propaganda unter.« Die Hoffnung, dass es zu einer Friedenslösung in Ex-Jugoslawien komme, die wolle er nicht aufgeben. Entschlossenheit und »guter Wille« seien aber nötig, appellierte Franz Vranitzky in seiner Rede in Washington an alle Verantwortlichen.[158] Mehr als ein Vierteljahrhundert später ist der Balkan immer noch keine Region der Entspannung, des Friedens und der gedeihlichen Zusammenarbeit der verschiedenen Ethnien und Kleinstaaten.

In der US-Hauptstadt hatte Franz Vranitzky auch ein Treffen mit dem amerikanischen Generalstabschef John Shalikashvili. Dieser sondierte in seinem Gespräch mit dem Bundeskanzler, ob eine Beteiligung österreichischer Soldaten an einer UNO/NATO-Mission für Bosnien nach einem Friedensschluss möglich sei. »Blauhelme ja, Grauhelme nein«, lautete die Antwort des Kanzlers. Gegen einen

Peace-Keeping-Einsatz (einen friedenserhaltenden Einsatz) mit Blau-
helmen habe Österreich nichts einzuwenden, doch für einen Einsatz
von Kampftruppen für Peace-Enforcement (einen friedensschaffen-
den Einsatz) mit grauen Kampfhelmen würde Österreich nicht zur
Verfügung stehen, präzisierte der Kanzler die österreichische Neu-
tralitätsposition. Die Bedingungen für einen österreichischen Bos-
nien-Einsatz seien bekannt: ein Friedensvertrag, das Einverständnis
der Streitparteien und eine UNO-Resolution. Eine »enge Interpre-
tation eines Bosnien-Engagements« schloss der Bundeskanzler aus.
»Der Wiederaufbau ist ein wesentlicher Teil der Friedensarbeit.«
Eine wichtige Frage sei zudem die Rückführung der Flüchtlinge. Bei
den Flüchtlingen aus Ex-Jugoslawien »steht Österreich in der ersten
Reihe in Europa«.[159] Im Zuge des kriegerischen Zerfalls Jugoslawiens
zu Beginn der 1990er-Jahre waren – um ihr Leben zu retten – viele
Menschen gezwungen gewesen zu fliehen. Viele fanden in Österreich,
vor allem in Wien, ein neues Zuhause. Mit mehr als 100.000 aufge-
nommenen Kriegsflüchtlingen war Österreich ein zentraler Flucht-
punkt, die größte Gruppe mit 85.000 Schutzsuchenden stammte aus
Bosnien-Herzegowina. Rund zwei Drittel von ihnen blieben dauerhaft in Österreich. Diese Zahlen veröffentlichte die »Initiative Minderheiten« Ende 2020.[160]

Was Bundeskanzler Vranitzky im November 1995 in Washington zu verhandeln begann, nämlich eine Teilnahme des Bundeshee-
res an Einsätzen in Bosnien und im Kosovo, ist heute noch aktuell.
Österreich ist mit rund 300 Soldaten der größte Truppensteller
in der EU-Mission EUFOR/ALTHEA in Bosnien. Die Soldaten
helfen der Bevölkerung beim Wiederaufbau des Landes und
gewährleisten ein sicheres Umfeld. Zwischen 400 und 500 österreichische Soldaten sind in der NATO-geführten Mission KFOR im
Kosovo stationiert.[161]

Den USA-Reisen Franz Vranitzkys kommt in diesem Buch
ein besonderer Stellenwert zu, weil sie mit seinem unermüdlichen

Eintreten für Österreichs Rolle in der Welt und dessen internationalem Ansehen verbunden sind. »Ich habe es für richtig und notwendig gehalten, diese politische, gesellschaftliche und intellektuelle Offenheit Österreichs über die Grenzen Europas hinauszutragen. Das war der Grund, warum ich in regelmäßigen Abständen die amerikanischen Präsidenten besucht habe. In meiner Amtszeit kam ich mit Ronald Reagan, George Bush sen. und Bill Clinton zusammen. Auch Jimmy Carter habe ich oft getroffen. Ich habe darauf Wert gelegt, dass Österreich in der Person seines Regierungschefs im Weißen Haus eine Nummer ist, wenn auch nicht eine weltbewegende. Alle drei Präsidenten haben das verstanden und mitgetragen.«[162]

In unserem Gespräch erinnert sich Franz Vranitzky an ein Treffen mit der US-Politikerin und späteren Außenministerin Madeleine Albright (1997–2001), die beruhigt feststellte, mit Österreich keine Konflikte zu haben. »Sie sagte mir nur, dass sie Österreich nicht besuchen muss, weil es mit Österreich – trotz Waldheim – keine Probleme gibt.«[163]

Vom Sinn des Reisens

Im Fokus der außen- und wirtschaftspolitischen Kontakte des Bundeskanzlers lag jedoch nicht nur Amerika. Er besuchte – oftmals in Begleitung großer Delegationen von Unternehmern – auch Asien. China, Japan, Südkorea, Malaysia standen auf seinem Besuchsprogramm. »Damals haben die Handelsbeziehungen zu China begonnen und wir haben die Beziehungen zu China forciert. Das war schwierig genug, weil die Chinesen bei Unternehmen keine Mehrheiten des ausländischen Partners zuließen«, erzählt Franz Vranitzky. Auch dem Nahen und Mittleren Osten und der damaligen Sowjetunion widmete er besondere Aufmerksamkeit. Der Bundeskanzler reiste in einem ganz entscheidenden Moment der österreichischen EU-Annäherung nach Moskau, um ein Veto der

Staatsbesuch im April 1993 in China: Bundeskanzler Franz Vranitzky mit Ministerpräsident Li Peng (li.) beim Abschreiten der Ehrenformation vor der Großen Halle des Volkes in Peking

Sowjetunion als Signatarstaat des Staatsvertrages gegen den europäischen Integrationsprozess zu verhindern. Ganz besonders aber wandte er sich natürlich auch den europäischen Staaten und unter ihnen den österreichischen Nachbarländern zu.

Was die Kontakte Franz Vranitzkys mit ehemaligen kommunistischen Regierungsspitzen in der DDR, Polen, der Tschechoslowakei, Ungarn und Slowenien sowie den Dissidenten in diesen Staaten angeht, eröffnete sich »ein Spannungsfeld mit der Volkspartei. Es gab eine innenpolitische Streitsituation – nicht sehr ausgeprägt, aber doch – über unsere Beziehungen zu den Osteuropäern.«[164] ÖVP-Politiker, allen voran Alois Mock und Erhard Busek, bemängelten immer wieder, der Bundeskanzler würde Kritiker der Regime in diesen Ländern nicht oder nicht genügend beachten. Damit wurde dem Bundeskanzler eine allzu große Nähe zu Kommunisten unterstellt, was Franz Vranitzky in seiner Biografie und bei einem unserer Treffen zurückweist. »Meine Vorstellung bestand darin, während der Sowjetzeit zu allen Regierungen Osteuropas ein offenes Verhältnis zu pflegen, weil dies im Interesse Österreichs war, sowohl aus wirtschaftlichen als auch aus Gründen ordnungsgemäßer diplomatischer Beziehungen. Ich hätte meinem Land nicht gedient, wenn ich gesagt hätte, kommunistische Regierungen lasse ich auf der Seite und beschäftige mich nur mit Dissidenten. Bei allen Auslandsbesuchen waren Hilfestellungen für Menschen, die von den kommunistischen Machthabern als missliebig betrachtet wurden, die sich im Gefängnis oder im Hausarrest befanden, auf meiner Agenda. Auch bei Besuchern aus diesen Ländern in Österreich war es so, dass ich mich für Regimekritiker eingesetzt habe. Václav Havel hat mir des Öfteren versichert, richtig gehandelt zu haben. Er sagte mir, er habe es völlig verstanden, dass ich mich auch mit Politikern wie Ladislav Adamec [Ministerpräsident der Tschechoslowakei bis zur sogenannten »Samtenen Revolution« im November 1989, Anm.] abgegeben und mit ihm auch gestritten habe. Das war Teil der von mir umsichtig geleiteten Staatspolitik.«[165]

Von Reisen des Bundeskanzlers und seiner ihn begleitenden Gattin Christine Vranitzky sind auch Erlebnisse überliefert, die nachdenklich stimmen. Anlässlich eines offiziellen Besuches in Saudi-Arabien beispielsweise wurde Frau Vranitzky von der Witwe des ermordeten Königs Faisal protokollarisch betreut. Die Dame war von der Visite sehr angetan und zeigte sich österreichfreundlich. Im Gespräch ließ sie wissen, dass die beiden Völker einander deshalb so gut verstünden, weil beide »die Juden nicht leiden könnten«, schreibt Franz Vranitzky in seiner Biografie.[166]

Eine Episode ist amüsant und geht auf einen Besuch in Italien zurück. Ein enger Freund Franz Vranitzkys, Hans Schmid, der österreichische Unternehmer und Übernehmer der GGK (einer ursprünglich in der Schweiz von Gerstner, Gredinger und Kutter gegründeten Werbeagentur), der die Agentur zur größten

Österreichs ausbaute, gibt in seinem feuilletonistischen Text »Weißt Du noch«, der aus Anlass des 70. Geburtstages von Franz Vranitzky erschien, eine Begebenheit aus der Schatzkiste des Bundeskanzlers wieder – kein Staatsgeheimnis, sondern ein Ereignis aus »dem Klassentreffen in der Weltpolitik«.[167] Der Ort des Geschehens ist eine kleine Osteria in Castel Gandolfo in der Nähe von Rom. Der Bundeskanzler der Republik Österreich muss für den Vatikan erreichbar sein. Handys, wie wir sie heute kennen, gab es damals noch nicht. Auf ausdrücklichen Wunsch des Bundeskanzlers erklärt Hans Schmid in gutem Italienisch der Wirtin, dass ein Anruf für einen Gast, Herrn Vranitzky aus Wien, kommen werde. Eine Stunde vergeht. Herr Schmid fragt nervös nach, ob schon ein Anruf gekommen sei. »Doch«, antwortet der Padrone, »ein Narr hat angerufen und gesagt, der Außenminister des Vatikans möchte den Bundeskanzler von Österreich sprechen. Hier spricht der Papst, hab' ich erwidert und sofort aufgelegt.« Das Treffen im Vatikan kam an diesem Tag nicht mehr zustande.

Solche Ereignisse entlocken Franz Vranitzky auch noch viele Jahre später ein kurzes Lächeln. Doch mit Anekdoten lässt er sich nicht ablenken, ausführlich spricht er darüber, was die Voraussetzungen für eine gelungene Außenpolitik und erfolgreiche diplomatische Beziehungen sind – oder besser: für Politik insgesamt. »Eines der wesentlichen Leitmotive war und ist, dass jedes europäische Land – insbesondere ein kleines wie Österreich – nach allen Seiten hin offen sein muss. Das war in meiner Tätigkeit als Bundeskanzler ein Leitmotiv für die gesamte Politik. Ich wollte damit auch einen Gegenpol setzen zu Eigenschaften der Bevölkerung, sich automatisch und bequem auf sich selber zurückzuziehen. Viele finden diese Eigenschaft ja angenehm, weil es dabei wenige Konflikte gibt, man muss auch keine ausländischen Einflüsse übernehmen und man braucht nichts von anderen zu akzeptieren«, skizziert Franz Vranitzky diese Haltung.[168]

Mit Bedacht positionierte er Österreich als offenes Land – in Europa und in der Welt. »Man muss immer wieder daran arbeiten, dass die Öffnung als etwas Positives, als etwas Notwendiges für die Gesellschaft in einem kleinen Staat gesehen wird und dass diese Öffnung Teil der Innenpolitik ist. Außenpolitik hat ja nur dann einen Sinn und Zweck, wenn sie der eigenen Bevölkerung nützlich ist. Außenpolitisches Handeln hat dann einen Sinn, wenn dadurch Maßstäbe vorgegeben werden und dadurch der Denk- und Anspruchshorizont erweitert wird. Das sollte die Gesamteigenschaft einer Gesellschaft sein. Wenn das gelingt, dann führt es zur Offenheit für Friedensbewegungen, zu Offenheit gegenüber Diskriminierungen – letztlich zu einer umfassenden humanitären Offenheit. Das ist mein Leitmotiv.«[169] Eine Politik mit Ansprüchen.

Der Rücktritt

Anfang des Jahres 1997 legte sich Bundeskanzler Franz Vranitzky in einem Vortrag vor der liechtensteinischen Regierungspartei »Vaterländische Union« noch einmal für das europäische Friedensprojekt so richtig ins Zeug. »Europa braucht eine gemeinsame Sicherheitsarchitektur, deren Grundprinzip es ist, sich nicht an fremden Kriegen zu beteiligen und bei der Durchsetzung nationaler Interessen auf Gewalt zu verzichten.« Dabei orientierte er sich stark an den Grundsätzen der österreichischen Neutralität und verlangte »ein Zusammenrücken der einzelnen Sicherheitsinstitutionen – UNO, OSZE, Europarat, EU und NATO«. Diese europäische Sicherheitsarchitektur sollte wegen der reduzierten militärischen Bedrohung nicht die Gestalt eines Militärbündnisses annehmen, sondern »sehr flexible Strukturen aufweisen, sodass für große und kleine Staaten vielfältige Sicherheits- und Partizipationsstrategien möglich sind«. Russland müsse in diese Sicherheitsstruktur eingebunden werden, denn: »Sicherheit in Europa kann es nicht gegen und nicht ohne Russland geben«, betonte der Bundeskanzler bei seinem Vortrag vor Liechtensteins Bürgern.[170]

In dem Vortrag ging er auch auf die zweijährige EU-Mitgliedschaft Österreichs ein und bilanzierte die Zugehörigkeit zur Europäischen Union positiv: Die Exporte in die EU waren um 13,8 Prozent gestiegen, die Importe um 11,1 Prozent. Der Wirtschaftsstandort Österreich hatte an Attraktivität gewonnen, die Verbraucherpreise waren niedrig. In der Beschäftigungspolitik war allerdings noch eine bessere Koordination zwischen den Mitgliedsländern erforderlich, um die hohe Zahl von achtzehn Millionen Arbeitslosen abzubauen.

Niemand ahnte zu diesem Zeitpunkt, was Franz Vranitzky schon seit Monaten beschäftigte: sein Rückzug von der Spitze der Regierungspolitik. Auch wenn zuletzt immer wieder von »Koalitionskrise« die Rede war, weil die ÖVP im Zuge des Verkaufs der Creditanstalt mit einer Zusammenarbeit mit der FPÖ drohte, waren die Koalitionspartner bereit, nach der Bewältigung des Verkaufs der Creditanstalt an die Bank Austria einen neuen Anlauf zu nehmen. Große Vorhaben standen an: das Doppelbudget für die Jahre 1998 und 1999, neue Arbeitszeitregelungen sowie die Planungen und Vorbereitungen für die erste EU-Präsidentschaft im zweiten Halbjahr 1998.

Am Samstag, dem 18. Jänner 1997, ging es dann Schlag auf Schlag. Medien waren alarmiert, weil eiligst eine außerordentliche Sitzung des SPÖ-Präsidiums einberufen worden war. Die Gerüchte um einen unmittelbar bevorstehenden Rücktritt von Bundeskanzler Franz Vranitzky verbreiteten sich wie ein Lauffeuer. Auch das SPÖ-Regierungsteam sollte umgebildet werden. Davon berichteten österreichische Tageszeitungen in ihren Samstagsausgaben.

Lange Zeit hatte es kein Nach-außen-Dringen von Rückzugsplänen gegeben. Nur wenige in der Partei (seine Stellvertreter im Bundesparteivorstand, die Landesparteivorsitzenden sowie der

Wien, 18. Jänner 1997: Nach seinem überraschenden Rücktritt als
Bundeskanzler und SPÖ-Vorsitzender stellt sich Franz Vranitzky den
Fragen der Journalisten

ÖGB-Präsident und die sozialdemokratische Gewerkschaftsfrak-
tion) waren in Vranitzkys Überlegungen eingeweiht. Umso heftiger
reagierte Partei-Vize, Nationalratspräsident Heinz Fischer, als er
Samstagvormittag auf die sich verdichtenden Gerüchte angesprochen wurde. Diese seien nichts weiter als »Geschwätzigkeit und
Wichtigtuerei«. Die Information war durchgesickert, und das von
höchster Stelle. Von den SPÖ-Funktionären forderte Fischer mehr
Verschwiegenheit. Dies müsse gegeben sein, »wenn wir Entscheidungen ordentlich durchdenken wollen«.[171] Der Satz war verräte-
risch. »Entscheidungen ordentlich durchdenken«, damit bestätigte
er Entscheidungen, die einen Rücktritt des Bundeskanzlers in den
Raum stellten.

Noch am selben Tag legte Franz Vranitzky sein Amt zurück. Dabei war er von niemandem gedrängt worden. Er ging am Höhepunkt seiner Macht, ein nicht nur in Österreich seltener Fall von Abgang zum richtigen Zeitpunkt. Über die Gründe für seinen Rücktritt als Bundeskanzler und kurz danach auch als Parteivorsitzender der SPÖ wurde viel spekuliert. Vranitzky erklärte seinen sorgfältig vorbereiteten Schritt, von dem er auch den Koalitionspartner und den Bundespräsidenten vorab informiert hatte, so: »Ich hielt die Zeit für gekommen, die Verantwortung in jüngere Hände zu legen. Mein Kalkül war, dass der Nachfolger [Viktor Klima, Anm.] eine halbe Legislaturperiode Zeit haben sollte, sich für die nächste Wahl zu positionieren« (die Nationalratswahl fand im Herbst 1999 statt). Nach mehr als einem Jahrzehnt an der Spitze der Regierung fand Vranitzky einen personellen Wechsel für angebracht, weil die zunehmende Personifizierung in der Politik auch nach neuen Gesichtern verlangte. In seiner Abschluss-Pressekonferenz als Bundeskanzler am 19. Jänner 1997, in der Vranitzky völlig entspannt und zufrieden wirkte, unterstrich er nochmals, dass er »weder müde noch amtsmüde« sei, sondern es einfach richtig finde, »das Amt in jüngere Hände zu legen«.[172]

Befragt nach seinen größten Erfolgen, zählte Franz Vranitzky den EU-Beitritt Österreichs auf, der zu Strukturveränderungen in Wirtschaft und Industrie geführt hatte, die 300.000 bis 400.000 neue Arbeitsplätze gebracht hatten. Das Verhältnis Österreichs zu seiner jüngeren Vergangenheit (Waldheim-Affäre) nannte er einen »Quantensprung« in Richtung »selbstverständlicher Normalität« im Umgang mit der Geschichte. Als Erfolg wertete er auch, dass er einen Alleingang Österreichs bei der diplomatischen Anerkennung Sloweniens und Kroatiens, den die ÖVP unbedingt wollte, verhindert hatte. Denn dazu gab es lange keine einheitliche Meinung der EU.

Offen sprach er auch über die größten Rückschläge während seiner Amtszeit, die zwei Ereignisse markieren: die Niederlagen bei der Nationalratswahl im Oktober 1994 und bei der Wahl zum Europäischen Parlament im Herbst 1996.[173]

Als »anstrengende Zeit« für Österreichs Innen- und Außenpolitik bezeichnete er die Amtszeit von Kurt Waldheim als Bundespräsident.[174]

Internationale Reaktionen

Der überraschende Rücktritt von Bundeskanzler Franz Vranitzky sorgte nicht nur in Österreich, sondern international für Schlagzeilen. Zustimmung gab es in so gut wie allen Medien in Bezug auf den »guten Zeitpunkt« des Rücktrittes. »Ein Staatsmann geht«, schrieb die *Wiener Zeitung*. »Im Moment geht eine Ära zu Ende. Franz Vranitzky sorgte für einen ruhigen Wechsel und eine geordnete Übergabe«, notierte die *Kleine Zeitung*. Der *Kurier* hob Vranitzkys »klare Haltung zur NS-Zeit« hervor, aber gleichzeitig musste der Kanzler zusehen, »wie der Waffen-SS-Anbeter [Jörg Haider, Anm.] auf 30 Prozent kam«. Und die *Kronen Zeitung* spekulierte, ob Vranitzky nicht als Bundespräsident antreten oder gar als Kommissionspräsident nach Brüssel wechseln wollte.[175] Die Bewertung der Ära Vranitzky in der Tageszeitung *Die Presse* fiel kritisch aus. »Das gilt für die Wirtschafts- und Außenpolitik, für den Zustand der SPÖ sowie auch für die von Vranitzky geführte Koalition. Außer einem sozialdemokratischen Machterhalt und dem EU-Beitritt fällt im Vergleich Vorher – Nachher nicht viel zugunsten Vranitzkys aus. [...] Dafür ist ihm die Regie seines Rücktritts mit ästhetischer Brillanz geglückt.«[176]

Die britische *Financial Times* kam zu völlig anderen Schlussfolgerungen als die Wiener *Presse*. Österreich habe in der Zeit Franz Vranitzkys nach Krisen in der Verstaatlichten Industrie und einem Image-Verlust durch die Wahl Kurt Waldheims zum

Bundespräsidenten seine »internationale Selbstachtung wiedergewonnen«[177], urteilte sie.

Deutschlands konservative Tageszeitung *Frankfurter Allgemeine* machte den Vranitzky-Rücktritt zum Aufmacher und analysierte, dass der Szenenwechsel in Österreich »niemandem schmerzlicher bewusst geworden ist als der österreichischen Volkspartei«. Im Zuge der CA-Privatisierung habe die ÖVP-Führung »Realitätsverlust« gezeigt. »Ohnehin musste es der gedemütigten ÖVP klar sein, dass es keine andere Möglichkeit gab, als in der Koalition mit den Sozialdemokraten zu bleiben.« So stehe nun »die ÖVP vor den Scherben ihrer Raffinesse«.[178]

Die amerikanische *Herald Tribune* hob hervor, dass Vranitzky versichert habe, »keine politischen Ämter mehr anzustreben«, und als Misserfolg eingeräumt habe, »den Anstieg der Popularität Jörg Haiders nicht verhindert zu haben«.[179]

Am 23. Jänner 1997 hatte der scheidende Bundeskanzler seinen letzten Auftritt im Parlament. In einer Rede, die gar nicht in der Tagesordnung eingeplant war, verabschiedete sich Franz Vranitzky von allen Abgeordneten des Nationalrates – und reichte Jörg Haider höflich die Hand.

OSZE-Krisenmanager in Albanien

Das Leben nach der Politik wurde für Kreta-Fan Franz Vranitzky nicht langweilig, umso mehr, als er gleich am 4. März 1997 zum OSZE-Sonderbeauftragten und Friedensstifter für Albanien ernannt wurde. In dem Balkanland waren schwere Unruhen mit Hunderten Toten ausgebrochen. Grund genug für die Organisation für Sicherheit und Zusammenarbeit in Europa, einzugreifen, Bürgerkriegszustände zu beenden und gemäß den OSZE-Regeln die Einhaltung demokratiepolitischer und rechtsstaatlicher Prinzipien – wenn nötig auch von außen – zu bewirken.

Die Situation in Albanien eskalierte, als die Regierung von Präsident Sali Berisha, dem ehemaligen Leibarzt von Diktator Enver

Als Sonderbeauftragter der OSZE für Albanien war Franz Vranitzky ein
erfolgreicher Krisenmanager

Hodscha, kriminelle Finanzanlage-Firmen protegierte und die
Ersparnisse der ärmsten Europäer in ihre Pyramiden flossen. Die
Pyramiden stürzten ein und aus gutgläubigen Shareholdern wurden
rasende Gunholder. Wochenlange gewaltsame Auseinandersetzungen führten zu einer weitgehenden Auflösung staatlicher Strukturen.
Im Süden des Landes formierten sich Aufständische und forderten
das Geld zurück sowie den Rücktritt Berishas. So in die Defensive
geraten, hatte der Präsident der Demokratischen Partei, die politisch rechtskonservativ positioniert ist, mit der Führung der Sozialistischen Partei eine Übergangsregierung gebildet. Berisha durfte bis
zu den Neuwahlen, die innerhalb von zwei Monaten durchgeführt
werden sollten, Präsident bleiben. Doch die Unruhen gingen weiter.
    Angesichts der ausweglosen Lage schritt die OSZE mit Franz
Vranitzky ein. Wenige Tage nach seiner Ernennung brach er zu
einer eintägigen Mission nach Tirana, der albanischen Hauptstadt,

auf. Eine weitere Reise scheiterte wegen der Verschärfung der Lage. Der Flughafen von Tirana war für den zivilen Luftverkehr geschlossen, Ausländer wurden in dramatischen Rettungsaktionen evakuiert. Auf einem italienischen Kriegsschiff vor der albanischen Küste musste der OSZE-Sonderbeauftragte den neuen albanischen Premier Bashkim Fino sowie Vertreter des aufständischen »Bürgerkomitees« mehrerer Städte treffen. Franz Vranitzky rief zur Entsendung einer »internationalen Einsatztruppe« der »Koalition der Willigen« auf, um Albanien zu stabilisieren und Wahlen zu ermöglichen. Am 27. März 1997 billigte der Ständige Rat der OSZE den von Vranitzky geforderten Einsatz – allerdings nur unter Einbindung der UNO, was dem Anliegen Vranitzkys entgegenkam. Schon am nächsten Tag stimmte der UNO-Sicherheitsrat der Albanien-Mission zu und erteilte ein auf drei Monate befristetes Mandat. Innerhalb dieser Zeitvorgabe musste das Land zur Ruhe kommen und mussten freie Wahlen durchgeführt werden.

Unterdessen flüchteten Tausende Albaner per Schiff in das nahe gelegene Süditalien, mehr als hundert Menschen verloren dabei ihr Leben.

Anfang April verhandelte Vranitzky abwechselnd in Rom und Athen die Einzelheiten des Militäreinsatzes unter der Federführung Italiens aus. Bei einem Runden Tisch in Griechenland mit Ministerpräsident Costas Simitis, Albaniens Premier Fino und dem niederländischen Außenminister Hans Van Mierlo als amtierendem EU-Ratsvorsitzenden wurde nach langem Hin und Her eine Arbeitsteilung der internationalen Aktivitäten vereinbart. Die Gespräche waren »extrem problembeladen. Aber es gelang«, erinnert sich Franz Vranitzky.[180] Dafür war auch seine gesamte Erfahrung und Autorität als ehemaliger Regierungschef notwendig, die er in diese Verhandlungen einbrachte. Die EU war für die humanitäre Hilfe zuständig, die OSZE für die Vorbereitung der geplanten Neuwahlen Ende Juni des Jahres sowie für die Militärtruppe, die die Hilfslieferungen schützte. Franz Vranitzky koordinierte als OSZE-Beauftragter die gesamte Operation. Am 11. April installierte er den österreichischen Spitzendiplomaten Herbert Grubmayr als OSZE-Koordinator vor Ort. Grubmayrs Aufgabe war es, die Aktionen der EU, der OSZE und der Schutztruppe von Tirana aus zu koordinieren.

Die OSZE und Franz Vranitzky als ihr Sonderbeauftragter standen enorm unter Druck. Nach der kläglichen Rolle, die Europa bei der Konfliktbeilegung in Ex-Jugoslawien gespielt hatte, wollten die Europäer nun in Albanien ihre Handlungsfähigkeit unter Beweis stellen und mit ihrer multinationalen Schutztruppe das kleine Balkanland aus drohender Anarchie retten sowie stabile demokratische Verhältnisse herstellen – und das innerhalb weniger Wochen.

Mitte April begann die erste Phase der »Operation Alba« (»Operation Morgengrauen«): Am 16. April 1997 landeten 1250 Soldaten in Albanien. Im Laufe der Operation wuchs die Zahl auf rund 7000 Soldaten an, die aus Italien, Frankreich, Spanien, der Türkei, Rumänien, Griechenland, Österreich und Dänemark kamen. Der Einsatz stand unter italienischer Führung. Die Mission hatte von der UNO den Auftrag, die Verteilung der humanitären Hilfsgüter zu sichern und die geordnete Durchführung von Neuwahlen zu ermöglichen.[181]

Franz Vranitzky war rund um die Uhr damit beschäftigt, mit den albanischen Vertretern der All-Parteien-Regierung die Infrastruktur für die Wahlen und eine internationale Wahlbeobachter-Mission vorzubereiten sowie allen Parteien einen freien Zugang zu den Medien zu ermöglichen. Gestritten wurde um den Wahltermin Ende Juni 1997 – Vranitzky setzte den 29. Juni als Wahltag durch –, um Details der Wahlvoraussetzungen und die Entwaffnung der Bevölkerung. Der amtierende Präsident Berisha, dessen Ansehen bei den Wählern rapide sank, stellte immer wieder neue Forderungen, um seine Macht zu erhalten.

Das Ergebnis der zeitlich begrenzten Albanien-Mission des ehemaligen Bundeskanzlers Franz Vranitzky ist eine diplomatische und politische Meisterleistung. Ihm gelang es innerhalb weniger Wochen, die bürgerkriegsähnlichen Auseinandersetzungen zu beenden sowie freie und faire Wahlen, die international beobachtet wurden, durchzusetzen. Franz Vranitzky hatte auch zustande gebracht, dass die internationale Gemeinschaft 1,3 Milliarden US-Dollar zur Verfügung stellte, um damit in erster Linie Infrastrukturvorhaben zu finanzieren.

Die Erfahrungen als langjähriger Regierungschef und die internationale Reputation halfen Franz Vranitzky, die OSZE-Mission – trotz schwieriger Voraussetzungen – erfolgreich zu beenden. Er musste sich im Minenfeld albanischer Politik bewegen, um einen Ausweg aus dem politischen und wirtschaftlichen Chaos zu finden. »Die Bedingungen, unter denen die Wahlen stattfanden, waren alles andere als ideal. Die politische Spannung blieb hoch und stieg mit dem Näherrücken des Wahltages noch an«, beschreibt Vranitzky die Lage.[182] Internationale Wahlbeobachter konnten sich nur mithilfe einer Militäreskorte bewegen. Am 29. Juni 1997 wurde schließlich gewählt, die Demokratische Partei von Berisha musste sich geschlagen geben, die Opposition gewann. Es kam zu einem Regierungswechsel unter Führung der Sozialistischen Partei. Für die Gewinner und Verlierer der Wahl bedeutete das, von da an alte Rivalitäten hintanzustellen und das politische Klima zu verbessern. Franz Vranitzky bezeichnete die Wahlen als »ersten Schritt« in einem langen Prozess des Aufbaus der demokratischen Institutionen und der Wirtschaft Albaniens. Der OSZE-Sonderbeauftragte verwies in seiner Wahlbeurteilung auch auf die »lange, dunkle Periode diktatorischer Herrschaft«, von der sich Albanien erst zu lösen und sich zur einer »selbstständigen parlamentarischen und rechtsstaatlichen Demokratie zu entwickeln« hatte, »die gut in die euro-atlantische Gemeinschaft integriert ist«.[183] Heute ist Franz Vranitzky davon überzeugt, dass es für Albanien günstiger gewesen wäre, die OSZE-Mission zu verlängern und mit einem starken Mandat auszustatten, um Stabilität, Sicherheit,

Demokratie und Rechtsstaatlichkeit zu stärken und dauerhaft zu gewährleisten.

Wo steht Albanien heute – ein Vierteljahrhundert nach dieser Mission Franz Vranitzkys? Seit 24. Juni 2014 ist Albanien offizieller Beitrittskandidat der EU, am 26. Juni 2018 stimmte die EU dem Beginn von Beitrittsverhandlungen zu[184], verhandelt wurde aber nicht, weil es Widerstand verschiedener Mitgliedsländer gab. Am 24. März 2020 kam es schließlich zu einer politischen Einigung über die Aufnahme von Beitrittsverhandlungen – gleichzeitig mit Nordmazedonien.[185] Doch Albanien muss weiterhin warten. Ende 2020 blockierten die Niederlande die Aufnahme von Verhandlungen, weil die Funktion des Verfassungsgerichtes nicht sichergestellt war und erst ein Mediengesetz umzusetzen wäre.

Eine stille Allianz aus Reformverweigerung und westlicher Erweiterungsmüdigkeit wird eine schnelle Integration Albaniens wohl noch Jahre verhindern.

6. RENDEZVOUS MIT KUNST UND KULTUR

»Es war ganz normal, dass ich mit Künstlern aus den verschiedensten Bereichen zusammengekommen bin. Es hat sich eine gute Atmosphäre ohne Anbiederung entwickelt. Die Künstler sind bei mir ein und aus gegangen.«
Franz Vranitzky

»Kunst nicht zu ermöglichen, wäre ein Delikt und würde dem Prinzip von Freiheit und Demokratie widersprechen.«
Franz Vranitzky

Am 28. Jänner 1987 hob Bundeskanzler Franz Vranitzky in seiner Regierungserklärung vor dem Nationalrat das Bekenntnis zum hohen Stellenwert der Kultur für den Staat hervor.[186] Das ist per se nichts Ungewöhnliches, für einen Bundeskanzler eines weltoffenen und liberalen Landes gehört dieses Bekenntnis wohl zum Pflichtprogramm.

Doch Franz Vranitzky wollte mehr: Es ging ihm um Kulturpolitik, die sowohl politische als auch demokratische Effekte produziert. Kulturpolitik sollte demnach die demokratischen Verhältnisse vertiefen und auf möglichst viele gesellschaftliche Bereiche ausweiten. Er wollte die Öffnung zu »kultureller Toleranz«, wie es Vranitzkys langjähriger Kabinettsmitarbeiter Andreas Mailath-Pokorny formulierte.[187] Franz Vranitzky wollte Österreich auch im Kunst- und Kulturbereich in Richtung eines modernen, offenen und auf die Zukunft ausgerichteten Landes führen.

Der Austausch mit Künstlern, die Schaffung von Rahmenbedingungen, die es Kunstschaffenden ermöglichten, unabhängig und frei zu arbeiten, sowie die gesellschaftliche und finanzielle Förderung von Kunst waren ihm nicht nur ein politisches, sondern auch ein persönliches Anliegen und keine bloße rhetorische Absichtserklärung.

Seine Strategie hieß Öffnung im Bereich der Kultur, aber auch im Bereich der Forschung, der Wissenschaft und der Wirtschaft. Das zeigte sich bereits wenige Monate nach seiner Angelobung zum Bundeskanzler, als sich Franz Vranitzky Anfang Mai 1987 für mehr »Extrovertiertheit« der österreichischen Kultur, der Wissenschaft und Wirtschaft aussprach. Die traditionelle Introvertiertheit wäre eine Schwäche des ansonsten leistungsfähigen Landes, betonte der Bundeskanzler. Für den gesamten Bereich der Wirtschaft konstatierte er auch einen »Nachholbedarf in der Rückkoppelung zwischen Forschung, Entwicklung und Produktion«.

Verbunden mit dem Auftrag, eine offensive Präsentation der Bereiche Kultur, Wissenschaft und Wirtschaft nach außen zu betreiben, war es für den Bundeskanzler auch selbstverständlich, neue, innovative Wege in der Darstellung derselben zu gehen und dafür auch Geld in die Hand zu nehmen.

Bei der Vorstellung einer Österreich-Studie des amerikanischen »Aspen Institute for Humanistic Studies« gemeinsam mit der »Zentralsparkasse und Kommerzialbank Wien« verwendete der Bundeskanzler erstmals den Begriff »Extrovertiertheit«.[188] Quintessenz dieser Studie war aber auch die Feststellung, dass sich Österreich durchaus mit Optimismus den Herausforderungen stellen könne. Wichtig seien jedoch Offenheit und Mut, die Pflege internationaler Beziehungen, die Hinwendung zu den Weltmärkten sowie mehr Risikofreude und Mobilität.

Kunst- und Kulturförderung und das damit verbundene Ziel einer Demokratisierung der Gesellschaft haben aber ihren Preis, was gerade Franz Vranitzky, dem ehemaligen Bankmanager, sehr wohl bewusst war. Das implizierte natürlich die Frage nach den Förderkriterien in den Bereichen Kunst und Kultur. Den Bereich Kultur wertete er im Jahr 1988 mit zusätzlichen 80 Millionen Schilling auf. Das waren nahezu 20 Prozent mehr Mittel als noch im Jahr 1987. Budget-Experten sprachen von einer hohen Summe im Vergleich mit den anderen Ressorts, die Einsparungen hinnehmen mussten. Als besonderes Ziel für die Kunst- und Kulturpolitik nannte Bundeskanzler Vranitzky das Setzen neuer Impulse für die zeitgenössische Kunst und eine verstärkte Präsentation heimischer Kunst im Ausland als eine besondere Botschaft des Landes. Darin unterstützte ihn auch sein Berater und späterer Minister für Unterricht und Kunst, Rudolf Scholten. Beide trieben die öffentliche Diskussion über moderne Kunst voran, nicht nur als Ausdrucksform, sondern als Beitrag zu einer aufgeschlossenen Gesellschaft.

Abendliche Gesprächsrunde mit Künstlern

Der Bundeskanzler suchte den engen Kontakt und das Gespräch mit Künstlern. Dabei ging es ihm nicht um Publicity. Franz Vranitzky ging nicht zu Premieren und Premierenfeiern, zu Vernissagen und spektakulären Konzerten, um gesehen zu werden. Zu erfahren, was Künstler denken und was sie erwarten, sich mit ihnen auszutauschen, das war sein Anliegen.

Gerne erinnert er sich noch heute an eine persönliche Begegnung mit österreichischen Künstlern in der Akademie für angewandte Kunst, heute Universität für angewandte Kunst Wien. Der Einladung zu einer abendlichen Gesprächsrunde folgten in erster Linie Vertreter der darstellenden Kunst. Andreas Mailath-Pokorny, zuständig für Kunst- und Kulturfragen im Büro des Bundeskanzlers, organisierte das Treffen in der Akademie. Künstler wie Adolf Frohner und Hermann Nitsch fanden sich am Oskar-Kokoschka-Platz ein. Auch drei bedeutende Vertreter der Wiener Schule des Phantastischen Realismus, Rudolf Hausner, Wolfgang Hutter und Anton Lehmden, nahmen teil. Insgesamt waren rund zehn Künstler anwesend. Bei dem Treffen ging es um das Thema »Kunstförderung durch die Politik«. »Es gab eine lebendige Diskussion«, erinnert sich Franz Vranitzky. Alle Anwesenden kamen zu Wort und äußerten ihre Meinung. Nur einer schwieg den ganzen Abend lang: Hermann

Nitsch. Erst am Ende des Treffens, als schon alle aufgestanden waren, fragte er mit tiefer Stimme: »Herr Bundeskanzler, wissen Sie, wie Sie uns am besten helfen können?« Ohne eine Antwort des Kanzlers abzuwarten, beantwortete er selbst die Frage: »Sie helfen uns, indem Sie uns einfach in Ruhe lassen.«

»Einverstanden«, erwiderte Franz Vranitzky ganz spontan. Dann legte der Bundeskanzler mit der Frage nach: »Aber wie lasse ich euch am besten in Ruhe?« – Sofort kam es zu einem heftigen Meinungsaustausch, Hermann Nitsch musste sich einiges von seinen Künstlerkollegen anhören und Widerspruch hinnehmen. Außer Nitsch wollte keiner der anderen Künstler in Ruhe gelassen werden, sie suchten die Auseinandersetzung mit der Politik, Förderkriterien waren ihnen nicht egal. Für viele der bildenden Künstler waren Kunst- und Kulturförderungen unverzichtbar, sie brauchten die finanzielle Unterstützung, um leben und sich entfalten zu können.

Franz Vranitzky hatte auch regelmäßig Kontakt zu international bekannten Architekten. Hans Hollein, Wilhelm Holzbauer, Heinz Neumann besuchten den Kanzler immer wieder. Auch Sänger und Schauspieler gehörten zum Kreis jener, mit denen er gerne diskutierte. »Es war ganz normal, dass ich mit Künstlern aus den verschiedensten Bereichen zusammengekommen bin. Es hat sich eine gute Atmosphäre ohne Anbiederung entwickelt. Die Künstler sind bei mir ein und aus gegangen«, erzählt Franz Vranitzky.

Der Bundeskanzler war ein Kämpfer für die Akzeptanz radikaler und provokanter Kunst. Im Jahr 1989 eröffnete er die erste gemeinsame Ausstellung des Wiener Aktionismus auf der documenta in Kassel. Auf der Frankfurter Buchmesse wurde die österreichische Literatur gewürdigt und ins internationale Rampenlicht gestellt. Das Museum für Angewandte Kunst (MAK) erhielt vom Council of Europe in Straßburg 1996 den Europäischen Museumspreis. Die aus dem Südkärntner Bleiburg/Pliberk stammende Künstlerin Kiki Kogelnik (1935–1997), die lange Zeit in New York gelebt und gearbeitet hatte, wies Mitte der 1990er-Jahre in einem Aufsatz darauf hin, wie positiv sich die Haltung gegenüber zeitgenössischer Kunst in Österreich unter der Regierungszeit von Bundeskanzler Franz Vranitzky verändert hatte.

Zum ersten Opernball-Besuch als Bundeskanzler im Februar 1987 war der deutsche Schauspieler Gert Voss, Ensemblemitglied des Wiener Burgtheaters und Kammerschauspieler, als Ehrengast in Franz Vranitzkys Loge geladen. Mit der Kammerschauspielerin und Doyenne des Wiener Burgtheaters, Elisabeth Orth, ist Franz Vranitzky bis heute in Verbindung. »Wenn Elisabeth Orth hierher ins Kreisky Forum kommt, dann ist es so, als ob sich zwei alte Freunde treffen würden.« Franz Vranitzky hebt auch immer wieder die Leistungen von André Heller und Erika Pluhar hervor. Von ihr stammt die Aussage, »Vranitzky war ein Kanzler, unter dem ich gerne Österreicherin war«.[189]

Die Bilder im Büro des Bundeskanzlers

Werke angesehener und heute weltbekannter österreichischer Künstlerinnen und Künstler schmückten das Arbeitszimmer von Bundeskanzler Vranitzky. Es waren Leihbilder, die für die Dauer der Amtszeit übergeben worden waren.

Ein Werk hatte besondere politische Bedeutung für den Kanzler. Es war ein Bild der in Kärnten geborenen Künstlerin Maria Lassnig, deren Bilder heute in den großen Museen der Welt zu finden sind und bei internationalen Ausstellungen gezeigt werden. Das Gemälde von Lassnig trägt den Titel »1938« und stellt einen Juden dar, der die Straße wäscht. Dieses Bild des »straßenwaschenden Juden«, auch bekannt unter der Bezeichnung »Reibpartie«, ist das ikonische Bildmotiv systematischer antisemitischer Erniedrigung durch die Nationalsozialisten im Jahr 1938, dem Jahr des »Anschlusses« Österreichs an Nazideutschland. Das Motiv wurde Jahrzehnte später in unterschiedlichen Gestaltungsformen von der bildenden Kunst, von Film und Theater aufgenommen und reproduziert, unter anderem eben auch von Maria Lassnig. Der »straßenwaschende Jude« ist auch Teil des Mahnmals gegen Krieg und Faschismus von Alfred Hrdlicka zwischen Albertina und Staatsoper. Der Bildhauer war in den ersten Jahren der Amtszeit Bundeskanzler Franz Vranitzkys häufig Gast im Büro des Regierungschefs. Die Auseinandersetzung mit Hrdlickas Werk und seiner Person als Künstler hat den Kanzler fasziniert und zu heftigen Diskussionen angeregt. »Alfred Hrdlicka kam mit der immer gleichen Botschaft zu mir: ›Der Waldheim muss weg‹, wiederholte er unermüdlich«, erzählt Franz Vranitzky in einem unserer Gespräche.

Im Jahr 1988 ließ sich der Bundeskanzler in seinem Arbeitszimmer vor dem Bild »1938« ablichten, um die »Verpflichtung zum entschiedenen Auftreten gegen Antisemitismus und andere Diskriminierungen« zu unterstreichen.

Als Franz Vranitzky Bundeskanzler wurde, war es für ihn keine Frage, sein Büro dort einzurichten, von wo aus auch Bruno Kreisky das Land mehr als dreizehn Jahre lang gelenkt hatte. Kreisky bezeichnete sein Arbeitszimmer, das er wegen der Innenausstattung nicht sonderlich mochte, als »Zigarrenkistl«, wie er in Interviews immer wieder erklärte. Dabei handelt es sich um einen mit dunklem Holz getäfelten Raum, der etwas düster und geheimnisvoll auf seine Besucher wirkt. Das Zimmer war nach dem Zweiten Weltkrieg vom Architekten und Designer Oswald Haerdtl – dem damaligen Geschmack entsprechend – gestaltet worden. Danach wurde es immer wieder adaptiert. So hatte Bundeskanzler Fred Sinowatz die hohen Spiegel mit schweren Vorhängen verdecken lassen. Franz Vranitzky ließ die Vorhänge nach seinem Einzug in das Büro um der Originalität willen wieder entfernen.

Das Büro verschiedener Regierungschefs wurde über all die Jahre »Kanzlerzimmer« genannt. 2007 in »Kreisky-Zimmer« umbenannt, wird der Raum seit dem Regierungsantritt von Sebastian Kurz im Jahr 2017 wieder als Büro des Bundeskanzlers genutzt.

In unserem Gespräch über Kunst und Kunstgeschmack fällt Franz Vranitzky noch eine Anekdote ein: Am Samstagvormittag, wenn kaum jemand im Kanzleramt arbeitete und die Räume besichtigt werden konnten, kamen oft Gruppen aus den Bundesländern nach Wien, um den Amtssitz der Regierung zu besuchen. Wann immer es dem Bundeskanzler möglich war, kam er ins Büro und begrüßte die Gäste persönlich. Er führte sie auch durch sein Arbeitszimmer und beantwortete die Fragen der Besucher. »Bei manchen war das Erstaunen groß, wenn sie das Bild von Maria Lassnig und andere Werke sahen«, erinnert sich Vranitzky. Eine Dame rief empört aus: »Herr Bundeskanzler, Sie haben ein schönes Arbeitszimmer, alles sieht so großartig aus, aber die Bilder sind schiach!« Ein anderer Besucher bezeichnete die Bilder gar als »sauschiach«. »Es waren nicht nur freundliche Bemerkungen, die ich gehört habe«, erzählt Franz Vranitzky Jahre später.

Die Kulturnation steht in Flammen und Franz Vranitzky sagt: »Auch ich bin für Claus Peymann«

Am 4. November 1988 wurde das Drama »Heldenplatz« von Thomas Bernhard am Wiener Burgtheater uraufgeführt. Das Haus am Ring führte damals Claus Peymann, ein im deutschsprachigen Raum umstrittener, aber kreativer Theaterdirektor. Er war auch für die Regie der »Heldenplatz«-Aufführung verantwortlich. Der Skandal blieb nicht aus. Viele Premierenbesucher reagierten aufgebracht und wütend. Für sie war die Inszenierung eine einzige ungerechte »Österreich-Beschimpfung«. Diesem Urteil schlossen sich Medien, Politiker und auch viele Bürger an, die das Stück nicht gesehen hatten. Kritiker erregten sich über Aussagen, die Thomas Bernhard dem jüdischen Professor Robert Schuster in den Mund gelegt hatte. Der Professor, der auch fünfzig Jahre nach der Flucht nach England noch traumatisiert ist, sieht in jedem Österreicher einen Nazi. Nach allem, was passiert und ihm persönlich widerfahren ist, kann man Robert Schuster das nicht verdenken.

»Sechseinhalb Millionen Debile und Alleingelassene« seien die Österreicher, die Sozialisten seien die »Totengräber des Staates«, die Roten und die Schwarzen spielten den Nazis in die Hände: Sätze wie diese aus Thomas Bernhards »Heldenplatz« im Jahr 1988, just zum 100. Geburtstag des Hauses am Ring und fünfzig Jahre nach dem NS-Einmarsch uraufgeführt, wühlten die Österreicher auf.

Auch ÖVP-Vizekanzler Alois Mock war empört und fand es »inakzeptabel, diese Aufführung am Burgtheater mit Steuergeld zu finanzieren«, wie er in Zeitungsinterviews nach der Premiere erklärte. Bundespräsident Kurt Waldheim hakte nach, ebenso der kunstsinnige Politiker Erhard Busek (ÖVP). Sie alle sahen plötzlich die Freiheit der Kunst in Gefahr. Und der rechtspopulistische Chef der Freiheitlichen, Jörg Haider, nahm maliziös Anleihen bei Karl Kraus: »Hinaus mit dem Schuft«[190], rief er und meinte damit Theaterdirektor Claus Peymann. Das wünschten sich im Übrigen viele hochrangige Repräsentanten des Landes aus dem Bereich Kunst und Kultur vereint mit Boulevard-Medien und weiten Teilen der Öffentlichkeit. Sie alle wollten Claus Peymann, der 1986 an die »Burg« gekommen war, mit seiner Art, das Theater zu führen und die Öffentlichkeit zu provozieren, rasch loswerden. Zu dieser Ablehnung trugen auch seine Interviews in internationalen Medien bei, die das Land und auch das Ensemble in Aufruhr brachten und entzweiten.

Claus Peymann ging nicht, er blieb und behielt seine Funktion als Burgtheater-Direktor bis zum Jahr 1999, wo er sich nach Berlin verabschiedete. Doch wie war die dreizehnjährige Leitung des Burgtheaters durch Peymann, jenes Hauses, das im Jahr 1776 gegründet worden war und vielen bis heute als »Olymp des Schauspieltheaters deutscher Sprache« gilt, überhaupt möglich gewesen?

Es waren Bundeskanzler Franz Vranitzky und seine zuständigen Kunst- und Kulturbeauftragten im Kabinett und in der Regierung, die trotz heftiger Kritik an Peymann als Burgtheater-Direktor und erfolgreichem Theaterregisseur festhielten. Selbst den

Beschimpfungen aus dem Stück »Heldenplatz« gegenüber, die sich gegen den Bundeskanzler persönlich richteten, blieb Franz Vranitzky gelassen. In einer Peymann-Version, die an die Medien gelangte, wurde er als »Börsenspekulant« dargestellt. Souverän erwiderte der Kanzler: »Ich habe mich wegen der Bezeichnung ›Börsenspekulant‹ nicht aufgeregt, weil ich es nicht war.« Kurz vor der Uraufführung schrieb Claus Peymann den Text um: Er legte dem Bundeskanzler die Aussage in den Mund: »Wer eine Vision hat, der soll zum Arzt gehen.«

Franz Vranitzky wiederholt in unserem Gespräch, diesen Satz nie gesagt zu haben. Es war der ehemalige deutsche Bundeskanzler Helmut Schmidt, der ihn 1987 formuliert haben soll. Schmidt leugnete diese Aussage eines »pragmatischen Politikers« nicht, er relativierte den Satz später jedoch. Ein Politiker könne schließlich, wenn er sein Tun begründen müsse, nicht gleichzeitig große Philosophie liefern. Selbstredend müsse er aber auf philosophisch-ethischer Grundlage handeln – andernfalls laufe er Gefahr, in Opportunismus abzusinken oder gar zum Scharlatan zu werden.[191]

Franz Vranitzky, der die Aufführung von »Heldenplatz« im Burgtheater sah, nicht aber der Uraufführung beiwohnte, weil er beruflich verhindert war, sieht bis heute im Stück und in der Inszenierung »keinen Skandal«. Etwas »zu skandalisieren« sei eine »subjektive Werteinschätzung«. »Auch wenn ein Theaterstück provoziert, ist es Teil des Kulturschaffens eines Landes und zeugt von seiner kulturellen, aber auch demokratischen Reife«, stellt Franz Vranitzky in unserem Gespräch überzeugend fest[192], auch wenn er zugibt, dass er damals wegen Peymann »von vielen Kreisen der Bevölkerung heftig kritisiert« wurde.

Auch innerhalb der Partei gab es Protest. So forderte ein Teilnehmer bei einer SPÖ-Versammlung in Oberösterreich lautstark: »Du musst den Scholten entlassen, weil er für den Peymann ist.« Rudolf Scholten, ein prägender Kulturpolitiker Österreichs, war von 1986

bis 1988 wirtschafts- und kulturpolitischer Berater des Bundeskanzlers, später, von 1990 bis 1997, Minister für Kunstangelegenheiten.
Die Antwort Bundeskanzler Vranitzkys auf die Forderung des
Parteigenossen kam prompt, und er machte aus seiner Haltung kein
Hehl: »Auch ich bin für Claus Peymann.« Kurze Atempause. »Aber
dann sag es hier nicht so laut«, erwiderte der SPÖ-Funktionär. Das
ist ein Beispiel dafür, wie schnell Meinungsverschiedenheiten in der
Partei ausgetragen bzw. ausgebügelt wurden – oder immer noch
werden.

Franz Vranitzky musste sich viel harsche Kritik, aggressive Ablehnung und Vorurteile gegenüber Theaterdirektor Claus Peymann
anhören. Elternvertreter sprachen bei ihm vor und beschwerten sich,
Schüler nicht mehr ins Burgtheater schicken zu können, weil keine
Klassiker mehr gespielt würden – was nicht den Tatsachen entsprach:
William Shakespeare stand auf dem Programm. Schon damals war
der Umgang mit Fakten flexibel.

Ein anderes Beispiel, das Franz Vranitzky spontan einfällt: Eine
elegante ältere Dame stürmt in sein Büro und beschwert sich, wegen
Claus Peymann nicht mehr ins Burgtheater gehen zu können. Auf
die Frage des Bundeskanzlers, was sie zuletzt im Theater gesehen
habe, antwortet sie: »Ich war schon Jahre nicht mehr dort.«

Für Franz Vranitzky steht – trotz der damaligen Kritik, Empörung
und aller Widerstände – fest: »›Heldenplatz‹ war eine dramaturgische
Kritik an den politischen Verhältnissen, auch am Ballhausplatz und
seiner Besetzung. Aber ich bin froh, dass es Peymann gab. Er hat
frischen Wind gebracht. Wenn ich das sage, dann ist das noch eine
Untertreibung.«[193]

»Heldenplatz« war – trotz erhitzter Gemüter – ein Erfolg: 120 Vorstellungen wurden gegeben, und alle waren ausverkauft. Bernhards
Bühnenfiguren bezeichnete Peymann als »wahr«, wenn auch über-
spitzt. Auch die im Stück geäußerte Anklage gegenüber SPÖ und
ÖVP, »die neuen Nazis überhaupt erst ermöglicht zu haben«, sei »eine

intelligente, zugespitzte, aufklärerische Pointe«:»Die Tatsache, dass zum Beispiel durch die Große Koalition eine rechtsradikale Partei wie die FPÖ so erstarkt ist«, lasse solche polemischen Behauptungen zu, verteidigte sich Claus Peymann in einem Interview mit der *APA*. Aber schon vor der Uraufführung von »Heldenplatz« gab es Wirbel um Claus Peymann, und zwar im Juni 1988. Der Wiener Burgtheater-Direktor gab der Hamburger Wochenzeitung *Die Zeit* eines seiner merkwürdigen Interviews und lachte wahrscheinlich selbst am meisten über die damit ausgelöste Verwirrung in höchsten und allerhöchsten Salons. »Wie lange wollen Sie in Wien weitermachen?«, fragte die Wochenzeitung den verhaltensoriginellen Direktor, der von 1986 bis 1999 im Amt war: »Solange ich produktiv arbeiten kann. Wenn Sie wüssten, was für eine Scheiße ich hier erlebe! Man müsste dieses Theater von Christo verhüllen und abreißen lassen. Vielleicht schmeiße ich schon morgen alles hin. Beim österreichischen Bundeskanzler Vranitzky liegt gerade ein Rücktrittsgesuch ...«[194] Das stimmte allerdings nicht: Franz Vranitzky hat nie ein Kündigungsschreiben von Claus Peymann erhalten. Das und andere Auseinandersetzungen mit dem Burgtheater-Direktor hat der Bundeskanzler konsequent und überzeugend mit dem Hinweis auf »die Freiheit der Kunst und Kultur« akzeptiert.

Franz Vranitzky hatte auch ein Ohr für die Stars der Unterhaltungsbranche: Falco zum Beispiel, dessen Titel »Rock Me Amadeus« bis heute der einzige deutschsprachige Song ist, der es 1986 an die Spitze der US-Charts geschafft hat. Auch die Lieder von Udo Jürgens hörte der Bundeskanzler. »Auch diese Art der Kunst schätzte ich sehr.«

Auf Vranitzkys zahlreichen Auslandsreisen, die ja nicht nur außenpolitischen und wirtschaftlichen Kontakten dienten, war auch die Kultur immer ein fixer Begleiter. Als Instrument oder als »Türöffner« für geschäftliche Beziehungen sah er die Kultur keineswegs, als Teil der österreichischen Identität hingegen schon. Wenn der

Bundeskanzler in Begleitung der Wiener Philharmoniker zu einem Staatsbesuch nach China reiste und das weltbekannte Orchester in der Großen Halle des Volkes in Peking ein Konzert mit Stücken von Wolfgang Amadeus Mozart und Richard Strauss gab, war ein erfolgreicher und bejubelter Auftritt wahrscheinlich kein Nachteil für die folgenden politischen Gespräche mit der chinesischen Führung.

»Kunst nicht zu ermöglichen, wäre ein Delikt und würde dem Prinzip von Freiheit und Demokratie widersprechen«

Franz Vranitzky unterstreicht energisch, dass Kunst für ihn als Bundeskanzler »nicht dazu da war, um sich damit zu behübschen«. Dass es Kunst und Kultur gibt, darüber solle man »sich freuen und glücklich sein«. Kunst müsse aber auch die Möglichkeit haben, »sich zu entfalten« und »gesellschaftskritisch« zu sein. »Wenn man nicht blind ist, muss man diese Gesellschaftskritik ernst nehmen. Man darf sie nicht wegschieben. Die Politik hat Kunst zu fördern«, betont Franz Vranitzky in unserem Gespräch. Dabei verweist er explizit darauf, dass unter Kultur nicht nur »Don Giovanni«, »Die Zauberflöte« oder das »Neujahrskonzert« zu verstehen sind. »Das wäre ein Missverständnis.« Kunst sei die »Vielfalt, die von vielen Menschen verkörpert wird«. Kunst und Kultur – und das wiederholt Franz Vranitzky noch einmal – ist nicht nur die brillante Opernaufführung oder ein Konzert des Streichquartetts, also die »Hochkultur«, sondern auch der Kulturverein im großen Industriebetrieb, der Arbeitergesangsverein, die Blasmusik, das kleine Kellertheater oder die Straßenmusik. »Kunst ist dazu da, dass sich die Politik nicht nur für ein Genre entscheidet.« Politik dürfe sich »nicht rühmen, dass sie Kunst ermöglicht«. Denn: »Kunst nicht zu ermöglichen, wäre ein Delikt und würde dem Prinzip von Freiheit und Demokratie widersprechen.«

7. REDEN, DIE ÖSTERREICHS GESCHICHTSBEWUSSTSEIN VERÄNDERTEN

»Über eine moralische Mitverantwortung für Taten unserer Bürger können wir uns auch heute nicht hinwegsetzen.«
FRANZ VRANITZKY

Bundeskanzler Franz Vranitzky erklärte am 8. Juli 1991 vor dem Nationalrat: »Wir haben uns für die bösen Taten zu entschuldigen.« Damit meinte er Taten, die Österreicher im Naziregime Österreichern angetan haben.

Später erinnerte er daran, dass die Tatsache, dass »Faschismus, dass Rassismus, dass Unfreiheit nicht wieder und in nicht ganz anderen Kleidern als ehedem auftreten werden, niemand garantieren kann«. Franz Vranitzky betont das eindrücklich in seinem Memoiren-Buch »Politische Erinnerungen«, das im Jahr 2004 erschienen ist.[195] Nichts nimmt er davon in unseren Gesprächen zurück. Die Gefahr der Rückkehr alter Dämonen ist nicht gebannt. Alles kann passieren.

Rechtsextremismus, Antisemitismus und illiberale Tendenzen nehmen zu – weltweit, in Europa und in Österreich. Die Zahl der Meldungen über antisemitische Vorfälle steigt hierzulande seit Jahren. Noch nie seit Beginn der Dokumentation vor neunzehn Jahren wurden so viele antisemitische Fälle erfasst wie im Jahr 2020. Insgesamt dokumentierte die Israelitische Kultusgemeinde (IKG) 585 Vorfälle, um 6,4 Prozent mehr als im Vorjahr, wie aus dem am 26. April 2021 veröffentlichten Antisemitismus-Bericht hervorgeht.[196] Tatsächlich dürften es sogar noch mehr gewesen sein: Fast drei Viertel der antisemitischen Vorfälle werden einer Umfrage zufolge gar nicht erst gemeldet. Zudem flossen in den Bericht nur jene Vorfälle ein, die durch Experten der Antisemitismus-Meldestelle der IKG geprüft wurden. Auffallend ist der Anstieg der Gewalt: Elf physische Angriffe wurden verzeichnet, fast doppelt so viele wie 2019. Auch die Zahl der Bedrohungen stieg von achtzehn auf zweiundzwanzig.

Der überwiegende Teil der Meldungen (364 Fälle) bezog sich auf verletzendes Verhalten, also antisemitische Beschimpfungen, Kommentare oder Botschaften, sowohl verbal als auch schriftlich in Briefen oder Onlinemedien. Wobei bei Letzteren mehrere antisemitische Kommentare in derselben Online-Diskussion als einzelner Vorfall gezählt werden. 135 Meldungen, also knapp ein Viertel, wurden unter der Kategorie »Massenzuschriften« subsumiert – schriftliche Inhalte in Zeitungen oder auf Blogs oder Einträge in sozialen Netzwerken. 53 Vorfälle gehen auf Sachbeschädigungen zurück.

Besonders im November und Dezember 2020 wurden vermehrt antisemitische Vorfälle bekannt. Das »Wiederaufflammen der Proteste gegen die Corona-Maßnahmen hat zu einem markanten Anstieg« geführt, heißt es im Antisemitismus-Bericht. In diesem Zusammenhang tritt Antisemitismus vor allem in Form von Verschwörungsmythen, der Relativierung der Shoah auf – etwa indem der »Judenstern« benutzt wurde, um auf die vermeintliche Stigmatisierung der Protestierenden aufmerksam zu machen. »Speziell im Internet und auf vielen Demos wurden wüste antisemitische Lügen verbreitet«, sagte dazu IKG-Präsident Oskar Deutsch. »Aus solchen Worten kann sich ein Flächenbrand der Taten entwickeln, wenn man ihnen nicht entgegentritt«, warnte der IKG-Präsident. Im Zusammenhang mit Corona-Protesten habe man ein verstärktes Auftreten der organisierten rechtsextremen und neonazistischen Szene festgestellt, heißt es im Bericht. (Mit 229 konnte ein überwiegender Teil der Vorfälle rechter oder rechtsextremistischer Ideologie zugeordnet werden.) 87 waren links oder linksextrem motiviert, 74 Vorfälle wurden muslimischem Antisemitismus zugeordnet, 195 Fälle blieben undefiniert. Gleich fünf der elf physischen Angriffe wurden von muslimischen Tätern begangen. Neben Corona kennzeichne das »Aufflackern antisemitischer Gewalt« das Jahr 2020, stellt der

Bericht fest, der zwei Taten besonders hervorhebt: den Angriff auf den Präsidenten der jüdischen Gemeinde Graz sowie den islamistischen Terroranschlag am 2. November 2020 in Wien, bei dem davon auszugehen ist, dass auch die jüdische Gemeinde Ziel des Attentäters war. Dass kurz darauf noch ein Wiener Rabbiner angegriffen wurde, dem keiner der »zahlreichen Umstehenden« zu Hilfe kam, wertete die IKG als »besonders verstörend«.

So wie in Österreich gibt es in ganz Europa einen Anstieg antisemitischer, rassistischer und fremdenfeindlicher Vorfälle, was ein OSZE-Bericht im Jahr 2019 bestätigt.[197]

Welche Bedrohung für die Demokratie von Rechtsextremen und Verschwörungsgläubigen ausgeht, zeigte am 6. Jänner 2021 auch der Sturm von Anhängern Donald Trumps auf das Kapitol in Washington.

Beunruhigende Entwicklungen

Franz Vranitzky, den überzeugten Demokraten, beunruhigen diese Entwicklungen in höchstem Maße. Und das nicht erst jetzt. Sein ganzes Erwachsenenleben hat ihn die Frage beschäftigt, wie autoritäre Systeme, wie Faschismus, Rassismus und Antisemitismus – in der Vergangenheit wie auch in der Gegenwart – überhaupt entstehen konnten und können. Die Demokratie, so wie er sie versteht, ist für ihn »die Antithese zum Nationalsozialismus«, heute aber auch »die Antithese zu autoritären Regimen«. Darauf kommt Franz Vranitzky in unseren Gesprächen immer wieder zurück. Und er erzählt auch, dass er als Bundeskanzler lange nach einem richtigen Zeitpunkt gesucht hat, um aufklärende und grundsätzliche Worte betreffend Österreichs Rolle im Nationalsozialismus zu finden. Reflexionen über diese Frage als »Vergangenheitsbewältigung« zu bezeichnen, lehnt er als »nicht zutreffend« ab, er spricht lieber von »Aufarbeitung der Vergangenheit« oder von einer »zeitgeschichtlichen Korrektur«.[198]

So wurden Zeitpunkt und Inhalt seiner »Erklärung zum Nationalsozialismus«, die er als Bundeskanzler am 8. Juli 1991 vor dem Nationalrat abgab, sehr genau und bedachtsam gewählt. Aber auch der Zufall spielte Regie: Der Kärntner Landeshauptmann und FPÖ-Vorsitzende, Jörg Haider, äußerte kurz vor Vranitzkys Erklärung, dass es im Dritten Reich eine »ordentliche Beschäftigungspolitik« gegeben hätte. Haider richtete am 13. Juni 1991 im Kärntner Landtag folgenden Satz an die SPÖ-Abgeordneten: »Im Dritten Reich haben sie ordentliche Beschäftigungspolitik gemacht, was nicht einmal Ihre Regierung in Wien zusammenbringt.«

Diese Aussage nahm der Bundeskanzler zusätzlich zum Anlass, sich kritisch mit der Rolle Österreichs in der Zeit des Nationalsozialismus auseinanderzusetzen. Zum anderen fügte er seine als historisch zu bezeichnende Erklärung in eine lange Rede über die gewaltsamen Entwicklungen in Jugoslawien ein. Mit den Bestrebungen nach staatlicher Unabhängigkeit in Slowenien und Kroatien waren Entwicklungen verbunden, die zu Kriegen geführt hatten. ÖVP und FPÖ forderten eine rasche Anerkennung Sloweniens und Kroatiens als eigenständige Staaten. Dieses Zusammenspiel verschiedener Ereignisse und Entwicklungen war für Bundeskanzler Franz Vranitzky der Anlass, seine Erklärung zur Kriegsvergangenheit Österreichs abzugeben.

Als erster Spitzenpolitiker der Republik gestand Franz Vranitzky die Verantwortung und Mitschuld von Österreicherinnen und Österreichern an den Verbrechen des Naziregimes ein. Vranitzky sagte, nicht Österreich als Staat, »wohl aber Bürger dieses Landes« trügen Mitverantwortung für die NS-Gräuel. »Über eine moralische Mitverantwortung für Taten unserer Bürger können wir uns auch heute nicht hinwegsetzen.« Mit diesen klaren Worten entlarvte er die von offizieller Seite bis dahin vertretene These von Österreich als erstem Opfer der nationalsozialistischen Diktatur. Das gelang ihm durch seinen Mut, das auszusprechen, was jahrzehntelang kein Regierungschef vor ihm gewagt hatte.

Die Erklärung war rhetorisch und dialektisch perfekt aufgebaut und in die dramatische Situation eingebettet, in der sich Europa durch die kriegerischen Entwicklungen in Jugoslawien befand. Franz Vranitzky warnte davor, die Souveränitätsansprüche Sloweniens und Kroatiens überhastet zu erfüllen[199], leitete auf die Erfahrungen Österreichs über und darauf, was es bedeutete, die Unabhängigkeit und Eigenstaatlichkeit zu verlieren, wie es Österreich 1938 widerfahren war, und skizzierte schließlich den Ausblick auf eine neue politische Kultur in Europa. Wörtlich sagte er in seiner Erklärung:

»Wir erleben heute den Anbruch einer neuen Ära in Europa, eine einzigartige Zäsur zwischen dem, was dieser Kontinent noch gestern war, und dem, was er von nun an werden kann. Damit meine ich nicht nur das Ende der Konfrontation zwischen Ost und West, das Ende der Mauern und Stacheldrahtzäune. Es ist auch das Ende der letzten Diktaturen auf diesem Kontinent, die Überwindung auch des letzten Erbes einer Vergangenheit, in der so viel Unheil über die Völker Europas gebracht worden ist. Europa setzt neue Maßstäbe für sich selbst. Es sind die Maßstäbe der Freiheit und der Menschenrechte und der Demokratie, Maßstäbe für das Benehmen aller Regierungen ihren eigenen Völkern gegenüber und Maßstäbe für das Benehmen der Staaten untereinander. Alle europäischen Nationen haben das Ihre dazu beizutragen, um diese neue Ära Wirklichkeit werden zu lassen.

Daher ist es nicht zulässig, dass Zeiten, in denen eine Diktatur so viel Leid über die Menschen gebracht hat, eine Diktatur, zu deren Zielen von Anfang an Verfolgung und Krieg gehörten, dass auch nur irgendein Aspekt dieser Zeit von heutigen Trägern politischer Verantwortung in unserem Land positiv bewertet wird. [Was Franz Vranitzky in Anspielung auf die Äußerung Jörg Haiders bemerkte, Anm.]

Gerade wir in Österreich müssen wissen, was es geheißen hat, Unabhängigkeit und Eigenstaatlichkeit zu verlieren. Auch und gerade weil es nicht wenige Österreicher gab, die vom größeren Reich und seinen größeren wirtschaftlichen Möglichkeiten viel erwartet hatten. Doch im Namen dieses Reiches wurden Hunderttausende Österreicher eingekerkert, vertrieben oder ermordet, und mehr als 250 000 sind im Krieg umgekommen. Das war das Unheil, das die NS-Diktatur über unser Land gebracht hat. Viele haben Widerstand geleistet und dabei ihr Leben für Österreich gegeben. Aber wir dürfen auch nicht vergessen, dass es nicht wenige Österreicher gab, die im Namen dieses Regimes großes Leid über andere gebracht haben, die teilhatten an den Verfolgungen und Verbrechen dieses Reichs. Und gerade weil wir unsere eigene leidvolle Erfahrung in dieses neue Europa einbringen wollen, gerade weil wir in den letzten Tagen so eindringlich und nachdrücklich daran erinnert werden, was Unabhängigkeit und Eigenstaatlichkeit, Freiheit und Menschenrechte für kleine Völker bedeuten, gerade deshalb müssen wir uns auch zu der anderen Seite unserer Geschichte bekennen: zur Mitverantwortung für das Leid, das zwar nicht Österreich als Staat, wohl aber Bürger dieses Landes über andere Menschen und Völker gebracht haben.

Es ist unbestritten, dass Österreich im März 1938 Opfer einer militärischen Aggression mit furchtbaren Konsequenzen geworden war: Die unmittelbar einsetzende Verfolgung brachte Hunderttausende Menschen unseres Landes in Gefängnisse und Konzentrationslager, lieferte sie der Tötungsmaschinerie des Nazi-Regimes aus, zwang sie zu Flucht und Emigration. Hunderttausende fielen an den Fronten oder wurden von den Bomben erschlagen. Juden, Zigeuner, körperlich oder geistig Behinderte, Homosexuelle, Angehörige von Minderheiten, politisch oder religiös Andersdenkende – sie alle wurden Opfer einer entarteten Ideologie und eines damit verbundenen totalitären Machtanspruchs.

Dennoch haben auch viele Österreicher den Anschluss begrüßt, haben das nationalsozialistische Regime gestützt, haben es auf vielen

Ebenen der Hierarchie mitgetragen. Viele Österreicher waren an den Unterdrückungsmaßnahmen und Verfolgungen des Dritten Reichs beteiligt, zum Teil an prominenter Stelle.

Über eine moralische Mitverantwortung für Taten unserer Bürger können wir uns auch heute nicht hinwegsetzen. Vieles ist in den vergangenen Jahren geschehen, um, so gut dies möglich war, angerichteten Schaden wiedergutzumachen, angetanes Leid zu mildern. Vieles bleibt nach wie vor zu tun, und die Bundesregierung wird auch weiterhin alles in ihrer Macht Stehende unternehmen, um jenen zu helfen, die von den bisherigen Maßnahmen nicht oder nicht ausreichend erfasst oder bisher in ihren moralischen oder materiellen Ansprüchen nicht berücksichtigt wurden.

Wir bekennen uns zu allen Daten unserer Geschichte und zu den Taten aller Teile unseres Volkes, zu den guten wie zu den bösen; und so wie wir die guten für uns in Anspruch nehmen, haben wir uns für die bösen zu entschuldigen – bei den Überlebenden und bei den Nachkommen der Toten.

Dieses Bekenntnis haben österreichische Politiker immer wieder abgelegt. Ich möchte das heute ausdrücklich auch im Namen der österreichischen Bundesregierung tun; als Maßstab für das Verhältnis, das wir heute zu unserer Geschichte haben müssen, also als Maßstab für die politische Kultur in unserem Land, aber auch als unseren Beitrag zur neuen politischen Kultur in Europa.«[200]

Auf die Frage, ob diese Erklärung nicht viel früher hätte erfolgen sollen, zum Beispiel im Bedenkjahr 1988, wies Franz Vranitzky auf seine Rede in der Hofburg am 11. März 1988 hin, in der er bereits deutliche Worte gefunden hatte: »Man muss sich der Tatsache einer historischen Schuld stellen«, hatte er damals aus Anlass des 50. Jahrestages des »Anschlusses« gesagt.[201]

Bundeskanzler Vranitzky hatte damals vorsichtig gehandelt, weil die Waldheim-Debatte noch stark nachwirkte und er den Zweck einer so grundsätzlichen Rede über Österreichs Vergangenheit und

Zukunft nicht verfehlen wollte. Er war überzeugt davon, dass der Umbruch in Europa nach 1989, der Ausbruch des Krieges in Jugoslawien, der in den Zerfall des Landes und die Entstehung neuer, unabhängiger Staaten mündete, und Österreichs Bestrebungen, Mitglied der EU zu werden, die passende Gelegenheit waren, mit der Nazi-Vergangenheit des eigenen Landes aufzuräumen.

Durch den Einmarsch der jugoslawischen Volksarmee am 26. Juni 1991 in Slowenien – einen Tag nach dessen Unabhängigkeitserklärung – wurde ein neues Kapitel europäischer Geschichte aufgeschlagen.[202] Erstmals nach dem Ende des Zweiten Weltkrieges kam es wieder zu einem Krieg auf europäischem Boden, nämlich in Slowenien. Die Debatte im Nationalrat erfolgte einen Tag nach Ende des Krieges in Slowenien, der von 26. Juni bis 7. Juli 1991 gedauert hatte.[203] »Der Jugoslawien-Krieg und Haider mit seiner Aussage haben das stimmungsmäßige Umfeld für diese Rede geliefert«, sagt Franz Vranitzky heute.

Positive Reaktionen von allen Seiten

Bundeskanzler Franz Vranitzky bekam für seine Erklärung zu Österreichs Rolle im NS-Regime viel Zuspruch. Die Klubobmänner aller im Parlament vertretenen Parteien gaben positive Stellungnahmen ab. Auch vonseiten der Israelitischen Kultusgemeinde gab es Anerkennung. IKG-Präsident Paul Grosz begrüßte die Erklärung des Bundeskanzlers über das Unheil, das »die NS-Diktatur über unser Land gebracht hat«, und insbesondere das Bekenntnis zur »Mitverantwortung für das Leid, das zwar nicht Österreich als Staat, wohl aber Bürger dieses Landes über andere Menschen und Völker gebracht haben«. Die Erklärung würde in der IKG »als Wendepunkt in der Entwicklung einer politischen Kultur in Österreich« gesehen, hieß es. Sie sollte es »allen Parteien, aber auch allen Massenmedien in Zukunft unmöglich machen, eine Politik der antisemitischen Aufschaukelung zu betreiben«.[204] Grosz zeigte sich erfreut darüber, dass sich die Bundesregierung willens zeigte, »auch weiterhin alles in ihrer Macht Stehende [zu] unternehmen [...], um jenen zu helfen, die von den bisherigen Maßnahmen nicht oder nicht ausreichend erfasst wurden«. Damit sprach der IKG-Präsident das heikle und noch ungelöste Thema der Entschädigung von NS-Opfern an. Der Leiter des jüdischen Dokumentationsarchivs in Wien, Simon Wiesenthal, erklärte in einem ORF-Interview, dass er vier Jahrzehnte lang auf eine solche Erklärung gewartet habe. Er glaubte, »dass der Bundeskanzler in der Lage und wahrscheinlich auch des Willens sein [würde], um dieser Erklärung noch weitere und konkretere folgen zu lassen«[205].

Österreichische Medien verglichen die Erklärung des Bundeskanzlers mit der Rede des deutschen Bundespräsidenten Richard von Weizsäcker, der den 8. Mai 1945 als einen »Tag der Befreiung« bezeichnet hatte. Weizsäckers Rede vom 8. Mai 1985 vor dem Deutschen Bundestag gilt als ein Meilenstein in der öffentlichen Aufarbeitung der NS-Zeit in Deutschland (siehe dazu auch Kapitel 5, Seite 104). Weizsäcker hatte damals auch betont, dass der 8. Mai 1945 nicht vom 30. Jänner 1933, dem Tag der Machtergreifung Adolf Hitlers, zu trennen sei.

Die ehemalige *Arbeiter-Zeitung* betonte in ihrem Kommentar, dass die Worte Franz Vranitzkys in Zukunft noch an Gewicht gewinnen könnten – dann nämlich, wenn »sie auch zukünftiges Liebäugeln mit populistischen, ausländerfeindlichen, miefigen Biertischparolen unmöglich machen. Und wenn ihre Bedeutung durch eine eigene, jetzt durch jugoslawische Probleme unmöglich gemachte Parlamentsdebatte noch unterstrichen wird«.[206]

Ausführlich widmete sich die deutschsprachige israelische Tageszeitung *Israel-Nachrichten* in einer Analyse der Erklärung des Bundeskanzlers. »Die Lüge, nur Opfer gewesen zu sein, hat sich fast 50 Jahre lang gehalten. [...] Nun soll endlich nachgeholt werden, was so lange versäumt wurde«, heißt es unter Hinweis auf die längst erfolgten Schuldbekenntnisse von offizieller Seite in Deutschland. Und weiter: »Fast 50 Jahre haben sich die Österreicher getarnt. 1945 im Tohuwabohu Europas hatte sich die Legende gebildet, Österreich sei ein Opfer Nazi-Deutschlands gewesen. Es sei im März 1938 von der Deutschen Wehrmacht überfallen und zu allem, was dann kam, gezwungen worden. ›Wir konnten nicht anders …‹. Eine Lüge. Gewiss, es gab Opfer in Österreich (wie es sie auch in Deutschland gegeben hat). Aber es gab auch Täter, Mitmacher, Mitläufer, wilde Judenhasser. Die meisten Kommandanten von Konzentrationslagern waren Österreicher.«[207]

Symbolträchtiger Besuch von Jerusalems Bürgermeister Teddy Kollek im Oktober 1991 in Wien

Drei Monate nach der Grundsatzerklärung von Bundeskanzler Franz Vranitzky im Parlament kam der international bekannte und langjährige Jerusalemer Bürgermeister Teddy Kollek am 9. Oktober 1991 zu einem symbolträchtigen Besuch nach Wien. Hier hatte er mit seinen Eltern auch jahrelang gelebt.[208] 1935, drei Jahre vor dem »Anschluss« Österreichs an das Deutsche Reich, war die Familie nach Palästina ausgewandert, wo Teddy Kollek maßgeblich am Aufbau des israelischen Staates beteiligt war. Von 1965 bis 1993 hatte er das Amt des Bürgermeisters von Jerusalem inne. Seine Arbeit und sein Wirken wurden international gewürdigt. Kollek modernisierte die Stadt und bemühte sich um das friedliche Nebeneinander der Religionen in Jerusalem, das gute Zusammenleben zwischen Juden, Christen und Muslimen.

Als er in der Bundeshauptstadt ankam, erzählte er in einem Pressegespräch gegenüber Journalisten, dass er zu Wien in all den vergangenen Jahren »ein kompliziertes Verhältnis« gehabt habe. Durch das so wichtige Bekenntnis von Bundeskanzler Franz Vranitzky im Nationalrat zur Mitschuld von Österreichern am Holocaust sei es jetzt für ihn aber viel leichter als früher, nach Wien zu kommen. Lange

Jerusalems Bürgermeister Teddy Kollek zeigt seinem Freund Vranitzky
die Altstadt von Jerusalem

Zeit habe ihn »gar nichts« nach Wien gezogen. »Zweifel und negative
Beziehungen« hätten sein Verhältnis zur Stadt bestimmt. Erst der
Besuch des Wiener Bürgermeisters Helmut Zilk im Mai 1990 und
die Rede von Bundeskanzler Franz Vranitzky vor dem Nationalrat hätten »die ganze Sache umgewandelt«. Deshalb sei es für ihn
wieder »eine Freude, herzukommen«.[209] Hinter den Kulissen wurde
mit Teddy Kollek aber über viel mehr als über seine persönlichen
Beziehungen zu Österreich gesprochen. Es wurde über den Besuch
von Bundeskanzler Franz Vranitzky in Israel und sein Auftreten dort
verhandelt.

Die offizielle Einladung an Franz Vranitzky zu einem Besuch in
Israel überbrachte der israelische Außenminister Shimon Peres ein
Jahr später persönlich. Am 2. Dezember 1992 besuchte Peres Österreich – der erste Besuch eines israelischen Außenministers in Österreich seit neunzehn Jahren. Peres sprach von »einer neuen Seite« in
den gegenseitigen Beziehungen, die durch die Präsidentschaft Kurt

Waldheims schwer belastet gewesen waren. Israel hatte nach dem Amtsantritt von Waldheim keinen neuen Botschafter in Österreich mehr akkreditiert und auch Österreich war in Tel Aviv seit dem Frühjahr 1990 nur durch einen Geschäftsträger vertreten. Nach dem Amtsantritt von Bundespräsident Thomas Klestil im Juli 1992 wurden die Beziehungen wieder auf Botschafterebene hinaufgestuft.

Israel-Reise 1993:
Yitzhak Rabin begrüßt Franz Vranitzky »als Freund«

Monatelang wurde der Staatsbesuch Bundeskanzler Franz Vranitzkys in Israel in allen Details geplant. Am Dienstag, dem 8. Juni 1993, war es dann so weit: Der Bundeskanzler brach zu seiner viertägigen Reise nach Israel auf. Dabei wurde er von seiner Frau Christine, Unterrichtsminister Rudolf Scholten, einer beachtlichen Delegation von Beamten und Diplomaten sowie zahlreichen Medienvertretern begleitet. Es war der erste Besuch eines österreichischen Regierungschefs seit der Gründung des Staates Israel im Jahr 1948.

Vranitzkys Besuch in Israel kam nach einer Periode unterkühlter bilateraler Beziehungen zustande, die die Aussagen von FPÖ-Chef Jörg Haider sowie die intensiven Auseinandersetzungen um die Kriegsvergangenheit von Bundespräsident Kurt Waldheim ausgelöst hatten. Den Anstoß zur Reise des Bundeskanzlers und zur Verbesserung der Beziehungen hatte Vranitzkys Erklärung vor dem Nationalrat gegeben. Die Erwartungen Israels an den Besucher aus Österreich waren entsprechend groß. Franz Vranitzky begegnete dieser Herausforderung mit seiner persönlichen Überzeugung und seiner Haltung gegenüber Rassismus und Antisemitismus sowie seiner Rede an der Hebräischen Universität aus Anlass der Verleihung der Ehrendoktorwürde.

Dass Franz Vranitzky und seine Delegation willkommen waren, zeigte sich schon bei ihrer Ankunft in Israel. Der Bundeskanzler wurde von seinem Amtskollegen, Ministerpräsidenten Yitzhak Rabin,

Offizieller Staatsbesuch Franz Vranitzkys am 8. Juni 1993 in Israel: der
Bundeskanzler und der israelische Ministerpräsident Yitzhak Rabin (3. v. li.)

und dessen Frau Lea im Rosengarten seines Amtssitzes mit militä-
rischem Zeremoniell empfangen. »Wir betrachten Sie als Freund«,
erklärte Rabin bei der herzlichen Begrüßung seinem Gast aus Österreich gegenüber. Rabin sagte auch, dass er »keinen Zweifel« habe,
»dass der gegenwärtige Besuch des österreichischen Bundeskanzlers
zu einer Verbesserung und Verstärkung der bilateralen Beziehungen
führen« würde.[210] Er verschwieg aber auch nicht, dass die Beziehungen zwischen Österreich und Israel von Hochs und Tiefs geprägt
waren. Beide Länder hätten in ihrer gemeinsamen Geschichte harte
und bittere Tage erlebt, aus denen die notwendigen Konsequenzen
zu ziehen gewesen wären.

Bundeskanzler Franz Vranitzky betonte gegenüber Ministerpräsident Rabin, dass er den Besuch mit einem Gefühl der »Freude und
Erwartung« antrete. Er werde Österreich in Israel als »modernes,
stabiles und prosperierendes Land« präsentieren, »das sich von den
Schatten der Vergangenheit befreit hat, die Tod und unaussprechliches

Israel-Besuch im Juni 1993: Anlässlich seiner historischen Rede an der Hebräischen Universität von Jerusalem besucht Bundeskanzler Franz Vranitzky mit seiner Gattin Christine (re.) die Gedenkstätte Yad Vashem

Leid über so viele seiner jüdischen Bürger gebracht haben«, sagte Vranitzky bei der Begrüßung durch Yitzhak Rabin.[211] Ein wichtiges Ziel seiner Reise sehe er darin, die bilateralen Beziehungen »weiterzuentwickeln« und »Wege einer zukunftsorientierten Zusammenarbeit zu erörtern«. Nach dem Arbeitsgespräch mit Rabin besuchte Vranitzky die Knesset, das israelische Parlament. Am Ende des ersten Tages in Israel gab Ministerpräsident Rabin ein feierliches Bankett zu Ehren des Bundeskanzlers.

Am zweiten Tag seines Aufenthaltes, am 9. Juni 1993, stand der Besuch von Yad Vashem auf dem Herzl-Berg auf dem Programm, der Gedenkstätte für die sechs Millionen während des Zweiten Weltkrieges ermordeten Juden. Am Mahnmal für die Opfer der NS-Todeslager legte Vranitzky einen Kranz nieder. Tief betroffen und bewegt schrieb er ins Gästebuch: »Die Gefahr ist niemals für immer

gebannt. Bleiben wir wachsam im Dienste aller Menschen.« – Jahrzehnte später sind diese Worte aktueller denn je.

Franz Vranitzky führte in Israel ausführliche Gespräche nicht
nur mit Ministerpräsident Yithzak Rabin, sondern auch mit Staatspräsident Ezer Weizman, Außenminister Shimon Peres, Oppositi-
onsführer Benjamin Netanyahu, Abgeordneten der Knesset sowie
mit Jerusalems Bürgermeister Teddy Kollek. »Die Treffen waren
von großer Harmonie und dem beiderseitigen Bekenntnis zu viel
mehr Zusammenarbeit in der Zukunft geprägt«, erinnert sich Franz
Vranitzky.

Rede an der Hebräischen Universität von Jerusalem

Den Höhepunkt des Programmes des Bundeskanzlers stellte am
Abend des 9. Juni 1993 seine Dankesrede aus Anlass der Verleihung
der Ehrendoktorwürde an der Hebräischen Universität von Jerusalem
dar. Diese Rede wurde von beiden Seiten mit Spannung erwartet.
Würde Vranitzky dort mehr als in seiner Erklärung vor dem Nationalrat im Jahr 1991 sagen? Würde er über die mutige Äußerung über
die Mitschuld von Österreichern an den Verbrechen der Nationalsozialisten hinausgehen? Welche Akzente würde er inhaltlich setzen?
Wie emotional und empathisch würde er seine Rede vortragen?

Franz Vranitzky beantwortete diese Fragen, die bereits im
Vorfeld seines Auftrittes neugierig gestellt wurden. Er bekräftige
seine Aussagen von 1991, wonach der Begriff »Kollektivschuld« auf
Österreich nicht anzuwenden ist. »Aber wir anerkennen kollektive
Verantwortung, Verantwortung von jeden für uns, sich zu erinnern
und Gerechtigkeit zu suchen.« Der Bundeskanzler erinnerte daran,
dass die Gründerväter der Zweiten Republik zum größten Teil Überlebende der Konzentrationslager waren. Das wäre einer der Gründe,
warum die Moskauer Deklaration von 1943, die Österreich zum
ersten Opfer nazistischer Aggression erklärt hatte, lange Zeit als die

einzige Wahrheit gegolten und die Anerkennung der anderen, finsteren Seite österreichischer Geschichte verhindert hatte.

Franz Vranitzky bat in Jerusalem auch um Vergebung und lud Jüdinnen und Juden, die vor den Nazis hatten fliehen müssen, ein, nach Österreich zurückzukommen. Der Bundeskanzler betonte auch, dass er es zu einem vorrangigen Anliegen seiner Regierungsarbeit gemacht habe, die Zunahme von Nationalismus, Fremdenhass und Intoleranz zu verhindern – und diese Arbeit wäre bisher auch erfolgreich gewesen.

Angesprochen wurde auch die finanzielle Entschädigung für Opfer des Holocaust. Österreich hätte bereits Anstrengungen in diese Richtung unternommen, die Regierung werde die Hilfe aber verbessern und den NS-Opfern Zugang zu sozialen Leistungen oder direkte Unterstützung gewähren. Auch die Rückgewinnung der österreichischen Staatsbürgerschaft wäre möglich, betonte Franz Vranitzky.

Die Maßnahmen der Republik Österreich für die überlebenden Opfer des Nationalsozialismus, fälschlich oft als »Wiedergutmachung« bezeichnet, waren auf verschiedene Gesetze aufgeteilt und basierten auf einem komplizierten Antragsverfahren. Nach vielen Änderungen und entsprechend lange nach Kriegsende wurden nach und nach auch die sozialversicherungsrechtlichen Ansprüche der Verfolgten geregelt.[212] Es gab auch verschiedene gesetzliche Regelungen zur Rückgabe von Kunstgegenständen, die Errichtung eines Sonderfonds entsprechend den Verhandlungsergebnissen mit dem Jewish Claims Committee und 1995 die Errichtung des Nationalfonds der Republik Österreich für Opfer des Nationalsozialismus.

Auch wenn später gelegentlich behauptet wurde, dass erst die schwarz-blaue Regierung, die Anfang 2000 gebildet wurde, die gerechtfertigten materiellen Ansprüche der Opfer des Nationalsozialismus befriedigt hätte, hält Franz Vranitzky dagegen, dass die Forderungen der Opfer bereits in den Jahren davor in »maßgeblichem

Umfang« erfüllt worden sind, wie eine Aufzählung der Maßnahmen belegt.

Franz Vranitzky honoriert die Resultate, die am 18. Jänner 2001 bei den Verhandlungen über die Entschädigung von Opfern der »Arisierung« (Washingtoner Abkommen) erzielt wurden. Die österreichische Regierungsdelegation unter Leitung des Sonderbotschafters Ernst Sucharipa, die USA, vertreten durch Vizefinanzminister Stuart Eizenstat, die Claims Conference sowie Opferanwälte einigten sich auf eine Entschädigungssumme in der Höhe von 7,2 Milliarden Schilling (umgerechnet rund 523 Millionen Euro).

Zurück zur Rede von Franz Vranitzky an der historischen Stätte am Scopus-Berg, wo sich seit 1925 die Hebräische Universität von Jerusalem und die Jüdische National- und Universitätsbibliothek befinden. Der Bundeskanzler hielt die Rede auf Englisch und begann seine Ausführungen vor dem hohen akademischen Forum mit einer sehr bewegenden Schilderung der Eindrücke des ersten Besuchs eines österreichischen Bundeskanzlers im Staat Israel und auch seines ersten persönlichen Aufenthalts in Jerusalem.

Wörtlich sagte Bundeskanzler Franz Vranitzky in seiner Rede aus Anlass der Entgegennahme der Ehrendoktorwürde an der Hebräischen Universität von Jerusalem am 9. Juni 1993:

»Dies ist der erste Besuch eines österreichischen Regierungschefs im Staat Israel, und es ist auch mein erster Aufenthalt in Jerusalem. Ich muss gestehen, dass jeder Augenblick dieses Besuchs, ob im friedlichen Rosengarten oder in den belebten Straßen der Altstadt, in der ernsten Stille in Yad Vashem oder vor der hochaufragenden Klagemauer von tiefsten, zeitweise sehr beunruhigenden Emotionen gekennzeichnet war.

Diese Emotionen hängen mit der engen Verbundenheit zusammen, die viele Österreicher für Israel empfinden, noch mehr aber mit den Tragödien unserer gemeinsamen Vergangenheit. An dieser historischen Stätte auf dem Scopus-Berg, der Wiege akademischer Studien im modernen Israel, finde ich es angebracht, einige bescheidene klärende Worte über Österreich und die dunklen Jahre zwischen 1934 und 1945 zu sagen.

Am Ende des Ersten Weltkrieges war Österreich zerstückelt, seines industriellen Hinterlandes und seiner multikulturellen Identität beraubt. Verarmt und ohne Hoffnung wurden viele Österreicher zu Nazis und unterstützten den Anschluss, der Österreich von der Landkarte gelöscht hat.

Wir müssen der Katastrophe ins Auge schauen, die von der Nazi-Diktatur über mein Land gebracht wurde: Hunderttausende Österreicher, viele von ihnen Juden, wurden in Gefängnisse und Konzentrationslager geworfen, kamen in den Nazi-Schlachthäusern um oder wurden gezwungen zu fliehen und alles zurückzulassen – Opfer einer degenerierten Ideologie und des totalitären Strebens nach Macht. Viele weitere Österreicher starben auf dem Schlachtfeld und in den Bombenschutzräumen.

Es gab jene, die mutig genug waren, dem Wahnsinn aktiv Widerstand zu leisten, oder versuchten, den Opfern zu helfen und dabei ihr eigenes Leben riskierten. Aber viel mehr gliederten sich in die Nazi-Maschinerie ein, einige stiegen in ihr auf und gehörten zu den brutalsten und scheußlichsten Übeltätern.

Wir müssen mit dieser Seite unserer Geschichte leben, mit unserem Anteil an der Verantwortung für das Leid, das nicht von Österreich – der Staat existierte nicht mehr –, sondern von einigen seiner Bürger anderen Menschen und der Menschheit zugefügt wurde. Wir haben immer empfunden und empfinden noch immer, dass der Begriff ›Kollektivschuld‹ auf Österreich nicht anzuwenden ist. Aber wir anerkennen kollektive Verantwortung, Verantwortung für jeden von uns, sich zu erinnern und Gerechtigkeit zu suchen.

Wir teilen die moralische Verantwortung, weil viele Österreicher den Anschluss begrüßten, das Naziregime unterstützten und bei seinem Funktionieren halfen. Wir dürfen jene nicht vergessen, die unaussprechliche Schicksale erlitten, wir dürfen jene nicht vergessen, die dieses Leiden verursachten, und wir dürfen jene nicht vergessen, die Widerstand leisteten.

Wir bekennen uns zu allem, was in unserer Geschichte geschehen ist und zu den guten und schlechten Taten aller Österreicher. So wie wir für unsere guten Taten Kredit fordern, müssen wir für unsere schlechten um Verzeihung bitten – um die Verzeihung jener, die überlebt haben, und um die Verzeihung der Nachfahren der Opfer.

Diese moralische Verantwortung wiegt doppelt für Österreich, da uns bewusst ist, wie viel von uns selbst, von unserem Leben und unserer Kultur im Feuersturm der Nazi-Barbarei zerstört worden ist. Vieles von dem, worauf Österreich heute so stolz ist, von Sigmund Freud bis Gustav Mahler, von Arnold Schönberg bis Ludwig Wittgenstein, von Karl Kraus bis Theodor Herzl, von Stefan Zweig bis Viktor Adler, ist Teil des österreichischen Erbes. Indem wir unseren Teil der kollektiven Verantwortung tragen, würdigen wir dieses Erbe, beanspruchen wir es als Teil unserer Geschichte.

Ich bin hier, um ein neues, modernes und selbstbewusstes Land, einen unabhängigen und demokratischen Staat zu repräsentieren, der als ›Antithese zum Nazismus‹ gegründet worden ist. In der Tat waren die meisten Gründungsväter der Zweiten Republik Überlebende der Konzentrationslager und Gefängnisse des Dritten Reiches.

Das ist einer der Gründe dafür, dass die Moskauer Deklaration von 1943, in der Österreich zum ersten Opfer der Nazi-Aggression erklärt wurde, lange die Erkenntnis und das Eingeständnis der dunkleren Seite unserer Geschichte blockieren konnte.

Dies könnte auch einer der Gründe dafür sein, dass es so viele Missverständnisse über Österreichs Hilfeleistungen für die Opfer des Holocaust gibt. Österreich hat über Jahre hinweg enorme finanzielle Anstrengungen mit diesem Ziel unternommen. Diese Anstrengungen erschienen aber oft zu spät, zu zaghaft und zu bruchstückhaft, als ob man ein schlechtes Gewissen verbergen wolle.

In den vergangenen Jahren wurde viel unternommen, um dem abzu-
helfen; und Österreich wird weiter bestrebt sein, die Lücken zu schließen,
sei es durch das österreichische Sozialversicherungssystem oder direkt über
jüdische Organisationen in Österreich und im Ausland.

Wir wissen, dass all die tragischen Verluste, das Leiden und der
Schmerz nicht ungeschehen gemacht werden können. Was wir jedoch
abgesehen von materiellen und finanziellen Leistungen tun können, ist,
allen jenen ein warmes und aufrichtiges Willkommen zurück in Öster-
reich anzubieten, die aus dem Lande vertrieben worden sind und die
keine österreichische Regierung der Nachkriegszeit zur Heimkehr auf-
gefordert hat. Eine kürzlich durchgeführte Änderung der einschlägigen
Gesetze ermöglicht zum Beispiel den Nazi-Opfern die Rückgewinnung
der österreichischen Staatsbürgerschaft ohne Aufgabe der gegenwärtigen
und ohne Erfordernis eines ständigen Wohnsitzes in Österreich.

Eine weitere Initiative betrifft ein Besuchsprogramm nach Österreich
für Emigranten sowie für deren Kinder und Enkelkinder. Wir laden sie
alle ein, nach Österreich zu kommen, um ein demokratisches, soziales
und weltoffenes Land wiederzuentdecken, das seine Lektionen aus der
Geschichte gelernt hat.«[213]

Die Ehrengäste der renommierten israelischen Universität wür-
digten die Rede von Bundeskanzler Franz Vranitzky im Amphithe-
ater der Hebräischen Universität mit anhaltendem Applaus. »Der
Beifall galt einem Regierungschef, der jene Worte gefunden hat,
auf die Israel seit seiner Staatsgründung im Jahr 1948 gewartet hat«,
erinnert sich ein Teilnehmer im Gespräch mit der Autorin.

Die Universität begründete die Verleihung des Ehrendoktorats
an Vranitzky damit, dass sich der Bundeskanzler vor dem österreichischen Parlament erstmals für die Rolle, »die Österreicher während
der Nazi-Tyrannei« gespielt hätten, entschuldigt und zum ersten Mal
die Verantwortung Österreichs zum Ausdruck gebracht habe, sich
der Vergangenheit stellen zu wollen. »Diese beispiellose und tapfere
Geste eines österreichischen Politikers kam von einem Mann, der an

der Spitze des europäischen Kampfes gegen Faschismus und Antisemitismus steht«, hieß es in der Laudatio.

Für Franz Vranitzky markierte die Rede eine Zäsur in der heimischen Zeitgeschichte, aber auch in den Beziehungen Österreichs zu Israel. »Es war insofern eine Zäsur, als die Verhältnisse zwischen beiden Ländern, die da und dort überschattet waren, normalisiert wurden. Das hat sich 1993 bestätigt«, erinnert sich Franz Vranitzky in unserem Gespräch.[214]

Mediale Reaktionen in Israel:
»Franz Vranitzky ist ein willkommener Besucher«

Die Rede fand nicht nur unter den Teilnehmern der Festveranstaltung großen Anklang, sondern rief auch in der israelischen Presse ein gewaltiges Echo hervor. Stundenlang waren die wichtigsten Passagen der Rede die Top-Meldung in den Radio- und Fernsehnachrichten. »Vranitzky sagt: Österreich akzeptiert moralische Verantwortung für die Nazi-Zeit«, lautete tags darauf der Aufmacher der angesehenen *Jerusalem Post*.[215] Im Leitartikel des Blattes hieß es, Kanzler Vranitzky sei in Israel ein willkommener Besucher, weil er im Hinblick auf das Dritte Reich nicht »wie viele seiner Landsleute an kollektivem Erinnerungsverlust« leide. Vranitzky habe Schluss gemacht mit dem »Unsinn«, dass auch die Österreicher ausschließlich Opfer der Nazis gewesen seien. Neben dem in Österreich geborenen Adolf Hitler hätten Österreicher wie Adolf Eichmann und Ernst Kaltenbrunner eine führende Rolle bei der Ausrottung der europäischen Juden gespielt, schrieb die *Jerusalem Post*. Aber auch mahnende Worte fehlten in der Tageszeitung nicht. »Österreich muss mehr tun, um seine Sünden zu sühnen. Mit der Bekämpfung der erschreckenden Renaissance des Rassismus sollte es sorgfältig seine Nahostpolitik überprüfen, insbesondere seine Beziehungen zur PLO. […] Man kann nur hoffen, dass der Besuch Österreichs Augen für die existenzbedrohenden Probleme Israels öffnen wird, eines Landes, in dem die

Überlebenden von Auschwitz einen sicheren Hafen gefunden haben, den ihnen die arabischen Länder und die PLO absprechen.«[216]

Die kritisch-liberale Tageszeitung *Haaretz* stellte fest, dass die Rede »der Höhepunkt« des Besuches des Kanzlers in Israel war und er – im Gegensatz zu anderen österreichischen politischen Führern in der Zeit nach dem Zweiten Weltkrieg – die bittere Wahrheit nicht zu übertünchen und zu verwischen versuche. Er bekenne sich zwar nicht zu einer Kollektivschuld der Österreicher während der Nazizeit, doch zu einer »kollektiven Verantwortung« der Österreicher, zu gedenken und Gerechtigkeit zu suchen«.[217]

Fast gleichlautend schrieben die Printmedien *(The Jerusalem Post, Haaretz,* die Gewerkschaftszeitung *Davar* und die deutschsprachige Tageszeitung *Israel Nachrichten),* dass Vranitzky »ein Freund Israels und des jüdischen Volkes« sei und im Laufe seiner Amtstätigkeit die Beziehungen Österreichs zu Israel gefördert habe.

Auch in den österreichischen Medien war das Echo auf die Israel-Reise des Bundeskanzlers und vor allem auf seine Rede an der Hebräischen Universität von Jerusalem überaus positiv. »Richtige Worte, um Jahrzehnte zu spät, was nicht Franz Vranitzky, sondern seinen Vorgängern anzulasten ist«, lautete der Kommentar in den *Salzburger Nachrichten.* Thomas Chorherr von der Tageszeitung *Die Presse* notierte, dass sich Bundeskanzler Franz Vranitzky »Dank verdient« habe. »Er hat die schwierige Visite aufrechten Ganges absolviert.«[218]

Nur im Boulevardblatt *Kronen Zeitung* bezeichnete der Kolumnist »Staberl« die Rede als »überflüssige Fleißaufgabe«.[219]

Der Präsident der Israelitischen Kultusgemeinde, Paul Grosz, der den Bundeskanzler nach Israel begleitet hatte, zeigte sich mit den »programmatischen Äußerungen des Bundeskanzlers in Israel in höchstem Maße zufrieden. In den Beziehungen zwischen Österreich und den Juden wurde ein neues, mit goldenen Lettern geschriebenes Kapitel aufgeschlagen.«[220]

Die Beziehungen zwischen Österreich und Israel verbesserten sich nach der Rede von Bundeskanzler Franz Vranitzky deutlich. Aus den Gesprächen mit Ministerpräsident Yitzhak Rabin und Außenminister Shimon Peres über die Perspektiven eines Friedens im Nahen Osten ging eine Initiative hervor, die Vranitzky ebenfalls nach Kräften förderte: das Projekt »Crossing Borders«, das es Jugendlichen aus Israel, Palästina, anderen arabischen Ländern und Österreich ermöglicht, an unterschiedlichen Orten zusammenzukommen und in lockerer Atmosphäre gemeinsam etwas zu unternehmen, um einen Dialog zu initiieren und damit Vertrauen und das bessere gegenseitige Verstehen zu fördern.

Nahostpolitik bei After-Dinner-Drinks

Wenige Wochen vor der Reise von Bundeskanzler Franz Vranitzky nach Israel weilte Außenminister Shimon Peres in Wien, um an der Menschenrechtskonferenz der Vereinten Nationen teilzunehmen. Franz Vranitzky lud den israelischen Außenminister Peres sowie UNO-Generalsekretär Boutrous Boutrous-Ghali, den ehemaligen US-Präsidenten Jimmy Carter, den belgischen Außenminister Willy Claes sowie Österreichs Außenminister Leopold Gratz zu After-Dinner-Drinks in seine Wohnung ein. Hier, in kleinem Rahmen und diskreter Atmosphäre, skizzierte Shimon Peres den von Ministerpräsident Yitzhak Rabin und ihm entwickelten Friedensplan für den Nahen Osten. Ein sensationelles Projekt, sollte es gelingen. Als Erster meldete sich der Ägypter Boutros-Ghali zu Wort, äußerst skeptisch. Der Plan sei »kolossal«, nur: Rabin und Peres würden scheitern, als Erstes in ihrem eigenen Land, gibt Franz Vranitzky die Konversation wieder.

Es dauerte nicht lange und der Friedensplan erreichte die weltweite Öffentlichkeit und deren Aufmerksamkeit. Nach vielen Jahren gewalttätiger Konflikte zwischen Israelis und Palästinensern folgten von Jänner bis August 1993 unter Vermittlung Norwegens

Geheimverhandlungen zwischen den beiden Konfliktparteien in Oslo. Am 13. September 1993 überraschten Israel und die PLO (die Palästinensische Befreiungsorganisation) die Welt, als ein erstes Abkommen über die vorübergehende Selbstverwaltung der Palästinensergebiete im Gazastreifen und im Westjordanland geschlossen wurde (Oslo I). Beide Seiten erkannten einander erstmals offiziell an, die PLO verpflichtete sich, aus ihrer Charta alle Passagen zu streichen, welche die Vernichtung Israels zum Ziel hatten. Der Kompromiss basierte auf dem Prinzip »Land für Frieden« und sollte Aussöhnung und friedliche Koexistenz zwischen Israelis und Palästinensern bringen. Das Abkommen wurde in Washington unterzeichnet. Der Handschlag zwischen Yitzhak Rabin und PLO-Chef Jassir Arafat, US-Präsident Bill Clinton mit weit ausgebreiteten Armen dahinter, ging damals um die Welt.

Am 28. September 1995 wurde ein weiteres Abkommen (»Interimsabkommen über das Westjordanland und den Gazastreifen«) in Washington unterschrieben (Oslo II). Ziel dieser Vereinbarung war die schrittweise Vorbereitung einer »Zwei-Staaten-Lösung«, an deren Ende ein souveräner palästinensischer Staat stehen sollte.

Einer der Friedensstifter, Yitzhak Rabin, wurde am 4. November 1995 bei einer Kundgebung auf dem »Platz der Könige Israels« in Tel Aviv von einem jüdischen Extremisten ermordet, der die Friedenspolitik des Ministerpräsidenten nicht dulden wollte und Frieden für einen Verrat am Heiligen Land hielt.

Im Juli 2000 kam der Oslo-Friedensprozess zum Stillstand, als sich der israelische Premier Ehud Barak und PLO-Chef Jassir Arafat in Camp David nicht über die Rückkehr palästinensischer Flüchtlinge und die Teilung Jerusalems einigen konnten. Bald darauf kam es zu blutigen Unruhen mit Toten auf beiden Seiten. Heute gilt »Oslo« bei Israelis und Palästinensern als Chiffre für Scheitern.

Im Mai 2021 kommt es zur schlimmsten Eskalation im Nahen Osten seit Langem: Bei den elf Tage andauernden Kämpfen zwischen

Israel und extremistischen palästinensischen Gruppen wie der Terrororganisation Hamas gibt es 248 Tote in Gaza, darunter 66 Kinder und Jugendliche, und dreizehn Tote in Israel.[221] Israels Armee spricht von mehr als 200 getöteten militanten Palästinensern im Gazastreifen und versichert, man habe mit seinen Luftangriffen vor allem die militärischen Kapazitäten der Hamas treffen wollen.

Nach Angaben der israelischen Armee hatten militante Palästinenser während des Waffengangs mehr als 4360 Raketen auf Israel abgefeuert. 680 davon seien im Gazastreifen selbst eingeschlagen. Die israelische Armee habe mehr als 1500 Ziele in dem Küstenstreifen beschossen.

Am 21. Mai 2021 wurde durch Vermittlung einer ägyptischen Delegation und auf Druck von US-Präsident Joe Biden eine Waffenruhe vereinbart. Die Frage nach einer nachhaltigen Lösung des Konflikts bleibt, und damit werden auch die Forderungen nach einer Zwei-Staaten-Lösung wieder lauter. Für US-Präsident Joe Biden sind zwei Staaten die »einzige Antwort«. Er kündigte außerdem die Unterstützung der USA für den Wiederaufbau nach den Zerstörungen im Gazastreifen durch die israelischen Bombenangriffe an. Auch die Europäische Union sprach sich erneut für zwei Staaten aus. »Die Wiederherstellung eines politischen Horizonts für eine Zwei-Staaten-Lösung bleibt von größter Bedeutung«, erklärte ihr Außenbeauftragter Josep Borrell. Zuletzt hatten viele Experten die Zwei-Staaten-Lösung aufgrund der politischen und territorialen Gegebenheiten im Nahen Osten als zunehmend unrealistisch bewertet.

8. WEGBEGLEITER NACH EUROPA

»Es ist Mode und immer wieder die Rede davon, dass es in der Politik an großen Entwürfen, an Visionen mangle. Ich frage: Was, wenn nicht die friedliche Einigung unseres Kontinents Europa, was, wenn nicht das Zusammenwachsen der unterschiedlichsten Völker und Kulturen sollte eine solche Perspektive sein, eine Aufgabe, der es sich zu widmen lohnt?«

FRANZ VRANITZKY

»Wir haben beim EU-Referendum einen der großartigsten politischen Erfolge in der Republik erzielt.«

FRANZ VRANITZKY

»Schon Jahre vor unserer EU-Mitgliedschaft war es mein Anliegen, dabei zu sein, Maßnahmen und Akzente zu setzen, die auch den Partnern in Europa signalisieren, wir sind an einer europäischen Integration interessiert und streben den EU-Beitritt an. Das ist sicher gelungen«[222], beschreibt Franz Vranitzky das ambitionierte Projekt, Österreich in die EU zu führen. Bereits als Finanzminister Mitte 1985 knüpfte er europaweite Kontakte zu Parteifreunden. »Die sozialdemokratische Community in den einzelnen europäischen Regierungen war maßgeblich größer als heute. Auch in Osteuropa entwickelten sich sozialdemokratische Parteien. Miklós Németh und Guyla Horn in Ungarn, Milan Kučan in Slowenien waren persönliche Freunde von mir«, nennt Franz Vranitzky einige ehemalige Politiker der Nachbarländer, zu denen er gute Beziehungen pflegte. Bald gehörte die SPÖ dem Klub sozialdemokratisch geführter Länder in Europa an. Diese Kontakte ebenso wie intensive Gespräche mit Ökonomen in Österreich und auch außerhalb waren für Franz Vranitzky hilfreich bei der Annäherung an die EU. »Meine Frage war: Warum sind wir diskriminiert? Im Außenhandel und in anderen Wirtschaftsbereichen. Ich habe von Wissenschaftlern und Ökonomen handfeste Hinweise bekommen, dass wir den Weg nach Europa gehen mussten, im eigenen Interesse«, erzählt er über die anfänglichen Diskussionen über seine Pläne, die Reise nach Brüssel anzutreten.[223]

Die Europa-Frage hat Bundeskanzler Franz Vranitzky in seiner Regierungserklärung vom 28. Jänner 1987 festgeschrieben. Vor dem Nationalrat sagte er,»wie wichtig die europäische Integrationspolitik für die Koalitionsregierung zwischen der Sozialistischen Partei (SPÖ) und der Volkspartei (ÖVP) ist«.[224] Damit bereiteten sich die beiden Parteien, oftmals nicht durch Gemeinsamkeit, sondern durch Rivalität verbunden, auf eine Annäherung an die Europäische Union vor. Aus der Regierungserklärung ging aber auch deutlich hervor, dass der Fokus auf die Integration der österreichischen Wirtschaft gelegt war, auf die Teilnahme am Binnenmarkt, wenn es im Text wörtlich hieß: Es gelte»durch konsequente Integrationsbemühungen sicherzustellen, dass österreichische Unternehmen an der Dynamik des großen europäischen Marktes und der Technologie der EG teilnehmen können«. Bereits am 3. Februar 1987 kommt es in der Regierung zur Einsetzung einer»Arbeitsgruppe für Europäische Integration«.

Überzeugungsarbeit in der Partei

Bundeskanzler Vranitzky fiel dabei die schwierige Aufgabe zu, seine zaudernde und in manchen Teilen auch EU-skeptische Partei auf den Weg nach Brüssel einzustimmen und dafür zu begeistern. Im Dezember 1988 musste Franz Vranitzky in einer dramatischen Parteivorstandssitzung all sein persönliches Gewicht in die Waagschale werfen, um die Stimmung unter seinen Parteifreunden»umzudrehen«. Zahlreiche seiner führenden Funktionäre waren dagegen, einen Antrag für einen EU-Beitritt in Brüssel zu stellen.

So sehr der Bundeskanzler und SPÖ-Parteivorsitzende von der Notwendigkeit des europäischen Integrationsprozesses überzeugt war, so sehr waren Funktionäre und die Parteibasis dagegen. Vorbehalte und Desinformation prägten die Debatten, selbst in höchsten Parteigremien. Die einen waren mit der EFTA zufrieden, die anderen glaubten, dass ein EG-Beitritt mit einer NATO-Mitgliedschaft verbunden sei.[225] Wegen der Neutralität sei dieser Schritt somit undenkbar. Manche sahen darin gar einen Bruch mit dem Staatsvertrag und dem darin formulierten Anschlussverbot an Deutschland.

Schritt für Schritt begann Franz Vranitzky – gemeinsam mit sozialdemokratischen Mitkämpfern und einer Reihe unabhängiger Experten – die Partei zu überzeugen. Fakten und Daten wurden auf den Tisch gelegt, sachlich und themenzentriert sprach der Bundeskanzler mit den Gewerkschaftern, Interessenvertretern der Arbeiterkammer und roten Landeshauptleuten. »Ich bin so vorgegangen, wie man ein Haus baut. Zuerst kommt das Fundament, dann kommen die Stockwerke.« Mitstreiter waren schnell gefunden. Finanzminister Ferdinand Lacina an vorderster Front, Wirtschafts- und Verkehrsminister Rudolf Streicher, der Spitzendiplomat Peter Jankowitsch und auch Gewerkschaftsboss Fritz Verzetnitsch konnten für Europa gewonnen werden.

Der ÖVP-Regierungspartner machte Druck auf den Bundeskanzler, die Integrationsbestrebungen nicht rasch genug voranzutreiben und damit wertvolle Zeit zu verlieren, die Zukunft zu verspielen. FPÖ-Vorsitzender Jörg Haider, einst ein glühender Vertreter eines EU- und NATO-Beitrittes, adressierte nervös einen Brief an den Bundeskanzler, ja nicht zu zögern, nichts aufzuschieben und den EU-Beitritt rasch vorzubereiten, erzählte Franz Vranitzky in einem Interview für das Buch »Der dreizehnte Stern«.[226]

Die ÖVP begann sich immer stärker als *die* Europa-Partei zu profilieren, Außenminister Alois Mock wurde im Parlament von seinen Parteianhängern demonstrativ als »Herr Europaminister« angesprochen und in der Öffentlichkeit startete ein Pro-Europa-Werbefeldzug. Das hat bei so manchen SPÖ-Funktionären und

SPÖ-Mitgliedern, die für Europa einstanden oder zu gewinnen gewesen wären, dazu geführt, sich von der Idee des EU-Beitrittes abzuwenden. »Es war auch nicht einfach, mit Mock darüber zu reden. Ein Versuch meinerseits, ihn zu ersuchen, die ÖVP möge nicht so auf die Europa-Pauke hauen, wäre kontraproduktiv gewesen«, erinnert sich Franz Vranitzky. Seine Reaktion war sehr pragmatisch: »Das kann die ÖVP nur so lange tun und sich als große Europa-Partei präsentieren, solange wir nicht ebenfalls auf dem europäischen Spielfeld eine starke Rolle spielen.« Das war die Einstellung Franz Vranitzkys, die sich anhörte wie ein klarer Auftrag an die Genossen.

Die aufgeheizte und bisweilen aggressive Stimmung zwischen den Koalitionsparteien SPÖ und ÖVP verbesserte sich, je näher der Zeitpunkt der Abgabe des Beitrittsgesuches in Brüssel rückte. »Nachdem wir die Grundsatzbeschlüsse für die Integration gefasst hatten, war europapolitisch Zusammenarbeit zwischen den beiden Parteien vereinbart. Alle haben mit großem Eifer an diesem Ziel gearbeitet«, berichtet Franz Vranitzky und erinnert sich, dass auch »die Zurufe aus dem Ausland hilfreich waren«. Österreichs Außenwirtschaft sei so stark mit den zwölf EG-Mitgliedsländern verbunden, dass man quasi von einer Integration sprechen könne. Unter diesen Voraussetzungen dürften die Beitrittsverhandlungen nicht lange dauern, hörte man von Diplomaten aus Brüssel.

Das förderte anfänglich die Zuversicht und die Hoffnung auf baldige Beitrittsverhandlungen. Doch diese Stimmung verflog rasch, je länger die Frist zwischen dem Einreichen des Ansuchens um Mitgliedschaft und dem tatsächlichen Beginn der Beitrittsverhandlungen dauerte.

Lange Wartezeit in Brüssel

Außenminister Alois Mock gab den Brief am 17. Juli 1989 in Brüssel ab, am 31. Juli 1991 legte die Kommission eine positive

Stellungnahme zum Ansuchen vor und am 1. Februar 1993 begannen die Beitrittsverhandlungen.

Knappe vier Jahre befand sich Österreich in einer Warteposition. Bundeskanzler Franz Vranitzky packte die Ungeduld, »immer wieder wurde uns gesagt, dass es nicht lange dauern wird«, dann griff er zum Hörer und rief Kommissionspräsident Jacques Delors an. Der Franzose antwortete mit großer Gelassenheit: »Du musst nur eines wissen, die wichtigen Entscheidungen in der EG fallen immer in den letzten zehn Minuten. Und du musst nur wissen, wann die beginnen.«[227] Die Europäischen Institutionen ließen sich Zeit mit den Beitrittskandidaten, der Beamtenapparat in der Kommission war mit der Vollendung des Binnenmarktes und der Vorbereitung auf die gemeinsame Währung beschäftigt. Außerdem gab es in höchsten Kreisen der europäischen Institutionen und in einzelnen Regierungsbüros auch Widerstände gegen die Aufnahme neuer Mitglieder. Zuerst müsse die Zwölfergemeinschaft vertieft werden und der Binnenmarkt perfekt funktionieren, lautete eines der Argumente. Das andere: Mit Österreich soll ein neutrales Land beitreten, Schweden und Finnland hängen nicht so stark wie Österreich an der Neutralität, sie definieren sich als paktfrei. Von den Beitrittskandidaten gehörte nur Norwegen der NATO an. Manche hochrangige Vertreter der europäischen Institutionen waren dem Erweiterungsprozess gegenüber skeptisch eingestellt und hatten Sorge, dass mit den Neutralen keine gemeinsame Sicherheits- und Verteidigungspolitik zu machen sei. Dazu zählten auch Jacques Delors und der damalige Präsident des Europäischen Parlaments, der SPD-Politiker Klaus Hänsch.

In Österreich war man solche Angriffe gegenüber dem Neutralitätsstatus nicht gewohnt: »Wann immer eine Bemerkung über die Neutralität von außen kam, ist in der Medienlandschaft und in der Politik Unruhe ausgebrochen. Wer auch immer irgendwo etwas gesagt hat, ich habe beruhigt«, erinnert sich Franz Vranitzky an seine kalmierende Rolle. In der Koalition war man sich zu diesem Zeitpunkt einig über die Neutralität, vor und während des Verhandlungsprozesses wurde intern kaum darüber diskutiert. Als Österreich schon Mitglied war, hat der Bundeskanzler von einigen Amtskollegen, wie dem deutschen Kanzler Helmut Kohl, hinter vorgehaltener Hand schon die Botschaft vernommen, dass viele in der EU dachten, mit dem Beitritt würde auch die Neutralität fallen.

Zu den Vorbereitungen für die Reise nach Brüssel gehörte auch die Berücksichtigung der Signatarstaaten des Staatsvertrages, ihre Reaktionen auf die Beitrittsambition Österreichs und die in diesem Vertrag verankerten Verpflichtungen, unter anderem auch ein Anschlussverbot an Deutschland. Bei den westlichen Staatsvertragspartnern war eine EG-Mitgliedschaft kein politisches Thema, nicht so in der damaligen Sowjetunion. Das wusste der Bundeskanzler und nahm im Oktober 1988 eine Einladung von Ministerpräsident Nikolai Ryschkow zu einem offiziellen Besuch in Moskau an. Mit an Bord einer AUA-Maschine befanden sich zahlreiche Unternehmensbosse und Wirtschaftskapitäne. Die Befürchtung der Delegation war groß, die Sowjetunion könnte wegen der EG-Orientierung Österreichs nicht mehr bereit sein, die guten bilateralen Beziehungen weiter auszubauen und Verträge über Großgeschäfte aufrechtzuerhalten oder neue abzuschließen. Franz Vranitzky beruhigte die Mitreisenden und empfahl, die Gespräche in Moskau abzuwarten. Er versicherte aber, den Plan der europäischen Integration auf keinen Fall aufgeben zu wollen.

Heikler Moskau-Besuch

Die Begrüßung am Moskauer Flughafen Scheremetjewo war perfekt organisiert, der Bundeskanzler wurde mit allen militärischen Ehren empfangen, hohe Vertreter der Ministerien nahmen am Rollfeld Aufstellung – alles Symbole der Wertschätzung des kleinen, neutralen Österreichs durch die Großmacht Sowjetunion.

Empfang in Moskau: Bundeskanzler Franz Vranitzky wird bei seinem
Besuch im Oktober 1988 vom sowjetischen Ministerpräsidenten
Nikolai Ryschkow begrüßt

Der entscheidende Moment aber war das Treffen mit Ministerpräsident Nikolai Ryschkow – und der kam auch gleich zur Sache
und sprach von sich aus das Anliegen Österreichs an, der EG beitreten zu wollen. Nach Meinung der Sowjetunion sei das nicht möglich,
argumentierte Ryschkow, weil die im Staatsvertrag festgeschriebene
Neutralität dies nicht erlaube. Die Wirtschaftsvertreter erstarrten, als
sie das hörten, der Bundeskanzler behielt die Contenance. Dem russischen Ministerpräsidenten war bewusst oder unbewusst ein Irrtum
unterlaufen, die Neutralität war nämlich nicht Teil des Staatsvertrages
von 1955, sondern ist im Bundesverfassungsgesetz vom 26. Oktober
1955 verankert – »zum Zwecke der dauernden Behauptung seiner
Unabhängigkeit nach außen und zum Zwecke der Unverletzlich-
keit seines Gebietes erklärt Österreich aus freien Stücken seine
immerwährende Neutralität«.[228] Die Neutralität war natürlich ein
Produkt der Staatsvertragsverhandlungen, aber nicht Bestandteil des

Besuch im Kreml: Bundeskanzler Franz Vranitzky trifft am 11. Oktober 1988 den Präsidenten der UdSSR, Michail Gorbatschow

Vertrages. Damit ließen die österreichischen Staatsvertragsverhandler ein mögliches Abhängigkeitsverhältnis Österreichs von den Alliierten erst gar nicht entstehen, ein kluger diplomatischer Schachzug.

Der Bundeskanzler ließ den Einwand der Sowjets gegen Österreichs Beitrittsbestrebungen nicht gelten und argumentierte, dass diese Entscheidung nur in Österreich und nirgendwo sonst getroffen werde. Für Franz Vranitzky war es undenkbar, mit einem »Njet« der Moskauer Regierungsspitze nach Wien zurückzufliegen. Er kämpfte weiter.

Bei einem Abendessen im prunkvollen St. Georgssaal des Kreml widmete sich der Kanzler im Tischgespräch ausschließlich seinem Amtskollegen. Vranitzky offerierte seinem Gegenüber eine ganze Ladung von Gründen für einen EG-Beitritt: Niemand in Österreich denke daran, die Neutralität aufzugeben. Darüber hinaus sei Österreich wirtschaftlich eng mit der Europäischen Gemeinschaft verbunden, habe aber keine Mitsprache und Mitbestimmungsmöglichkeit.

1. Oktober 1993: Bundeskanzler Franz Vranitzky heißt Kommissionspräsident Jacques Delors in seinem Büro am Ballhausplatz willkommen

Darum gehe es schließlich, redete Vranitzky auf Ryschkow ein. Der hörte zu.

Am Morgen des dritten Besuchstages in Moskau bekam der Bundeskanzler eine Stellungnahme Ryschkows vorgelegt, die der russische Ministerpräsident gegenüber der offiziellen sowjetischen Nachrichtenagentur TASS gab. Darin hieß es langatmig, dass er (Ryschkow) von seinem in Moskau weilenden österreichischen Gast erfahren habe, dass sein Land beabsichtige, das Ansuchen für einen Beitritt zur EG zu stellen. Die Regierung der Sowjetunion nehme das zur Kenntnis und gehe davon aus, dass Österreich sämtlichen seiner gegenüber anderen Staaten geltenden vertraglichen Verpflichtungen nachkommen werde.

Das schlug bei den Österreichern wie eine Bombe ein. Die TASS-Meldung bedeutete den Durchbruch in den Gesprächen mit den sowjetischen Repräsentanten. Der Bundeskanzler war erfolgreich und konnte mit dieser Information in der Tasche nach Wien zurückkehren.

Gezerre unter den zwölf

Noch vor dem Start der harten Beitrittsverhandlungen spielte sich hinter den Kulissen der Zwölfer-Gemeinschaft ein Gezerre zwischen dem mächtigen Deutschland und den mediterranen Ländern ab. Franz Vranitzky erinnert sich an eine Episode: Der ehemalige italienische Ministerpräsident Bettino Craxi ließ den Bundeskanzler per Telefon wissen, eine Dame würde einen vertraulichen Brief am Ballhausplatz abgeben. Die Kernaussage des Schreibens: Tretet so rasch wie möglich der EG bei. Wir [Italien, Anm.] können »die Hegemonie-Bestrebungen der Deutschen nicht mehr länger aushalten«. Einige Monate später rief der deutsche Bundeskanzler bei seinem Amtskollegen in Wien an. Auch er appellierte an die Österreicher, schnell Mitglied zu werden, weil diese »quantitative Übermacht der mediterranen Länder nicht gut für die EG ist«.[229]

Das Beispiel zeigt, wie stark die geografische Teilung Europas in Nord und Süd, in reiche und ärmere Staaten, ausgeprägt war – und es bis heute noch ist. Wenn es in der EU um Verteilungsfragen geht, wie bei der Erstellung des EU-Budgets, kommt es regelmäßig zum Streit zwischen reicheren und ärmeren Ländern. Deutschland wurde aber nicht nur von den südlichen Mitgliedern, die in der EU salopp als »Club Med« bezeichnet werden, von jeher als mächtig und dominant wahrgenommen, auch in Frankreich gibt es immer wieder Vorbehalte gegenüber den Deutschen, die historisch bedingt waren.

Franz Vranitzky schildert anschaulich, wie viele Strömungen und Argumente auf seinem Schreibtisch zusammengelaufen sind. »Möglicherweise gab es darunter auch schwelende Vorbehalte, durch Österreich würde der deutsche Block in der EU gestärkt werden.« Konkret erfuhr der Bundeskanzler diese Vorbehalte in Paris. In der Vorbereitungsphase zum Beitritt informierte Franz Vranitzky bei einer Tour des Capitales die Regierungen der EU-Staaten über Österreichs Ziel, Mitglied der Europäischen Union werden zu wollen.

Gast im Élysée

Frankreichs Staatspräsident François Mitterrand stand dem Wiener Wunsch anfänglich äußerst reserviert gegenüber. »Mitterrand war freundlich, hat aber lange Zeit nicht gesagt, ich unterstütze euch. […] Beim dritten oder vierten Anlauf im Élysée sagte er auf einmal, Frankreich wird euch unterstützen. Das war ein Durchbruch vor Beginn der Beitrittsverhandlungen.« Damit signalisierte Mitterrand, dass Frankreich Österreich als EG-Partner akzeptierte.

Der Staatspräsident verabschiedete seinen Gast nach diesem Treffen demonstrativ herzlich. Er begleitete ihn zum Ausgang und ging mit Franz Vranitzky die Stufen bis zum weiten Innenhof des Élysée-Palastes hinunter. Dabei kam es zu einem bemerkenswerten Wortwechsel. Zum Kanzler gewandt sagte der Präsident: »Heute habe ich dem Beitritt des dritten deutschen Staates zugestimmt.« – Der Bundeskanzler antwortete: »Mein lieber Freund, wir sind kein dritter deutscher Staat, wir sind der erste und einzige österreichische Staat.« Mitterrand entschuldigte sich umgehend: »Excusez-moi, excusez-moi«, er habe es nicht so gemeint. »Ich glaube aber, er hat es so gemeint«, erzählt Franz Vranitzky.²³⁰

Mit seinen persönlichen Kontakten zu etlichen Staats- und Regierungschefs in Europa konnte Franz Vranitzky vor dem eigentlichen Start der Beitrittsverhandlungen Anfang Februar 1993 einige Vorbehalte und Vorurteile aus dem Weg räumen und eine positive Stimmung für Österreich erzeugen. Dreizehn Monate lang wurde über mehr als dreißig Kapitel intensiv verhandelt – im dreitägigen Finale dann ohne Unterbrechung. Geschlafen wurde nicht, dafür sehr viel Kaffee konsumiert. Für Essen gab es keine Zeit, Pizza, Sandwiches und Croissants wurden gereicht. Nur zum Duschen und zum Wechseln der Kleider gingen die Verhandler ins Hotel, jede Minute zählte. Dann der Durchbruch: In der Früh des 1. März 1994, nach durchgearbeiteten Nächten und blank liegenden Nerven, waren auch die harten Brocken Transit und Landwirtschaft gelöst. Für den

Abschluss der Verhandlungen reisten einige Fachminister aus Wien nach Brüssel, um in entscheidenden Phasen die Zügel in die Hand zu nehmen.

Verhandlungsmarathon in Brüssel

Franz Vranitzky vereinbarte während des Finales der Beitrittsgespräche keine anderen terminlichen Verpflichtungen und verbrachte die Nacht im Bundeskanzleramt. Er stand im ständigen Telefonkontakt mit den Verhandlern in der EU-Zentrale (zu diesem Zeitpunkt war die Namensänderung von EG zu EU vollzogen) und schritt ein, um Probleme auf höchster staatlicher Ebene mit Amtskollegen zu lösen. In der zweiten Nacht wurde es kompliziert. Alles drehte sich um den Schwerverkehr über die Alpen, hauptsächlich den Transit durch Tirol. In Brüssel waren die Verhandlungen festgefahren. Der Bundeskanzler schritt ein. Gegen Mitternacht erreichte er Staatspräsident François Mitterrand. Es ging um die Verlängerung des Transitvertrages, ein Thema, mit dem der französische Staatschef nicht gerade im Detail vertraut war. Um Missverständnisse zu vermeiden, wurde das Gespräch simultan übersetzt, eine technische und professionelle Herausforderung mitten in der Nacht. Mitterrand stimmte einer modifizierten Verlängerung des Transitvertrages zu. Damit war die scheinbar unüberwindbare Hürde genommen. In Brüssel konnte Viktor Klima aufatmen, als zuständiger Verkehrsminister war es ihm nicht möglich gewesen, die starre französische Haltung seines Pariser Amtskollegen aufzubrechen. Klima drohte sogar mit dem Abbruch der Verhandlungen und wollte sofort nach Wien zurückkehren. Was im Übrigen auch Außenminister Alois Mock wegen des Streits über die gemeinsame Agrarpolitik geplant und deswegen schon eine AUA-Maschine geordert hatte.

Wieder ereilte den Bundeskanzler ein dringender Anruf aus Brüssel. Alois Mock, von Krankheit schwer gezeichnet, war am Apparat und sprach von »Hut draufhauen«. Er sah keinen Ausweg mehr.»Ich habe ihm gut zugeredet und gesagt: ›Machen Sie das nicht. Wir haben so lange gearbeitet und uns gut vorbereitet.‹«[231] Franz Vranitzky war erleichtert, Alois Mock kehrte nicht nach Wien zurück. Die Verhandlungen führten schließlich Finanzminister Ferdinand Lacina und Landwirtschaftsminister Franz Fischler – inhaltlich kompetent und nervenstark – erfolgreich zu Ende.

Konkret ging es darum, ob Österreichs Landwirtschaft sofort Teil der gemeinsamen Agrarpolitik werden oder das Agrar- und Förderregime der EU erst nach einer langen Übergangsfrist übernehmen sollte. Den heimischen Bauern wurden zunächst Übergangsfristen zugesagt, doch in Brüssel galt diese Zusage plötzlich nichts mehr. Landwirtschaftsminister Franz Fischler überraschte der Positionswechsel der EU-Verhandler, doch er behielt die Nerven, setzte sich hin und begann mit Experten zu rechnen, welche Förderungen die Landwirte aus dem Topf der gemeinsamen Agrarpolitik bekommen würden und welche Summen für Bergbauern vorgesehen waren. Die Rettung der österreichischen Bauern gelang dank des flexibel und rasch agierenden und reagierenden Landwirtschaftsministers und seines Drahtes zu den Interessenvertretern der Bauern.

In den Verhandlungen in Brüssel erwies sich ganz besonders auch Finanzminister Ferdinand Lacina als kompetenter und ruhiger Verhandler. Auch er kalkulierte ständig, wie sich Verhandlungsergebnisse und Kompromisse auf die Gesamtkosten des Beitrittes auswirken würden. »Lacina und Fischler brachten das Ergebnis nach Hause«, resümiert Vranitzky den Abschluss der Verhandlungen, die drei Tage Dramatik, Dynamik, Tränen und Freude bedeuteten.

Franz Vranitzky erzählt in unserem Gespräch, dass in der äußerst heiklen Phase der Verhandlungen bewusst kein Telefonat mit Bundeskanzler Helmut Kohl vorgesehen war. Darüber bestand ein Übereinkommen, das der Öffentlichkeit nicht bekannt war, um jenen Menschen, die Ängste hatten, beim Beitritt ginge es um einen heimlichen Anschluss an Deutschland, keinen Anlass für diese Sorge zu liefern. Ein wichtiger Ansprechpartner für Österreich war in den Schlussverhandlungen der deutsche Außenminister Klaus Kinkel, der nicht nur Wien, sondern auch der überforderten griechischen Ratspräsidentschaft, die ja formal die Verhandlungen führte, zur Seite stand. Auch der belgische Außenminister Willy Claes, ein Freund Franz Vranitzkys, vermittelte diskret zwischen den Verhandlungspartnern.

Am Nachmittag des 1. März 1994 – Finnland und Schweden hatten ihre Beitrittsverhandlungen bereits erfolgreich beendet – wuchs der Druck auf Österreich. Die Gespräche waren festgefahren, die Verhandler müde, und wieder war von Abbruch die Rede. Der Bundeskanzler und sein Vize, Erhard Busek, telefonierten erneut mit mehreren EU-Regierungschefs, um für die österreichischen Anliegen zu werben. »Es geht einmal mehr darum, die Nerven und einen kühlen Kopf zu bewahren«, richtete Franz Vranitzky der Delegation in Brüssel via ORF-Radio aus. Die Dauer der Verhandlungen führte Vranitzky darauf zurück, dass das Ergebnis nicht nur in Österreich akzeptiert werden müsse, sondern auch die Zustimmung aller zwölf EU-Staaten brauche.[232]

Die letzte Verhandlungsrunde der Österreicher am Abend des 1. März 1994 – Finnen und Schweden feierten bereits ausgelassen bei belgischem Bier – brachte dann auch für Österreich den Durchbruch. Knapp vor Mitternacht signalisierte die österreichische Delegation eine Einigung. In einer ersten Reaktion legte der Kanzler Wert auf die Feststellung, dass »die Regierung in keiner Phase der Verhandlungen umgefallen ist, sondern stets das Interesse der Bevölkerung gewahrt hat«.[233] Einen Aspekt des Erfolgs hob der Kanzler besonders hervor: Es habe sich gezeigt, »dass wir Österreicher, wenn es darauf ankommt, zusammenstehen und an einem Strang ziehen können«. Kurzum: Koalitionäre Zusammenarbeit lohnt sich für gemeinsame zukunftsweisende Lösungen.

In einer groß angelegten Pressekonferenz am 2. März 1994 – die Verhandlungsdelegation war bereits nach Wien zurückgekehrt – skizzierte der Bundeskanzler den weiteren innenpolitischen Weg zur EU-Mitgliedschaft: In einer ersten Etappe werde die Bundesregierung die entsprechenden Beitrittsgesetze erarbeiten und dem Parlament vorlegen. Geplant war auch eine österreichweite Informationskampagne für die für den 12. Juni 1994 fixierte EU-Volksabstimmung – und last but not least sollte im Herbst die Nationalratswahl stattfinden. Franz Vranitzky setzte sich mit seinem Anliegen durch, die Volksabstimmung über die EU-Mitgliedschaft vor der feierlichen Unterzeichnung des Beitrittsvertrages Ende Juni auf Korfu durchzuführen und nicht danach – ein logischer Schritt.

Der Bundeskanzler nutzte seinen Auftritt bei der Pressekonferenz und die daran anschließende Erklärung vor dem Nationalrat, um den Österreichern »die Sinnhaftigkeit und Notwendigkeit« des EU-Beitrittes erneut zu veranschaulichen: Die Außenwirtschaft des Landes sei bereits zu zwei Dritteln mit den zwölf EU-Staaten verknüpft und die »Europäische Union stellt eine neue Dimension der europäischen Sicherheit dar, in der es um die Zusammenarbeit bei der Bekämpfung von Terror, Drogenhandel und Menschenschmuggel geht«.[234] Franz Vranitzky kündigte eine »sehr offene Diskussion und Information« vor dem Referendum an, um »die Menschen von einem Weg zu überzeugen, von dem wir glauben, dass er für die Zukunft der bessere ist«. Probleme sollten nicht verschwiegen werden. »Ja, es gibt auch Nachteile, die aber zu beseitigen sind«, sagte der Bundeskanzler.[235]

Abseits der nötigen Öffentlichkeitsarbeit verwies der Bundeskanzler auf die Errungenschaften des europäischen Projektes: »Es ist Mode und immer wieder die Rede davon, dass es in der Politik an großen Entwürfen, an Visionen mangle. Ich frage: Was, wenn nicht die friedliche Einigung unseres Kontinents Europa, was, wenn nicht das Zusammenwachsen der unterschiedlichsten Völker und Kulturen sollte eine solche Perspektive sein, eine Aufgabe, der es sich zu widmen lohnt?«[236]

Nicht nur auf nationaler Ebene wurde der Verhandlungsmarathon von Brüssel bilanziert, auch internationale Zeitungen bewerteten die Ergebnisse. Die konservative *Frankfurter Allgemeine Zeitung* kommentierte das »sozialistische Netzwerk« des Bundeskanzlers: »Auf den ›Sozialistendraht‹ zwischen Wiens Bundeskanzler Franz Vranitzky, dem Pariser Staatschef François Mitterrand und Spaniens Felipe González hatten sich die Österreicher verlassen.«[237] Die *Süddeutsche Zeitung* fand, dass »die Europäische Union jetzt durch die Tat bewiesen hat, dass sie für andere europäische Staaten offen ist, die zum Beitritt den Willen und die nötigen Voraussetzungen mitbringen. Schweden, Finnland und Österreich haben sich mit den zwölf EU-Regierungen über die Bedingungen für ihren Beitritt geeinigt. Dabei hat die Union Zugeständnisse gemacht, die bis an den Rand ihrer politischen und finanziellen Möglichkeiten gingen.«[238]

Information der Bevölkerung: »Gemeinsam statt einsam«

Nach dem Jubel der EU-Befürworter über den erfolgreichen Abschluss der Beitrittsverhandlungen folgten Wochen intensiver Information der Öffentlichkeit und ein banges Gefühl innerhalb der Regierung, was die mehrheitliche Zustimmung der Wähler beim EU-Referendum betraf. Der Ausgang war völlig offen, Prognosen waren kaum möglich. Im Vorfeld der Volksabstimmung verhießen die Umfragen nichts Gutes, sie lagen unter 50 Prozent für den Beitritt. »Wir mussten dringend ein Argumentarium vorbereiten, das lautete: Der Beitritt bringt uns eine verbesserte Situation für den Export und auch für den Import, das Preisniveau sinkt, die Einkommensentwicklung wird besser«, erinnert sich Franz Vranitzky an die dramatische Situation vor der Befragung der Bürger.[239] Die Argumente, um die Menschen vom EU-Beitritt zu überzeugen, waren vor allem ökonomischer Natur. »Die – volkswirtschaftlich gesprochen – individuelle Einkommenssteigerung in Höhe von 1000 Schilling jährlich wurde

Freude nach Abschluss der Beitrittsverhandlungen: Bundeskanzler
Franz Vranitzky begrüßt das Verhandlungsteam am Morgen des
2. März 1994 am Wiener Flughafen. Vizekanzler Erhard Busek,
Außenminister Alois Mock, Franz Vranitzky und Verkehrsminister
Viktor Klima (v. li. n. re.)

von den Wirtschaftsexperten und Statistikern bestätigt. Der Ederer-
Tausender wurde Realität«, erklärte Vranitzky später aus Anlass des
20. Jahrestages des EU-Beitritts.[240]

Noch ein Faktum wurde den Wählern zusätzlich vermittelt:
Österreich ist als EU-Mitglied nicht isoliert, gehört einer Gemeinschaft an, die Werte teilt, die vom gemeinsamen Binnenmarkt profi-
tiert und die auch für eine gemeinsame Sicherheit sorgt. Österreich
sitzt mit allen Mitgliedern des Klubs am Tisch und entscheidet mit.
Das hat in der von Europa-Staatssekretärin Brigitte Ederer feder-
führend geplanten und durchgeführten Kampagne zu dem griffigen
Slogan geführt: »Gemeinsam statt einsam«.

Drei Wochen vor dem Referendum, also mitten in der Kampagne,
besuchte der Bundeskanzler EU-Kommissionspräsident Jacques Delors

in Brüssel. Mit diesem Treffen konnte Franz Vranitzky seinen guten Draht zu Delors und zur EU-Kommission in Brüssel unterstreichen. Medial und politisch nützte der Kontakt so kurz vor dem Referendum. Ein Hauptthema des Gesprächs war die gemeinsame Anstrengung zur Schaffung neuer Arbeitsplätze in der europäischen Industrie sowie die Eisenbahnstrecke zwischen München und Verona über den Brenner. Dieses Projekt gehörte zu den von der Europäischen Kommission geplanten transeuropäischen Verkehrsnetzen. Österreich erwartete sich eine Mitfinanzierung der EU beim Brennerbasistunnel.

Bemerkenswert war, dass an der Informationskampagne Regierung, Interessenvertretungen, Parteien, NGOs und die Zivilgesellschaft mitwirkten. »Wir sind ins Feld gegangen: Es gab ORF-Sendungen aus Postpakethallen, aus Veranstaltungszelten am Land, aus den Zentralwerkstätten der ÖBB. Bei diesen Diskussionen und Auftritten hatte ich die Möglichkeit, den Menschen sehr vieles persönlich zu beantworten«, berichtet Franz Vranitzky in unserem Gespräch. Ergänzend bemerkte er auch, dass nicht zuletzt so manche EU-Skeptiker angewidert waren von der Hetze Jörg Haiders. Der FPÖ-Chef versuchte den Menschen mit dem Argument, die EU erlaube Blutschokolade und mit Schildläusen gefärbtes Joghurt, Angst zu machen und die EU als Monster und Brüssel als Bürokraten-Hochburg hinzustellen. Das war so unglaubwürdig, dass sich in letzter Minute zahlreiche Skeptiker doch noch für den Beitritt entschieden. »Haider war für die Europäische Union, solange wir dagegen waren, dann kam die Wende bei ihm, in logischer Konsequenz des Haider'schen Politikverständnisses. Er musste dann gegen die EU sein, sonst hätte er seine Raison d'être verloren«, analysiert Franz Vranitzky das Verhalten des damaligen freiheitlichen Oppositionschefs.[241]

EU-Referendum

Mit beachtlicher koalitionsinterner Unterstützung – Grüne und Freiheitliche waren gegen einen EU-Beitritt – fieberte die Regierung,

Freude nach der erfolgreichen Volksabstimmung über den Beitritt zur
Europäischen Union: Bundespräsident Thomas Klestil, Bundeskanzler
Franz Vranitzky, Europa-Staatssekretärin Brigitte Ederer, Außenminister
Alois Mock und Vizekanzler Erhard Busek (v. li. n. re.)

fieberten aber auch viele Bürger dem Tag des Referendums entgegen.
An dem strahlenden Frühsommertag des 12. Juni 1994 wurde ja nicht
nur in Österreich abgestimmt, es fanden auch in allen Mitgliedsländern die Wahlen zum Europäischen Parlament statt, aber dieser
Urnengang tangierte die Österreicher noch nicht. Die internationale
mediale Aufmerksamkeit war eben nicht nur auf Wien fokussiert,
sondern auch auf Brüssel und Straßburg.

Am Nachmittag wurde der Bundeskanzler und SPÖ-Chef bereits
von einem Trend informiert, der auf einen positiven Ausgang hinwies.
Franz Vranitzky verbrachte die Zeit vor der ersten offiziellen Hochrechnung in seinem Büro am Ballhausplatz. Als sich die Mehrheit für
den EU-Beitritt schon deutlich abzeichnete, reagierte der Bundeskanzler zunächst vorsichtig und zurückhaltend: Es sei mit großem,
monatelangem Einsatz der politisch Verantwortlichen gelungen,

viele Menschen zu mobilisieren. Außerdem wurde differenziert diskutiert und nicht mit der »Dampfwalze« geworben, ließ er die Medien wissen.[242] Um 17.00 Uhr, als die Zahlen der Hochrechnung verkündet wurden, machte sich beim oftmals zurückhaltenden und stets die Ruhe bewahrenden Bundeskanzler Freude und »allergrößte Zufriedenheit« über die klare EU-Zustimmung breit. Das Ergebnis überraschte Politik und Gesellschaft gleichermaßen. Zwei Drittel der wahlberechtigten Bürger und Bürgerinnen, genau 66,6 Prozent, hatten mit »Ja« für einen Beitritt gestimmt, 33,4 Prozent dagegen. Die Wahlbeteiligung lag bei 82,3 Prozent.[243] »Wir haben heute beim EU-Referendum einen der großartigsten politischen Erfolge in der Republik erzielt«, sagte der Bundeskanzler. Das Abstimmungsergebnis zeige, dass die Österreicher »couragierten und offenen Themen durchaus aufgeschlossen gegenüberstehen, auch wenn es schwierig ist«. Für Franz Vranitzky bedeutete das Votum aber auch »eine große Entlastung und eine große Erleichterung«. Er sah in dem Ergebnis auch »Ansporn und Auftrag« für ein großes politisches Programm, das es als EU-Mitglied umzusetzen galt. Das Ergebnis habe auch gezeigt, dass die Bevölkerung mit der klaren Entscheidung signalisiert habe, »in einer bewegter gewordenen Welt das Schicksal in die eigenen Hände [...] nehmen« zu wollen und nicht »Angstparolen« und »Isolationsaufrufen« anheimzufallen, erklärte der Bundeskanzler und stellte fest: »Mit den EU-Gegnern gibt es keine offenen Rechnungen.«[244]

Internationale Reaktionen

Mit besonderer Aufmerksamkeit wurde das EU-Referendum in den skandinavischen Ländern verfolgt, auch wenn die Kommentare zum Ergebnis unterschiedlich ausfielen. Die sozialdemokratische norwegische Tageszeitung *Arbeiterbladet* schrieb, dass »die hohe Beteiligung an dem Referendum in Österreich für alle ein Vorbild und Ansporn sein sollte, ganz gleich, wie sie zur Frage des EU-Beitrittes stehen«.[245]

In *Aftenposten*, dem konservativen Blatt aus Oslo, hieß es:»Das österreichische Votum dürfte kaum entscheidende Auswirkungen auf die Abstimmungen in den skandinavischen Ländern haben.« Österreich habe, historisch und kulturell bedingt, eine stärkere Bindung zu den EU-Staaten, als dies bei den skandinavischen Ländern der Fall sei.[246] Die liberale schwedische Tageszeitung *Dagens Nyheter* fand, dass das»kraftvolle Ja zu Europa gut für die Österreicher ist, und nicht nur für sie. Deutschland und andere, die den Integrationsprozess vorantreiben wollen, fühlen sich erleichtert. Genauso ergeht es einer Reihe zentraleuropäischer Länder, die am Portal zur EU darauf warten, mit den Verhandlungen über ihre Mitgliedschaft beginnen zu können. Für sie ist dies eine Schicksalsfrage. Hätte die Antwort aus Wien Nein gelautet, wären alle ihre Pläne für lange Zeit gestrandet.«[247] Und das liberale dänische Blatt *Politiken* schrieb:»Die klare Entscheidung der Österreicher bestätigt, dass die EU trotz aller Euro-Skepsis nach wie vor einiges zu bieten hat. [...] Die Österreicher haben auf ermutigende Weise Willen zur Zusammenarbeit und Vertrauen in die europäische Union gezeigt.«[248]

Andere Zeitungen überschlugen sich mit ihren Kommentaren: Das große Turiner Blatt *La Stampa* schrieb, dass»die beste Nachricht für Europa aus Österreich kommt«[249], und in der linksliberalen Zeitung *La Repubblica* hieß es:»Das Resultat ist eindrucksvoll und viel klarer, als es die regierende Koalition aus Sozial- und Christdemokraten erwartet hatte, für die die Abstimmung zum bedeutendsten politischen Erfolg seit Jahren geworden ist. Und zum ersten Mal hat der aggressive und angriffslustige Haider, als aufsteigender Stern der radikalen Rechten bisher allseits gefürchtet, eine Schlappe an den Urnen einstecken müssen.«[250]

Unterschriften-Streit

Während die internationalen Medien mehrheitlich überschwänglich über den Ausgang des Referendums berichteten, kippte die politische

Stimmung in Wien schlagartig. Von einem Tag auf den anderen war die europäische Gemeinsamkeit der rot-schwarzen Koalition verloren gegangen. Der Streit entzündete sich einerseits an der Frage, wer den Beitrittsvertrag beim Gipfel der Staats- und Regierungschefs am 24. und 25. Juni auf Korfu unterschreiben sollte. Zum anderen gab es ein Tauziehen zwischen Bundespräsident Thomas Klestil und Bundeskanzler Franz Vranitzky, wer von beiden und in welcher Form am Treffen der EU-Granden auf der griechischen Insel teilnehmen sollte. Für die Unterzeichnung des Beitrittsvertrages waren vier Repräsentanten Österreichs vorgesehen, fix dabei der Regierungschef und der Außenminister. Alois Mock ersuchte den Bundeskanzler, dass der langjährige EU-Botschafter Manfred Scheich einer der Unterzeichner sein möge, Vranitzky stimmte zu und nominierte seinerseits Europa-Staatssekretärin Brigitte Ederer in Anerkennung ihres Einsatzes für das Europa-Projekt und den positiven Ausgang des Referendums. Mock lehnte dies ab und kündigte einen ablehnenden Antrag im Ministerrat an. Ein Affront gegen den Bundeskanzler. Hinter dieser Groteske Mocks stand die durch die Übernahme des Europa-Staatssekretariats im Jahr 1992 durch Brigitte Ederer entstandene Befürchtung, die Europa-Agenden könnten in das Bundeskanzleramt abwandern. Vergessen war von einem Moment auf den anderen der Konsens von Brüssel, nicht das Miteinander, sondern das Gegeneinander beherrschte wieder die Tagespolitik der Koalition. Um eine Blamage vor den EU-Partnern abzuwenden, schlug der Bundeskanzler Ulrich Stacher, Sektionschef im Bundeskanzleramt, als Unterzeichner des Beitrittsvertrages vor. Dass der Außenminister die Europa-Staatssekretärin als Unterzeichnende verhinderte, bezeichnete Franz Vranitzky im Nachhinein als »beschämende Angelegenheit«.[251]

Für Spannungen und Verwunderung sorgte die Ankündigung von Bundespräsident Thomas Klestil, ebenfalls am EU-Gipfel teilnehmen zu wollen, »eine Geste, die Beachtung finden wird«, kommentierte der Bundespräsident das Vorhaben.[252] Klestil versuchte mit allen Mitteln, an den Beratungen der EU-Regierungschefs teilzunehmen und den Beitrittsvertrag zu unterschreiben. Er unterstrich seine Forderung mit einem Gutachten eines Verfassungsrechtlers. Dieses Anliegen Klestils wurde jedoch von Bundeskanzler Vranitzky basierend auf der österreichischen Rechtslage abgelehnt.[253] Für Korfu wurde ein Prozedere zwischen Kanzler und Präsident vereinbart. Klestil sollte an der Beitrittszeremonie am Beginn der Ratstagung teilnehmen, bei der Österreich als Noch-nicht-Mitglied einen Beobachterstatus hatte. Dem Präsidenten wurde in der Vereinbarung mit dem Bundeskanzler ein Statement am Ende der Unterzeichnung des Beitrittsvertrages eingeräumt. Der stets nach Macht strebende Bundespräsident gab schlussendlich klein bei:»Alles, was politisch umgesetzt werden soll, muss von der Regierung gemacht werden. Es ist daher selbstverständlich, dass der Bundeskanzler und der Außenminister die Regierungsverantwortung im Europäischen Rat wahrnehmen.« Bei einem Treffen der EU mit»hohem Symbolwert«, wie dem Gipfel auf Korfu, sei jedoch eine Teilnahme des Bundespräsidenten im Einvernehmen mit der Regierung möglich, sagte Klestil in einem Interview mit dem Magazin *News*.[254] Der Bundeskanzler stellte drei Tage vor dem Gipfel fest, dass es ihm allein um Inhalte gehe und»nicht um Sitz- oder Stehplätze in der griechischen Sonne«. Nach dem Ministerrat am 21. Juni 1994 wurde bekannt gegeben, dass »die Koordinierungskompetenz hinsichtlich der Festlegung der politischen Linie Österreichs unbestritten ist«.[255]

Harmonie zwischen dem Bundespräsidenten, Kanzler und Außenminister gab es allerdings nur an der Oberfläche. In zwei getrennten DC9-Maschinen der AUA reiste die österreichische Delegation samt Journalistentross nach Griechenland. Klestil und Mock gemeinsam in einem Flugzeug, weil sie zuvor in Athen von Staatspräsident Konstantinos Karamanlis empfangen wurden; der Kanzler mit Finanzminister Ferdinand Lacina und Europa-Staatssekretärin

Brigitte Ederer besuchten zuerst ein Treffen der Parteiführer der Europäischen Sozialdemokraten, das traditionell vor einem EU-Gipfel stattfindet. Dabei wurde das von EU-Kommissionspräsident Jacques Delors vorgelegte Weißbuch zur »Wachstums- und Beschäftigungspolitik« nach Angaben Vranitzkys »sehr ausführlich« diskutiert, ein Thema, das dem Bundeskanzler und SPÖ-Parteichef ein großes Anliegen war (und ist) und wofür er sich bis zum Ende seiner Amtszeit auf EU-Ebene besonders einsetzte. In Anlehnung an das Delors-Weißbuch erarbeitete die Vranitzky-Regierung auch ein Österreich-Weißbuch, um Wirtschaft und Beschäftigung anzukurbeln.

Vor der Vertragsunterzeichnung und dem offiziellen Gipfelbeginn kamen die Staats- und Regierungschefs mit dem russischen Präsidenten Boris Jelzin bei einem Abendessen zusammen. Dabei kam es zu einigen diplomatischen Turbulenzen. Die Einladung der griechischen Gastgeber ging selbstverständlich an den Bundeskanzler. Das Erstaunen war groß, als kurz nach der Ankunft Franz Vranitzkys auch der Bundespräsident erschien. Europaminister Theodoros Pangalos, ein Mann von großer und kräftiger Statur, herrschte seine Mitarbeiter an, wie es zu dieser peinlichen Situation kommen konnte. Die Auseinandersetzung war für alle Gäste hörbar. Die griechische Regierung konnte das Staatsoberhaupt aber nicht unhöflich abweisen. Eiligst wurde ein zusätzlicher Sessel herbeigeschafft und an die feierlich gedeckte Tafel geschoben. Der Platz war beengter als die anderen Sitzgelegenheiten im »Achilleion«, dem ehemaligen Palast von Kaiserin Elisabeth (»Sisi«). Abgesehen von diesem Zwischenfall, der den Teilnehmern am Galadiner nicht verborgen blieb, konnte sich der Bundeskanzler nach einem Treffen mit Boris Jelzin bei der Umweltkonferenz von Rio de Janeiro 1992 erneut ein Bild vom russischen Herrscher machen und einiges über die Entwicklungen in Russland erfahren. Jelzin beschwerte sich nämlich in seiner Tischrede, dass die Europäer ihm immer mit blumigen Worten begegnen, aber konkrete Investitionen in Russland unterlassen würden. Dann wurde allen Ernstes die Möglichkeit diskutiert, auch Russland eines Tages in die Europäische Union aufzunehmen.[256] Allein die Idee ist heute unvorstellbar. Am nächsten Tag schlossen die EU-Vertreter ein Partnerschafts- und Kooperationsabkommen mit Russland ab. Umgesetzt und ausgebaut wurde dieses Abkommen jedoch nie.

Feierliche Unterzeichnung des Beitrittsvertrages auf Korfu

Am Freitag, dem 24. Juni 1994, war für Österreich der lang erwartete Augenblick gekommen, auf den die Bundesregierung so viele Jahre hingearbeitet hatte: Bei strahlendem Wetter wurde der Beitrittsvertrag unterzeichnet. Bei einer anschließenden Pressekonferenz gemeinsam mit Bundespräsident Klestil sprach der Bundeskanzler in Anlehnung an Winston Churchill von der »stärksten Stunde Österreichs«. In einem Atemzug nannte Franz Vranitzky drei Daten, die für ihn zu den wichtigsten Tagen der Zweiten Republik zählen: der 25. November 1945, an dem die erste Nationalratswahl nach dem Krieg stattfand, der 15. Mai 1955, an dem der Staatsvertrag im Belvedere unterzeichnet wurde, und schließlich der 24. Juni 1994, der Tag, an dem der EU-Beitritt mit der Vertragsunterzeichnung besiegelt wurde.[257]

Gefragt, wie die Stimmung sei, konnte sich Franz Vranitzky einen boshaften Witz auf Kosten Klestils nicht verkneifen: »Gaudimax auf höchster Ebene«.[258]

Kommissionspräsident gesucht

Für Franz Vranitzky brachte die Teilnahme am EU-Gipfel (die Treffen der Staats- und Regierungschefs haben sich im Laufe der Zeit zu einem wichtigen Motor der europäischen Integration entwickelt) auch einen Vorgeschmack auf das übliche Gezerre bei

EU-Gipfel am 24. Juni 1994 auf Korfu: Bundeskanzler Franz Vranitzky unterschreibt den Beitrittsvertrag mit der EU. Auch Außenminister Alois Mock (re.) unterzeichnet den Vertrag

Personalentscheidungen. Die Entscheidung über die Nachfolge von Jacques Delors stand an.

Unter den zwölf Regierungschefs war akkordiert, dass der niederländische Ministerpräsident Ruud Lubbers den Franzosen Delors beerben sollte. Damals galt noch das ungeschriebene Gesetz, dass auf einen Sozialdemokraten an der Spitze der EU-Kommission ein Christdemokrat folgt. Doch in der Sitzung erhob der deutsche Bundeskanzler Helmut Kohl unerwartet Einspruch. Nicht nur Franz Vranitzky war verblüfft, auch die anderen Regierungschefs verstanden Kohls Schachzug nicht. Dem Vernehmen nach war Lubbers nicht erfreut über die deutsche Einigung, was Kohl nicht vergessen hatte und sich mit seinem Veto an Lubbers rächen wollte. Der griechische Ministerpräsident Andreas Papandreou, der als Gastgeber das Treffen leitete, stand düpiert da. Er schlug eine weitere Amtszeit für Jacques Delors vor, doch dieser lehnte ab. Papandreou wandte sich verzweifelt an Staatspräsident François Mitterrand. Der zeigte dem Griechen die kalte Schulter und sagte, er werde niemals gegen jemanden stimmen, gegen den Helmut Kohl ist, erzählt Franz Vranitzky über seine Beobachtungen an diesem merkwürdigen Delors-Nachfolgespiel.[259] Dann wurde Belgiens christdemokratischer Ministerpräsident Jean-Luc Dehaene aus dem Hut gezaubert, er wurde schließlich von allen unterstützt – bis auf einen: Der konservative Brite John Major blockierte Dehaene und brachte seinen Favoriten, EU-Handelskommissar Sir Leon Brittan, ins Spiel. Die Suche nach einem neuen Kommissionschef wurde immer verworrener und geriet zum Wahlfiasko, die Entscheidung wurde vertagt.

Franz Vranitzky, der das Geschehen in Korfu live miterlebte – »Österreich hatte als Beobachter Sitz, aber noch keine Stimme« –, zog damals einen Schluss: Nach dem starken, ideenreichen und durchsetzungsfähigen Kommissionspräsidenten Jacques Delors wollten die Staats- und Regierungschefs offenbar keine Führungsfigur mehr an der Spitze der Kommission. Der Bundeskanzler hörte auf Korfu, wie Helmut Kohl dem französischen Präsidenten François Mitterrand folgenden Satz zuflüsterte: »So einer wie Delors darf uns nie wieder passieren.«[260]

Die EU-Regierungschefs setzten nach Delors immer stärker auf zwischenstaatliche Zusammenarbeit (im EU-Jargon »Intergouvernementalismus«) und weniger auf die EU-Kommission, die per Vertrag die Aufgabe hat, Initiativen zu setzen und die Integration voranzutreiben. Franz Vranitzky hat zu dieser Entwicklung eine klare Position: »Ich halte vom Intergouvernementalismus als dominierendes Wesenselement des Integrationsfortschritts deshalb weniger als von der Abstützung auf das organische Zusammenwirken der Institutionen, weil er die Vorherrschaft der großen Mitgliedstaaten gegenüber den mittleren und kleineren Ländern begünstigt.«[261]

Nach dem Scheitern in der Personalfrage auf Korfu machte ein paar Wochen später, am 15. Juli 1994, ein Kompromisskandidat das Rennen. Der christdemokratische luxemburgische Minister-präsident Jacques Santer, ein gutmütiger, Europa-erfahrener, aber wenig schlagkräftiger Politiker wurde zum neuen EU-Kommissionspräsidenten gekürt. Sein Nachfolger im Großherzogtum wurde Finanzminister Jean-Claude Juncker, der von 2014 bis Ende 2019 selbst an der Spitze der EU-Kommission stand und viele Initiativen ergriff. Er machte einen umfassenden Vorschlag für einen Migrationspakt zum Zweck einer gemeinsamen Asyl- und Einwanderungspolitik, der bis heute an den Widerständen der EU-Regierungen scheitert. Juncker verhinderte, dass US-Präsident Trump Strafzölle auf EU-Autos und andere Produkte aus der EU verhängte. Juncker legte zu Beginn seiner Amtszeit auch einen Plan für mehr Beschäftigung vor, der erfolgreich neue Jobs und Investitionen ermöglichte. Zu Jean-Claude Juncker fällt Franz Vranitzky nur Positives ein, beide verbindet bis heute eine Freundschaft. »Ich halte viel von Juncker, und ich habe ihn sehr gerne gehabt. Er war immer überaus kooperativ, kollegial, mit dem Blick für das Wesentliche und ein überzeugter Europäer.« Herzliche Worte Vranitzkys für einen ehemaligen Amtskollegen.[262]

Rückkehr zur österreichischen Normalität

Nach dem Triumph des EU-Referendums, der Unterzeichnung des Beitrittsvertrages auf Korfu und dem raschen Verlust der koalitionären Harmonie stellte sich die SPÖ/ÖVP-Regierung in Wien im Sommer 1994 auf den Wahlkampf ein. Die Hochstimmung im Zusammenhang mit der EU-Integration war in beiden Parteien schnell verflogen, eine Umfrage des Meinungsforschungsinstituts »Integral« für die Tageszeitung *Kurier* ergab einen nüchternen Ausblick auf die Nationalratswahl am 9. Oktober 1994.[263] Für die einzelnen Parteien ergaben sich folgende Anteile: SPÖ 40 Prozent, ÖVP 33 Prozent, FPÖ 15 Prozent, Grüne sieben Prozent und Liberales Forum fünf Prozent. Für die SPÖ bedeutete das im Vergleich zur Nationalratswahl von 1990 einen Rückgang, die ÖVP hatte minimal zugelegt, die FPÖ leicht verloren. 72 Prozent der Befragten sprachen sich dafür aus, dass EU-Politik Regierungssache bleiben sollte, nur 21 Prozent befürworteten mehr Einflussnahme durch den Bundespräsidenten.

Dass die Koalition zwischen SPÖ und ÖVP nach der Wahl fortgeführt werden sollte, dafür sprachen sich Bundeskanzler Vranitzky und Vizekanzler Busek bereits nach dem EU-Referendum aus. Als Ziel für die Wahl formulierte die Koalition das Behalten der Zwei-Drittel-Mehrheit im Nationalrat. SPÖ und ÖVP argumentierten mit der Notwendigkeit einer möglichst breiten Regierungsbasis »am Vorabend des EU-Beitritts« am 1. Jänner 1995.[264]

Wenige Tage vor der Nationalratswahl flammte der Streit zwischen SPÖ und ÖVP wegen der Schwerpunktsetzung in der österreichischen Außenpolitik und des Datums der Ratifizierung des EU-Beitrittsvertrages im Nationalrat erneut auf. Der Bundeskanzler plädierte für einen Termin nach der Wahl, die ÖVP wollte eine Abstimmung vor der Nationalratswahl. Grünes Licht für den EU-Beitritt gab das Parlament dann schließlich am 11. November 1994. Von insgesamt 181 anwesenden Abgeordneten stimmten 141 für das umfassende Vertragswerk. Sechs Tage später bestätigte der Bundesrat die Ratifizierung.[265] Damit waren der Weg Österreichs in die Europäische Union und der Beitritt am 1. Jänner 1995 endgültig besiegelt.

Der Bundeskanzler richtete seinen Blick bereits in die Zukunft und forderte für die Zeit nach der Wahl eine »umfassende Außenpolitik«. Kritisch merkte er Richtung ÖVP an, dass es bisher eine zu starke Konzentration auf die Fragen Europa, Ex-Jugoslawien sowie auf Watch-List-Themen gegeben habe. Wirtschaftspolitisch wichtige Bereiche, wie Asien, Nord-, Mittel- und Südamerika, seien »nicht sichtbar außenpolitisch betreut worden«. Vranitzky betonte explizit, dass es ihm dabei nicht darum gehe, welche Partei künftig den Außenminister stellen würde, sondern darum, dass die künftige Bundesregierung sich zu einer solchen »umfassenden Außenpolitik« bekenne. Außerdem kündigte Franz Vranitzky an, dass sich Österreich nach den Wahlen »sehr konkret« mit der Partnerschaft für den Frieden, einem Projekt der NATO, befassen und aktiv an der Ausarbeitung eines EU-Sicherheitssystems beteiligen werde. Vor allem bei der für das Jahr 1996 geplanten Regierungskonferenz der Europäischen Union würden die »künftigen Konturen eines europäischen Sicherheitssystems erkennbar« werden. Deshalb sei es für Österreich wichtig, sich voll auf diese wichtige Konferenz vorzubereiten.[266]

Vier Tage vor der Wahl reiste der Bundeskanzler zu einem EU-Sondergipfel nach Dublin, bei dem die Regierungskonferenz vorbereitet werden sollte, deren Ziel es war, der Reform des Maastricht-Vertrages neue Impulse zu geben. Vranitzky kämpfte dafür, die Festschreibung von Beschäftigung im neuen EU-Vertrag durchzusetzen. Allerdings sträubten sich Deutschland und Großbritannien noch dagegen, weil sie fürchteten, damit sozialpolitische Verpflichtungen einzugehen.[267]

Nationalratswahl Oktober 1994:
Debakel für die rot-schwarze Koalition

Zurück in Wien, fand am 9. Oktober 1994 die Nationalratswahl statt: Bereits die Prognosen verhießen der SPÖ, aber auch der ÖVP keine Zugewinne. Entsprechend fielen die Ergebnisse für beide Koalitionsparteien aus: Die SPÖ erzielte 34,9 Prozent der abgegebenen Stimmen (1990: 42,8 Prozent), die ÖVP kam auf 27,7 Prozent (1990: 32,1 Prozent), die FPÖ erreichte 22,5 Prozent (1990: 16,6 Prozent), die Grünen kamen auf 7,3 Prozent und das Liberale Forum schaffte mit sechs Prozent den Einzug ins Parlament. Die Wahlbeteiligung lag bei 81,9 Prozent.[268]

Für die Koalitionsparteien bedeutete das Wahlergebnis ein Debakel. SPÖ und ÖVP gemeinsam hatten mit dem Wahlergebnis die Zwei-Drittel-Mehrheit im Parlament verloren, wollten aber die Große Koalition dennoch fortsetzen. Gewinner des Wahlsonntags waren die FPÖ, die Grünen und auch das Liberale Forum. SPÖ-Chef und Bundeskanzler Franz Vranitzky kommentierte das Resultat als »ganz, ganz schlimmen Rückschlag«.[269] Noch am Wahlabend lud er die sozialdemokratischen Kabinettskollegen und Vertrauenspersonen aus der Partei zu einer Aussprache. Dabei bot er seinen Rücktritt als Bundeskanzler und als Parteivorsitzender an, doch davon wollte niemand etwas wissen, weil sich die Situation durch einen solchen Schritt nicht verbessert hätte. Bundespräsident Thomas Klestil betraute den Bundeskanzler mit der Regierungsbildung, die rot-schwarze Koalition wurde fortgesetzt und die neue Regierung am 29. November angelobt.

Im Zentrum der Regierungserklärung von Bundeskanzler Franz Vranitzky vor dem frisch gewählten Nationalrat stand der bevorstehende EU-Beitritt Anfang Jänner 1995. Er kündigte eine »aktive, solidarische und innovative Mitarbeit Österreichs in allen Bereichen der EU« an und versprach, die Fördermittel aus den diversen EU-Töpfen optimal einzusetzen. Zu den mutigen Vorhaben gehörte für Vranitzky auch die Schaffung von 200.000 zusätzlichen Arbeitsplätzen, der Bau von jährlich über 50.000 Wohnungen und die Nutzung aller Chancen für Wissenschaft und Forschung in Europa. Die Mitgliedschaft in der EU, eine Ausbildungs- und Bildungsoffensive sowie ein gutes Wirtschaftswachstum sollten die Chancen des Einzelnen stärken. Im Interesse der inneren und äußeren Sicherheit kündigte der Kanzler eine eigene Grenzschutztruppe an.[270]

Auf den Spuren Kreiskys

Was die wichtige Frage der Beschäftigung und Sicherung von Arbeitsplätzen betraf, handelte Franz Vranitzky in der Tradition Bruno Kreiskys, der Ende 1986 eine Kommission ins Leben gerufen hatte, die praktische Lösungsvorschläge zur Bekämpfung der Arbeitslosigkeit und für die Schaffung neuer Jobs erarbeitet hatte. Kreisky hatte damals verlangt, die beschäftigungspolitischen Effekte von Entwicklungshilfe, Umweltschutz und grenzüberschreitender Zusammenarbeit in Europa genau zu untersuchen und in diesen Bereichen neue Arbeitsplätze zu schaffen. Sein Bericht für Wachstum und Beschäftigung, der auch in Buchform unter dem Titel »20 Millionen suchen Arbeit« erschienen war, hatte international Beachtung gefunden und war von Kreisky selbst in Wien, Paris und Brüssel vorgestellt worden.[271] Die zentrale These des ehemaligen Bundeskanzlers war es gewesen, auf den sozialen Dialog zu setzen, die Sozialpartnerschaft nicht zu vernachlässigen, nicht nationalstaatlich, sondern gemeinsam auf europäischer Ebene zu handeln, Forschung und Innovation zu fördern ebenso wie Geld in umfassende Ausbildung zu investieren. Für die Finanzierung von Beschäftigungsprogrammen sollte das Prinzip »So viel privat wie möglich, so viel öffentlich wie notwendig« gelten.[272] Und last but not least war Kreisky die demokratiepolitische Dimension von Beschäftigung ein Anliegen gewesen. Er wusste aus der Erfahrung der 1930er-Jahre, wie gefährlich Arbeitslosigkeit in politischer Hinsicht werden kann. Er hatte dieses Phänomen in Wien erlebt. Für ihn war Arbeitslosigkeit »die Geißel der demokratischen Gesellschaft«[273] schlechthin.

Bruno Kreisky hatte seinen Bericht am 27. April 1989 in Brüssel persönlich an EU-Kommissionspräsident Jacques Delors übergeben. Dieser hatte ihm zugesichert, die Ergebnisse in das Weißbuch für Beschäftigung und in die EU-Charta über soziale Grundrechte einfließen zu lassen. Der ehemalige französische Gewerkschafter Delors sah im Kreisky-Report einen »interessanten Input« für die »soziale Dimension« des Binnenmarktes. Im Weißbuch der EU-Kommission für Beschäftigung, das im Jahr 1993 herausgekommen war, waren die wesentlichen Inhalte und Aussagen des Kreisky-Berichtes berücksichtigt worden.[274]

Inspiriert von Kreisky und dem Weißbuch von Delors, ließ Bundeskanzler Franz Vranitzky ein Weißbuch für Österreich erarbeiten,

»ein sehr inhaltsreiches Papier«, wie er sagte. Das Weißbuch, eine Art Handbuch für den Eintritt in die EU, wurde am 6. Dezember 1994 von der neuen Regierung angenommen. Es umfasste die Bereiche Wirtschaft, Beschäftigung und Arbeitsmarkt sowie Struktur- und Agrarpolitik. Der Bereich Sozialpolitik fehlte, weil Soziales ausschließlich in der nationalen Verantwortung lag, betonte der Bundeskanzler.[275] Mit diesem Programm startete Österreich seine EU-Mitgliedschaft.

EU-Beitritt am 1. Jänner 1995

Am 1. Jänner 1995 wurde der Beitritt Realität. »Mit dem heutigen Tag ist ein neuer Abschnitt in der Geschichte unseres Landes eingeläutet worden«, sagte der Bundeskanzler in seiner Neujahrsansprache. Er warnte aber auch davor, sich als neues Mitglied zurückzulehnen. Im Gegenteil: Österreich müsse sich »vom heutigen Tag an aktiv, gleichberechtigt und solidarisch am weiteren Aufbau des vereinten Europas beteiligen«. Und weil die Frage der Neutralität für viele Österreicher ein Herzensanliegen ist, wiederholte der Kanzler, dass »Österreich als neutraler Staat aktiv an der für 1996 geplanten Regierungskonferenz über die künftige Sicherheit mitarbeiten werde«.[276] Einige Tage später stellte er bei einem Vortrag im Schweizerischen Institut für Auslandsforschung in Zürich fest, dass es »zwischen Neutralität und Solidarität in der EU keinen Widerspruch gibt, wie er von verschiedener Seite beschworen worden ist«. Damit meinte er die immer wieder aufflackernde Diskussion – vor allem in der ÖVP – über das Ende der Neutralität und einen möglichen NATO-Beitritt. Ein solcher wurde von Vranitzky und der SPÖ stets kategorisch ausgeschlossen. Diese Position gilt bis heute.

Der Bundeskanzler betonte in seiner Züricher Rede, dass Österreich das NATO-Kooperationsangebot im Rahmen der »Partnerschaft für den Frieden« annehmen werde, weil es dabei um friedenserhaltende Maßnahmen am europäischen Kontinent gehe, an denen Österreich mitwirken wolle.

Franz Vranitzky plädierte in seinem Vortrag erstmals für ein umfassendes Verständnis von europäischer Sicherheitspolitik. Diese müsse über den Rahmen rein militärischer Perspektiven und Instrumente hinausgehen und auch die sozialen, ökologischen, demokratischen und alle heute als »innere Sicherheit« bezeichneten Politikfelder umfassen. »Mit einem solchen weitreichenden Sicherheitsverständnis wird die Europäische Union ein viel stärkeres Problemlösungspotenzial besitzen«, sagte der Bundeskanzler. Und weiter: »Beschränken wir uns lediglich auf eine militärische Sichtweise, so sehe ich die große Gefahr, dass Europa in kurzer Zeit wieder mit dem Dilemma einer nuklearen Bedrohung konfrontiert wird.«[277]

Mit neuem Elan und neuen Ideen packte Franz Vranitzky seine Rolle als Regierungschef eines neuen Mitgliedslandes in der EU an. An dem Projekt Europa, seinem Herzensanliegen, hatte er als Bundeskanzler und als SPÖ-Chef seit Mitte der 1980er-Jahre gearbeitet. Er unternahm zahlreiche Reisen in unterschiedliche EU-Hauptstädte und empfing europäische Amtskollegen in Wien. Sein politisches Netzwerk, das er über viele Jahre ausgebaut hatte, war ihm dabei eine große Stütze. In seiner Funktion als SPÖ-Vorsitzender lud er Ende Februar 1995 alle sozialdemokratischen Regierungs- und Parteichefs Europas zu einem Treffen in das Bruno Kreisky Forum für internationalen Dialog in Wien ein, um mit ihnen die Beschäftigungssituation (Arbeit als Grundlage des sozialen Friedens) sowie über Sicherheits- und Umweltfragen in der EU zu diskutieren.[278] Bei der Tagung wurde auch das Zusammenspiel der großen, mittleren und kleinen EU-Staaten besprochen sowie die Reform und die Weiterentwicklung der EU.

Franz Vranitzky hat sich stets für eine Vertiefung der EU ausgesprochen: »Je länger ich das politische Amt bekleidete, desto mehr wurde mir die Notwendigkeit bewusst, für das Integrationswerk einzustehen, zu werben, zu überzeugen und dabei immer wieder den Primat der Politik hervorzuheben.« Die Gründerväter der

Fünfzigerjahre des 20. Jahrhunderts gingen eindeutig von der Schaffung einer politischen Union aus. Der weitere Ausbau dieser politischen Union blieb auch für Vranitzky eine zentrale Frage. »Aus der Sicht des beginnenden 21. Jahrhunderts, im Rückblick auf mehr als fünfzig Jahre Frieden unter den Fünfzehn, ist die Utopie der Gründer für diesen Teil Europas Wirklichkeit geworden. Allerdings schwindet dort das Bewusstsein, wo man keine Gefahr mehr verspürt. Der politische Sinn der Union muss also stets neu belebt werden, um dieses großartige Werk europäischer Kultur nicht in eine bloße Wirtschaftsgemeinschaft absinken und im Bewusstsein der Bürger in Verdrossenheit über die Brüsseler Bürokratie verkommen zu lassen. Wie bei jedem gesellschaftlich wichtigen Projekt, bei jeder politischen Idee, bei jedem Unternehmensziel ist die Weiterentwicklung unerlässlich, um Errungenes abzusichern und die Wege für Zukünftiges zu ebnen«, lautet das Credo von Franz Vranitzky.[279]

Franz Vranitzky wird mit dem Karlspreis zu Aachen gewürdigt

Diese Gedanken des Sozialdemokraten führten direkt nach Aachen, wo der Bundeskanzler am 25. Mai 1995 mit dem Internationalen Karlspreis ausgezeichnet wurde. Vranitzky bekam den renommierten Preis für seinen »langjährigen Einsatz zur Stärkung Europas und die Anbindung der Regionen Osteuropas an die Europäische Union« zuerkannt, heißt es in der Begründung des Direktoriums der Gesellschaft für die Verleihung des Preises. Zugleich würdigte das Direktorium »eine Absage an die auch in seinem Land wirksame rechtspopulistische Demagogie und deutschnationale Agitation« als persönlichen Erfolg Franz Vranitzkys.[280]

In seiner Dankesrede gab dieser ein Plädoyer für eine Utopie Europas ohne Nationalismus ab. »Wir sehen heute zwei Modelle der Geschichte Europas zeitgleich und geographisch dicht nebeneinander. Das eine ereignet sich hier und jetzt als ein friedlicher

Als bisher einziger Österreicher wurde Bundeskanzler Franz Vranitzky
am 25. Mai 1995 mit dem renommierten Karlspreis zu Aachen für seine
Verdienste um die europäische Integration ausgezeichnet

Einigungsprozess. Er schreitet voran in unzähligen Schritten mit
großen Schwierigkeiten, hohem Aufwand, mit vielen kleinen und
großen Konflikten, aber er ereignet sich am Verhandlungstisch und
nach demokratischen Spielregeln. Eine Ouvertüre in unserer Generation vielleicht zu einem Europa, das seine Utopie ernst nimmt und
zu einem Teil der Welt wird ohne nationale Ressentiments und Intoleranz. Ein zweites Modell ereignet sich kaum zwei Flugstunden von
hier. Es ist das Gegenteil davon und führt uns vor Augen, wie ver-
letzlich diese Moderne in Wahrheit ist: Vormoderne Gespenster des
Nationalismus und bestialische Gewalttätigkeiten sind dort nach wie
vor wach.«[281] Beide Modelle seien Europa, sagte der Bundeskanzler:
»Der Traum der Aufklärung, der Rationalität und des freien Dialogs,
aber auch der Albtraum der Gewalt, der Missachtung jeglicher Menschenrechte und des Terrors.« Dieses Nebeneinander lasse manche

resignieren und verführe andere, ihre Zuflucht in einer romantisch
verklärten Vergangenheit oder in simplifizierenden Phrasen auto-
ritärer Populisten zu suchen. Der Bundeskanzler machte eindringlich klar, dass er »die Notwendigkeit einer weiteren Modernisierung
Europas in der Tradition der Aufklärung und eines Fortschrittes, der
diesen Namen auch tatsächlich verdient«, sehe.[282]

Franz Vranitzky ist der erste und bisher einzige österreichische
Politiker, der die 1949 gestiftete traditionsreiche Auszeichnung,
den Karlspreis zu Aachen, für Verdienste um Europa erhalten hat.
Auf der Liste der Preisträger vor Vranitzky finden sich der frühere
deutsche Bundeskanzler Konrad Adenauer, der britische Premier
Winston Churchill, US-Außenminister Henry Kissinger, Frank-
reichs Präsident François Mitterrand und der deutsche Kanzler
Helmut Kohl sowie die norwegische Ministerpräsidentin Gro
Harlem Brundtland.

Innenpolitische Turbulenzen

Das Jahr 1995 hatte aber nicht nur freudige Ereignisse, wie die Preis-
verleihung in Aachen, parat. In der österreichischen Innenpolitik
brodelte es immer heftiger. Im April kam es zu einem Wechsel an der
ÖVP-Spitze. Wolfgang Schüssel löste ÖVP-Obmann und Vizekanzler Erhard Busek ab. Schüssel, bisher Wirtschaftsminister, übernahm
die Führung der Volkspartei und wurde gleichzeitig Vizekanzler
und Außenminister. Der bisherige Chef der österreichischen Diplo-
matie, Alois Mock, musste sich mit seinem Abgeordneten-Mandat
begnügen. Mit Schüssel nahmen die Spannungen in der Koalition
zu, das Verhältnis des Bundeskanzlers zu seinem Vizekanzler war
distanziert. »Dem Verdacht, außen- und integrationspolitisch stark
interessiert zu sein, setzte sich Schüssel in den Jahren 1995 bis 2000,
in denen er Außenminister war, nicht übermäßig aus«, schreibt Vranitzky in seinen Memoiren.[283] Der Streit zwischen SPÖ und ÖVP
entzündete sich an der Budgeterstellung für das Jahr 1996 und die

folgenden Jahre, endete im Oktober mit der Auflösung der Koalition und mündete in Neuwahlen am 17. Dezember 1995.

Die Konsolidierung des Budgets und dabei vorrangig ausgabenseitig zu sparen war notwendig, darüber waren sich Vranitzky und Schüssel einig. Schließlich ging es ja auch darum, das Defizit zu begrenzen und die Haushaltsstruktur für die Teilnahme an der Wirtschafts- und Währungsunion vorzubereiten. Selbst die Sozialpartner, die den Verhandlungen beigezogen wurden und bekannt für ihre Lösungsorientierung sind, konnten keine Budgeteinigung herbeiführen. In Unterredungen mit Wolfgang Schüssel, erinnert sich Franz Vranitzky in unserem Gespräch, gab es immer »ultimative Untertöne«: Es müsse diese Regierung ja nicht unbedingt geben, auch eine andere Koalition sei vorstellbar, drohte der Vizekanzler. Damit konnte nur ein Zusammengehen der Volkspartei mit den Freiheitlichen gemeint sein, eine Option, die Schüssel dann im Jahr 2000 umsetzte.

Der Budgetstreit in der Regierung, aber auch unterschiedliche Vorstellungen über die Europapolitik und die österreichische Position für die 1996 startende EU-Regierungskonferenz hatten Auswirkungen – nicht nur auf das Klima in der Koalition, sondern auch auf die Stimmung in der Öffentlichkeit. Meinungsumfragen ergaben nur wenige Monate nach dem EU-Beitritt einen deutlichen Anstieg an Europa-Skepsis in der Bevölkerung. Die EU-Zustimmung und Euphorie, die es nach dem EU-Referendum noch gegeben hatte, war dahin.[284]

Bei einer Regierungsklausur vor dem Sommer 1995 einigte sich die Koalition auf ein Positionspapier für die EU-Regierungskonferenz. Die Vorstellungen des Bundeskanzlers, die Arbeitsplatz- und Beschäftigungspolitik in der EU voranzutreiben und dabei »handfeste, pragmatische Ergebnisse für die Bevölkerung zu liefern«, wurden in den Leitlinien festgeschrieben.[285]

In der Bevölkerung war die Europa-Stimmung – obwohl zwei Drittel der Wahlberechtigten für den Beitritt votiert hatten – ein

Jahr nach dem Referendum deutlich gesunken. Umfragen zufolge lag die EU-Zustimmung im Mai 1995 nur mehr bei 39 Prozent.[286] Meinungsforscher konstatierten, dass es der Regierung nicht gelungen war, die Menschen »mitzunehmen«. Sie machten eine Reihe von Problemen und Ereignissen dafür verantwortlich: das Unterschriften-Hick-Hack vor dem EU-Gipfel auf Korfu, die Auseinandersetzungen über die Kompetenzen des Bundespräsidenten in der Europapolitik sowie die Differenzen über die Sicherheits- und Verteidigungspolitik. Die Ratifizierung des Beitrittsvertrages durch das Parlament kam vor der Nationalratswahl nicht mehr zustande, die Debatte darüber zog sich bis zum 11. November 1994 hin. Die EU-Verfassungsbestimmungen konnten erst »fünf Minuten vor zwölf«, nämlich am 15. Dezember, ohne die Stimmen der Freiheitlichen verabschiedet werden. All das habe sich nicht vertrauensbildend auf die Bevölkerung ausgewirkt.

Für Bundeskanzler Franz Vranitzky war die sinkende EU-Zustimmung ein Alarmsignal. »Weiterkämpfen« und »nicht aufgeben«, lautete seine Devise, und er setzte zwei Maßnahmen: einmal die Intensivierung der Europa-Informations- und Öffentlichkeitsarbeit mit Diskussionen in allen Bereichen und zum anderen sein Konzept »Beschäftigung first«, das er auf EU-Ebene durchsetzen wollte und als »prioritäre Aufgabe« von den EU-Institutionen einforderte. Hand in Hand damit ging für ihn auch der Ausbau der sozialen Sicherheit. Im Kreise der Europäischen Sozialdemokraten (SPE) gab er mit seinen Plänen den Ton an. Unmittelbar vor dem EU-Gipfel in Cannes trafen die sozialdemokratischen Regierungschefs und Parteivorsitzenden am 24. und 25. Juni 1995 im südfranzösischen Valbonne zu einer Präsidiumssitzung zusammen.[287] Dort präsentierte SPÖ-Chef Franz Vranitzky seine Vorschläge zum Thema Beschäftigung, die er dann auch im großen Kreis der EU-Granden vortrug.

Zuvor, bei einem UNO-Sozialgipfel in Kopenhagen, präsentierte er seine Vorstellungen von einem sozialen Europa. Er legte ein

Sechs-Punkte-Programm vor, das die Bereiche Ausbildung für sichere Arbeitsplätze, Sonderprogramme für Frauen, mehr Unterstützung für Kinder, Minderheiten und Randgruppen sowie eine Initiative Österreichs für eine regionale Folgekonferenz für Europa umfasste. Er verlangte bei dem UNO-Treffen auch einen teilweisen »Schuldenerlass für die ärmsten Länder« und brachte dafür einen entsprechenden Antrag ein.[288] Österreichs Haltung begründete der Kanzler mit folgenden Worten: »Der Humanismus verpflichtet Österreich zu internationaler Solidarität in Sozialfragen.« Ein hehres Prinzip, bedenkt man, dass gleichzeitig die Industrieländer auch massive Eigeninteressen verfolgten: 79 von 82 bewaffneten Konflikten weltweit zwischen 1991 und 1995 waren innere Konflikte, soziale Diskrepanzen bedrohten Frieden und Stabilität in der Welt. Eine durch den Wettbewerb um soziale und Umweltstandards entstehende »soziale Spirale nach unten« stellte eine »eminente Gefahr« dar. Sozialpolitik musste auch als »wesentliches Element der Sicherheitspolitik« verstanden werden, unterstrich der Bundeskanzler bei seinem Auftritt bei der UNO-Konferenz in Kopenhagen.[289]

Im Herbst sprengte Wolfgang Schüssel die Regierung. Am 12. Oktober 1995 ließ der Vizekanzler und ÖVP-Obmann nach rund zwanzig Verhandlungsrunden im Budgetstreit die Koalition platzen. Schüssel begründete das Scheitern damit, dass die SPÖ-Vorschläge »nicht nachvollziehbar und nicht durchführbar« wären. Die Pläne der SPÖ für Steuererhöhungen wären zu hoch, das entspräche »nicht dem Koalitionsübereinkommen«.[290] Der Bundeskanzler sah das anders: Die ÖVP wäre nicht bereit gewesen, »Programme vorzuschlagen, die für die Sozialdemokratie annehmbar gewesen wären«. Einen gemeinsamen Neuwahlantrag im Nationalrat lehnte Vranitzky entschieden ab. Er stehe als Bundeskanzler »für Sicherheit und nicht für Experimente«. Wenn die ÖVP zehn Monate nach der Regierungsbildung »die Flucht aus der Verantwortung« antreten wolle, dann trage sie allein die Verantwortung für »unsinnige Neuwahlen und die damit verbundenen Kosten«, hielt Vranitzky mit seiner Bestürzung nicht hinter dem Berg.[291]

Der harte Wahlkampf begann. Als »einen Tanz ums Ego« bezeichnete Franz Vranitzky die Neuwahlgelüste des ÖVP-Obmannes. Der notwendige Konsolidierungskurs würde durch die »Schüssel-Entscheidung« erheblich schwieriger werden, wichtige Schlüsselfragen, wie Beschäftigungs-, Gesundheits- und Sozialpolitik, würden vorerst ungelöst bleiben, skizzierte der Kanzler die entstandenen Probleme. Die SPÖ punktete im Wahlkampf mit sozialen Themen wie Pensionsreform, zusätzlichen neuen Arbeitsplätzen, Gesundheitsversorgung sowie Frauenrechten. Franz Vranitzky, der alle Wahlplakate mit seiner eigenhändigen Unterschrift versah, trat als Garant für die Erfüllung dieser Versprechen ein.

Nach einer Analyse des Demokratiezentrums Wien[292] war das Plakat mit dem Text »Für Experimente ist unser Österreich zu kostbar« einerseits im Zusammenhang mit den sozialpolitischen Schwerpunkten der SPÖ im Wahlkampf zu sehen, interpretiert werden konnte der Slogan aber auch als die persönliche Botschaft Franz Vranitzkys: »Ich werde dafür sorgen, dass es keine sozialen Experimente in Österreich geben wird.« Andererseits signalisierte die Aussage »Für Experimente ist unser Österreich zu kostbar« aber auch die Warnung vor einer Veränderung im politischen Stärkeverhältnis und an der bis dahin bestehenden Regierungsform, einer Koalitionsregierung aus SPÖ und ÖVP mit einem SPÖ-Kanzler an deren Spitze. Zu sehen war das Wahlplakat somit auch besonders vor dem Hintergrund eines kontinuierlichen Stimmengewinns der FPÖ in den 1990er-Jahren und der Avancen Schüssels Haider gegenüber.[293]

Franz Vranitzky setzte im Wahlkampf ganz auf seine Erfahrungen als Staatsmann und auf die SPÖ als eine im Dienste Österreichs stehende Partei. Auffallend war auch das Emblem: Das rot-weiß-rote SPÖ-Parteilogo wurde mit dem Symbol der EU, dem blauen Sternenbanner, verbunden. Allerdings hatte die SPÖ bereits seit den

Nationalratswahlen 1990 das EU-Logo auf ihren Wahlplakaten abgebildet, während alle anderen Parteien auf der Ebene ihres Parteilogos einen Europa-Bezug vermissen ließen. Als einzige Partei gab sich somit die SPÖ bei den Nationalratswahlen 1990, 1994 und 1995 nicht nur das Image einer Österreich-Partei, sondern auch das einer europäischen Partei.

Der Wahlkampf blieb nicht auf Österreich beschränkt. Außenminister Wolfgang Schüssel verlagerte die parteipolitische Auseinandersetzung nach Madrid, wo am 14. und 15. Dezember 1995, also kurz vor der Wahl, der EU-Gipfel stattfand. Schüssel konnte sich einige Spitzen gegen die SPÖ nicht verkneifen und zitierte vor laufenden Kameras aus einer Arbeitsunterlage des Finanzministeriums zum EU-Gipfel, wonach sich Österreichs Wirtschaft 1994 und 1995 verschlechtert habe – und fügte dann noch süffisant hinzu: Nicht die Fakten seien neu, sondern die Quelle. Vranitzky erwiderte darauf nur, dass Schüssel die europäische Bühne für den Wahlkampf missbrauche.[294] In der Tat gilt in der EU das ungeschriebene Gesetz, europäische Treffen nicht für nationale Veranstaltungen oder Wahlauseinandersetzungen zu instrumentalisieren, die Vereinbarung wird aber immer wieder gebrochen.

Beschlossen wurde in der spanischen Hauptstadt der Name für die gemeinsame Währung: Euro wurde das Geld benannt, das die Bürger jener Länder, die an der Wirtschafts- und Währungsunion teilnehmen, ab 2002 in ihren Taschen haben würden. Im Jahr 1998 sollte entschieden werden, welche Länder die Kriterien erfüllten, um Teil der Währungsunion zu werden. Österreich hatte damit noch zwei Jahre Zeit, das Budgetdefizit zu halbieren [drei Prozent des BIP sind erlaubt, Anm.] und bei den Staatsschulden eine substanzielle Verringerung zu erreichen.

Franz Vranitzky hatte in Madrid auch darauf gepocht, nicht nur auf die Konvergenzkriterien zu achten, die vertraglich eingehalten werden müssen, sondern auch auf die Sozialverträglichkeit der

Wirtschafts- und Währungsunion.[295] Er forderte begleitende Maßnahmen in den Bereichen Beschäftigung und Soziales, um bei möglichen negativen Auswirkungen der Währungsunion auf diese Bereiche rechtzeitig gegensteuern zu können.»Für den Erfolg der Währungsunion wird es entscheidend sein, die Bürger Europas dafür zu gewinnen.«[296] Zufrieden mit den Gipfel-Ergebnissen konnte der Bundeskanzler nach Wien zurückkehren. Alle Gipfelteilnehmer hatten das österreichische Anliegen akzeptiert, die hohe Bedeutung der Beschäftigungspolitik im EU-Vertrag zu verankern und zum Thema bei der Regierungskonferenz zu machen, die im März 1996 in Turin eröffnet werden sollte. Damit konnte Franz Vranitzky eines seiner zentralen Anliegen als durchgesetzt betrachten.

Die SPÖ gewinnt die Wahl

Am 17. Dezember 1995 ging es dann zu den Urnen. Die Hoffnung Wolfgang Schüssels, die ÖVP zur stimmenstärksten Partei zu machen, ging jedoch nicht in Erfüllung. Im Gegenteil: Die ÖVP verlor sogar ein Mandat, während die SPÖ sechs Mandate dazugewinnen konnte. Bundeskanzler Vranitzky brachte in dieser Wahl, die neuerlich zur Bildung einer Großen Koalition führte, das zweitbeste Ergebnis seiner Kanzlerschaft ein. Bei der Nationalratswahl 1986 bekam die SPÖ mit ihrem Spitzenkandidaten Franz Vranitzky 43,1 Prozent der abgegebenen gültigen Stimmen.

Von den insgesamt 13 Parteien, die 1995 zur Wahl angetreten waren, hatten fünf Parteien den Einzug in den Nationalrat geschafft: Die SPÖ kam auf 38,1 Prozent der abgegebenen Stimmen (71 Mandate von insgesamt 183 Abgeordneten), die ÖVP auf 28,3 Prozent (53 Mandate), die FPÖ auf 21,9 Prozent (40 Mandate), Die Grünen auf 4,8 Prozent (neun Mandate) und das Liberale Forum auf 5,5 Prozent der abgegebenen Stimmen (zehn Mandate).[297]

EU-weit wurde die Nationalratswahl genau beobachtet und kommentiert. Die konservative französische Wirtschaftszeitung *Les Echos* fasste das Wahlergebnis wie folgt zusammen: »Zwischen dem konservativen Traum von Wolfgang Schüssel, endlich das Kanzleramt zu erreichen, und dem nationalpopulistischen und ausländerfeindlichen Albtraum von Jörg Haider haben sich die Österreicher für Realismus entschieden und der seit zehn Jahren von Bundeskanzler Franz Vranitzky verkörperten Sozialdemokratischen Partei neue Kraft gegeben. Offensichtlich haben die Wähler Schüssel dafür bestraft, dass er vor zwei Monaten künstlich die sozialdemokratisch-konservative Koalition wegen des Streits über die Verringerung der öffentlichen Defizite gesprengt hat, während es sich in Wirklichkeit nur um einen Machtkampf handelte.«[298] Das liberale italienische Blatt *La Repubblica* machte einen einseitigen Wahlbericht mit der Schlagzeile auf: »Österreich stoppt Haider und wählt den Sozialstaat«. In einem Kommentar wird der »Triumph Vranitzkys« wie folgt beschrieben: »Dem Kanzler ist es gelungen, den Vormarsch der rechten Nationalisten, der Feinde der demokratischen Kultur Österreichs, zu stoppen.«[299]

Der Bundeskanzler folgte dieser Haltung konsequent und schlug im Zuge der Regierungsverhandlungen Gespräche mit der antieuropäisch und nationalistisch eingestellten FPÖ aus. Nach wochenlangem Ringen um ein Sparbudget und eine Verkleinerung der Zahl der Regierungsmitglieder (es wurden zwei Ministerien und zwei Staatssekretariate eingespart) einigten sich SPÖ und ÖVP am 7. März 1996 auf eine weitere Zusammenarbeit. Erneut wurde eine Große Koalition gebildet.

Franz Vranitzky organisiert den ersten Beschäftigungsgipfel der EU

Doch bevor es zu der neuen Großen Koalition kam, ließ Franz Vranitzky bei seinen sozialdemokratischen Regierungskollegen in Europa nicht locker, eine europäische Beschäftigungs- und Sozialunion weiter voranzutreiben. Ende Jänner 1996 lud er sozialdemokratische Spitzenpolitiker der EU, darunter Regierungschefs aus neun

EU-Staaten, nach Seefeld in Tirol ein, um sie auf ein gemeinsames Vorgehen bei der Reformkonferenz einzuschwören. In der EU stieg die Arbeitslosigkeit, rund 20 Millionen Menschen, darunter viele Junge, hatten keinen Job. »Man darf vor den hohen Arbeitslosenzahlen nicht kapitulieren«, redete Vranitzky seinen Amtskollegen ins Gewissen. Zur Bekämpfung der Arbeitslosigkeit lehnte er Ansätze ab, wie sie in Österreich, Deutschland, Großbritannien, Frankreich und Italien von Konservativen propagiert wurden: Deregulierung dürfe nicht zulasten der sozialen Errungenschaften gehen, etwa durch Flexibilisierung der Arbeitszeit in einer Weise, die letztlich Lohnkürzungen für die Arbeitnehmer bedeutete. Durch »Verwässerung der sozialen Standards« würde nicht mehr Wettbewerbsfähigkeit entstehen, skizzierte Franz Vranitzky die sozialdemokratische Position.

Als Erster in der EU verlangte der Bundeskanzler für die schrittweise Durchsetzung sozialer Ziele und Beschäftigungsziele einen Sanktionsmechanismus. Er verlangte bei Verletzung der Beschäftigungsunion einen »Blauen Brief« der EU-Kommission analog zur Rüge bei Nichteinhaltung der Konvergenzkriterien. Selbst Kürzungen von EU-Förderungen für Länder, die soziale Kriterien nicht einhalten, brachte Franz Vranitzky in die Diskussion ein. »Die Währungsunion widerspricht nicht der Beschäftigung und der sozialen Sicherheit. Um die europäische Integration für viele Menschen, die sich um ihren Arbeitsplatz sorgen, akzeptabel zu machen, braucht die EU eine soziale Dimension«, überzeugte Vranitzky seine Kollegen und Parteifreunde in Tirol.[300]

Zurück in Wien, kündigte der Bundeskanzler auch in seiner Regierungserklärung vom 13. März 1996 eine neue Offensive für Wachstum und Beschäftigung an – in Österreich und in der EU. Entgegen der Stimmungslage in der Bevölkerung zog Vranitzky eine positive Bilanz der bis zu diesem Zeitpunkt bereits fünfzehn Monate dauernden EU-Mitgliedschaft. Es gehe dabei nicht mehr um die Frage, »ja oder nein zum gemeinsamen Europa«, sondern ausschließlich um jene nach dem künftigen »Wie in Europa«. Der Kanzler kündigte eine Informationskampagne an, um europäische Prozesse und Entscheidungen transparenter zu machen.[301]

Diese verstärkte Öffentlichkeitsarbeit und Kommunikation mit der Bevölkerung war auch wegen der Ende März in Turin gestarteten EU-Regierungskonferenz nötig. Die EU als Ganzes und ihre Institutionen mussten für die geplante Wirtschafts- und Währungsunion sowie für die Erweiterung um ost- und südosteuropäische Länder sowie um Zypern und Malta fit gemacht werden. Auch der Ausbau der EU-Sicherheitspolitik stand auf dem Programm der Regierungskonferenz – und damit das ewige österreichische Konfliktthema Neutralität versus NATO. Wie bei etlichen EU-Treffen zuvor, reiste der Bundeskanzler mit seinem Konzept für ein »europäisches Sozialmodell« nach Italien. Dabei wurde er ganz besonders von den skandinavischen Ländern unterstützt, allen voran von Schweden, aber auch Frankreich schloss sich der Gruppe an, die ein »Sozialkapitel« im neuen EU-Vertrag verlangte. Großbritannien wollte davon allerdings nichts wissen.

Anhaltende Kontroversen gab es in der Koalition zum Thema Sicherheitspolitik. Die ÖVP schloss einen NATO-Beitritt nicht aus, für die SPÖ war das ein rotes Tuch. Franz Vranitzky wollte sich darauf nicht einlassen und führte immer wieder das umfassende Sicherheitsbedürfnis der Menschen ins Treffen – und nicht allein ein militärisches. Nach Abschluss der EU-Regierungskonferenz stellte die Regierung einen sogenannten Optionenbericht in Aussicht, um diesen zur Grundlage künftiger politischer Entscheidungen zu machen. Dieses Anliegen scheiterte.

Die erste Wahl zum Europäischen Parlament

Am 13. Oktober 1996 stand in Österreich die erste Wahl zum Europäischen Parlament bevor. 21 Abgeordnete stellte Österreich. Die Ausgangsposition für die SPÖ war alles andere als günstig. Laut einer OGM-Umfrage hätten nur mehr 42 Prozent der wahlberechtigten Österreicher und Österreicherinnen für einen EU-Beitritt gestimmt.[302] War das bereits ein Hinweis darauf, dass die FPÖ, die die EU ablehnte, gewinnen könnte? In der SPÖ stieg die Nervosität deutlich an.

Die Wahl veränderte Österreichs Parteienlandschaft. Der Urnengang brachte schwere Verluste der SPÖ und massive Gewinne der FPÖ. Erstmals in der Geschichte der Zweiten Republik gingen drei Parteien aus einer bundesweiten Wahl annähernd gleich stark hervor: Die SPÖ verlor gegenüber der Nationalratswahl von 1995 genau 8,9 Prozentpunkte und erreichte nur noch 29,2 Prozent – das schlechteste Ergebnis seit 1945. Die FPÖ gewann 5,7 Prozentpunkte und erzielte mit 27,6 Prozent das beste Ergebnis in ihrer Parteigeschichte. Die ÖVP legte 1,3 Prozentpunkte zu und wurde mit 29,6 Prozent erstmals seit den Nationalratswahlen 1966 wieder stärkste Partei. Die Wahlbeteiligung lag bei 67,2 Prozent – im EU-Schnitt ein sehr hoher Wert.[303] Im Europäischen Parlament war Österreich nach dieser Wahl mit folgenden Mandaten vertreten: ÖVP sieben Abgeordnete (plus ein Mandat); SPÖ sechs Mandate (minus zwei Mandate); FPÖ sechs Abgeordnete (plus ein Mandat); Grüne und Liberales Forum waren mit je einem Mandatar vertreten.

Bundeskanzler Franz Vranitzky bezeichnete die Verluste seiner SPÖ als »Wahlschlappe«, innenpolitische Konsequenzen könnten jedoch nur aus der nächsten Nationalratswahl gezogen werden. Er sehe in dem EU-Wahlergebnis keinen Auftrag der Wähler, »die Konstellation der Bundesregierung zu ändern«, lautete Vranitzkys erste Reaktion am Wahlabend.

FPÖ-Obmann Jörg Haider dagegen wertete das Wahlergebnis als »Denkzettel« für die Regierung, eine »Revanche der Wähler«, weil die Regierung Österreich »mit falschen Versprechungen« in die EU geführt hätte.

Vizekanzler und ÖVP-Obmann Wolfgang Schüssel sprach von einem »proeuropäischen Votum« und zeigte sich erfreut, dass die ÖVP es seit mehr als dreißig Jahren wieder geschafft hatte, bei einer bundesweiten Wahl stärkste Partei zu werden.[304]

Österreich-Korrespondenten internationaler Agenturen sahen in dem Wahlergebnis mehr als deutliche Signale in Richtung österreichische Innenpolitik und eine Trendwende in der »Zuneigung« der Alpenrepublik zur Europäischen Union, schrieb der Wien-Korrespondent der *Deutschen Presse-Agentur*. Und Didier Fauqueux von der französischen Nachrichtenagentur *Agence France-Presse* schrieb Folgendes: »Scheinbar waren zahlreiche Österreicher, von denen laut jüngsten Umfragen 84 Prozent nicht wissen, was das Europäische Parlament in Straßburg überhaupt ist, von der Europa-Skepsis angezogen und für die Argumente von Herrn Haider durchaus aufgeschlossen.« Und *Reuters*-Korrespondent Steve Pagani formulierte literarisch: »Dunkelheit senkte sich über die regierenden Sozialdemokraten von Kanzler Franz Vranitzky.«[305]

Franz Vranitzky: »Jetzt gehe ich in die Offensive«

In einer Nachwahl-Analyse stellte der Bundeskanzler und SPÖ-Chef fest, dass die SPÖ »nicht an FPÖ-Chef Jörg Haider, sondern an die Nicht-Wähler verloren habe«. Franz Vranitzky kündigte als Lehre aus dem »überaus schlechten Wahlausgang« an, »künftig sozialdemokratische Positionen stärker in den Mittelpunkt zu stellen und den innerparteilichen Informationsfluss zu verbessern«.[306] Mit den Worten »jetzt gehe ich in die Offensive« rüttelte der SPÖ-Chef die Funktionäre in den Parteigremien auf und sagte allen Reformunwilligen den Kampf an: »Ich werde mich weder von der Reformunwilligkeit einiger in den eigenen Reihen, noch vom Regierungspartner ÖVP künftig behindern lassen.« Schließlich könnten die Wähler nur dadurch gewonnen werden, »dass jeder einzelne SPÖ-Politiker auf sie zugeht und sich ihrer Probleme direkt annimmt. Die Plausibilität von Politik muss man an vielen Einzelheiten immer wieder darstellen«, schrieb Vranitzky den Funktionären ins Stammbuch. Veränderung und Offensive waren für den Kanzler »das Gebot der Stunde«.

Die Kritik Vranitzkys an Politikern der eigenen Reihen war in seinen Worten nicht zu überhören und auch nicht sein Appell, dass »die Bevölkerung immer wieder von neuem für das Projekt Europa gewonnen werden muss«. Den Funktionären in der Partei empfahl er eine Neuorientierung. »Die Reformen müssen in den Köpfen der Funktionäre beginnen.« Es galt, sich von »der Weinerlichkeit zu befreien, dass alte Instrumente nicht mehr greifen«. Erforderlich seien auch »frische Ideen, um in einen Dialog mit der neuen Mittelschicht zu treten. Neben der sozialen Absicherung müssen neue Freiräume als politische Ziele definiert werden.«[307]

Von manchen Funktionären und Parteimitgliedern bekam der SPÖ-Chef nach der Europa-Wahl auch Aussagen zu hören, wonach die SPÖ aufhören solle, Jörg Haider »auszugrenzen«. Dieses Ansinnen wies Franz Vranitzky als »vorsätzlich absurd« zurück. Es gäbe keine Ausgrenzung, sondern lediglich eine Abgrenzung.[308]

Mitte Dezember 1996 reiste Bundeskanzler Franz Vranitzky zu seinem letzten EU-Gipfel nach Dublin. Nach Wien zurück kam er mit einer politischen Einigung über den Stabilitäts- und Wachstumspakt sowie mit einem Arbeitsauftrag. Der Stabilitätspakt schreibt den Euro-Teilnehmerländern vor, in wirtschaftlich normalen Zeiten einen größtenteils ausgeglichenen Staatshaushalt vorzuweisen und eine Begrenzung der öffentlichen Verschuldung zu beachten. Der Arbeitsauftrag an die österreichische Bundesregierung lag genau darin, die Voraussetzungen für die Teilnahme an der Währungsunion zu schaffen und die Bevölkerung von der Stabilität der neuen Währung zu überzeugen. Für viele Österreicher war der Schilling zu dieser Zeit ein Symbol für Sicherheit und ein identitätsstiftendes Merkmal – so wie die Neutralität auch. Der Bundeskanzler machte nach seiner Rückkehr aus Irland aber auch klar, dass es über die

Einführung des Euro, wie von rechten politischen Kräften verlangt, keine Volksabstimmung geben würde. Österreich hätte darüber schon beim EU-Referendum abgestimmt.[309]

Leiser Abschied

Der Abgang Franz Vranitzkys von der europäischen Bühne war unaufgeregt, aber strategisch vorbereitet, wie es seiner Art, Politik zu machen, entsprach. Sein Vermächtnis ist der EU-Beitritt und das nachdrückliche und ausdauernde Bemühen, Österreich zu einem seriösen Partner in der europäischen Gemeinschaft zu machen. Den Beitritt hat er gemeinsam mit den proeuropäischen Kräften in Regierung und Parlament durchgesetzt und die eigenen Reihen in der SPÖ davon überzeugt. »Vranitzky kämpfte um das Ja zur EU zumindest mit dem gleichen, wenn nicht mit noch mehr Einsatz als bei Nationalratswahlen. Und – ohne die Verdienste anderer schmälern zu wollen – so war es eben auch diesem vollen Einsatz des Bundeskanzlers mitzuverdanken, dass die Abstimmung ein eindeutiges Ergebnis brachte, eine Zweidrittelmehrheit für den Beitritt.« – Es war der große österreichische Journalist Hugo Portisch, der dies über Franz Vranitzky aus Anlass seiner zehnjährigen Amtszeit als Bundeskanzler sagte.[310]

Wenn man Franz Vranitzky selbst fragt, wie er seine Europapolitik bewertet, dann erklärt er dies an drei Fakten: dem Beitritt zur Europäischen Union, der Tatsache, dass es in seiner Kanzlerschaft gelungen ist, wirtschafts-, beschäftigungs- und sozialpolitische Ziele im EU-Vertrag zu verankern, sowie drittens der Hebung des Stellenwerts Österreichs insgesamt in der Europäischen Union.

Weit vom Ziel entfernt ist Vranitzkys Anliegen zu sehen, Mitteleuropa frei von Atomenergie und Kernkraftwerken zu machen. Die Atommeiler in Österreichs Nachbarschaft, in der Slowakei, in Tschechien und in Slowenien, produzieren nach wie vor Atomenergie und stellen eine Bedrohung für Mensch und Natur dar.

Seit dem Beitritt ist Europapolitik längst Innenpolitik geworden. »Das stimmt und trifft zu. Wir erleben das tagtäglich, wenn wir mit dem Binnenmarkt, der europäischen Gesetzgebung, den einheitlichen Normen oder mit Schengen konfrontiert sind«, erklärt Franz Vranitzky die europäische Zusammenarbeit, die nicht mehr von der Innenpolitik zu trennen ist. »Selbstverständlich ist dieses Zusammenspiel in der EU und das gemeinsame Wirken nicht«, mahnt der ehemalige Bundeskanzler in unserem Gespräch. »Wir haben die Aufgabe, dafür zu sorgen, dass dieses Zusammenspiel und die aus gutem Grund und mit viel Überlegung errichteten Netzwerke nicht verkümmern« – aus Angst oder aus nationalistischen und egoistischen Motiven heraus.[311]

Mit »wir« meint Franz Vranitzky die österreichische Politik, deren Aufgabe es ist, für den Zusammenhalt in Europa und das Funktionieren seiner Institutionen einzutreten. Diese Aufforderung eines ehemaligen Staatsmannes und Wegbegleiters Österreichs in die EU ist nicht nur an die Regierungsspitze gerichtet, sondern auch an die im Parlament vertretenen Parteien und wohl auch an die Zivilgesellschaft.

In diesem Zusammenhang muss Franz Vranitzky schmerzlich feststellen, dass »die SPÖ außen- und europapolitisch abgemeldet ist«.[312] »Wenn wir Innenpolitik, Europapolitik und Außenpolitik als ein gemeinsames Politikfeld verstehen, und nur so sind diese Politikbereiche zu verstehen, dann dürfen wir dieses gemeinsame Politikfeld nicht vernachlässigen. Das ist ein flammender Appell, darauf zu achten und damit auf unsere Zukunft zu schauen. Eine Zukunft, die nicht im Abschotten oder in einem Rückfall in nationalistische Eigenbrötelei liegt, sondern in einer Offenheit, die Österreich bisher viel genützt hat, die uns aus dem Nichts des Trümmerfeldes nach 1945 herausgeführt hat. Alles, was in Österreich entstanden ist, hat mit dieser Offenheit und außenpolitischen Wirksamkeit zu tun.«[313] Franz Vranitzky zählt auf: Marshallplan, UNO-Beitritt,

OECD-Mitgliedschaft, Teilnahme an der Europäischen Freihan-
delsassoziation (EFTA) und Österreichs Währungspolitik (»harter
Schilling«): »Die Hartwährungspolitik, die von Kreisky sehr kritisiert
wurde, war richtig, weil sie unsere Wettbewerbsfähigkeit gestärkt
hat. Und schließlich die EU-Mitgliedschaft im Jahr 1995 mit dem
begleitenden wirtschaftlichen Strukturwandel vor und nach dem
Beitritt.«[314]

Ein kritischer Beobachter europäischer Entwicklung

Der Sozialdemokrat Franz Vranitzky hat sich von Europa nie
zurückgezogen, sondern beobachtet all die Jahre mit zunehmendem
Befremden, in welche Richtung sich manche EU-Länder bewegen.
Was ihm wachsende Sorge bereitet, spricht er auch deutlich aus: Es
sind dies der schleichende Nationalismus, die autoritären Strukturen, die Verletzung von Rechtsstaat und Demokratie, wie sie sich
in Orbáns Politik der »illiberalen Demokratie« zeigen. Eine solche
Politik ist jedoch nicht nur in Ungarn, sondern auch anderswo
in Europa sichtbar. Sie höhlt das Projekt Europa zusehends aus
und gefährdet die Zusammenarbeit der Länder (siehe dazu auch
Kapitel 10). »Grundsätze eines demokratischen Aufbaus des Staates
werden nicht mehr in dem Maß ernst genommen oder für wichtig
gehalten, wie sie in meiner Zeit an der Regierungsspitze für unzer-
störbar gehalten wurden. Wer davor die Augen verschließt, verschließt die Augen vor der Demokratie«, sagt Franz Vranitzky in
einem unserer Gespräche und fügt nachdenklich hinzu: »Als Staatsbürger und Sozialdemokrat frage ich mich, was diese Entwicklungen für die Zukunft unserer demokratisch verfassten Gesellschaft
bedeuten.«[315]

Das Bedürfnis nach Veränderung, nach Taten, nach Akzeptanz der Grundlagen unserer Gesellschaft und des Staates ist aus
dieser rhetorischen Frage Franz Vranitzkys herauszuhören. Er ist
ungeduldig. »Es ist wichtig, dass Sozialdemokraten, die sich dem

Grundgedanken der Aufklärung verschrieben haben, hier einige Pflöcke einschlagen.« Er zitiert Montesquieu, den Philosophen der Aufklärung, Erfinder der Gewaltenteilung und Autor der epochalen Abhandlung »Vom Geist der Gesetze«. Mit dem Namen Montesquieu verbindet Franz Vranitzky eine freie, offene Gesellschaft: die Verfassung und die Bürgerrechte, die Gewaltenteilung und die Meinungsfreiheit, die Herrschaft des Rechts und das Streben nach sozialer Gleichheit. Franz Vranitzky wehrt sich vehement gegen Tendenzen in der Politik, die mit der Wendung »anything goes« beschrieben werden. »Wohin führt uns die derzeitige österreichische Politik? Wo positioniert die türkis-grüne Regierung unser Land? Wo sehen die Akteure der Koalition die Zukunft des Landes? Wo bleibt die Sorgfaltspflicht des Staates für die Bevölkerung, für die materiell, bildungsmäßig und kulturell Benachteiligten? Und wo sind die Gegenpositionen zu Strömungen in Osteuropa? Wofür ist jemand, der nicht gegen die illiberale Demokratie auftritt?« – Auf all diese Fragen, die als Kritik formuliert sind, kann Franz Vranitzky »aus dem Verhalten dieser türkis-grünen Regierung keine Antworten ablesen«. Dabei erwartet er sich auch mehr von seiner eigenen Partei.

Vom österreichischen Regierungschef, der sich gerne als Europapolitiker gibt, würde sich Vranitzky bezüglich demokratiepolitisch bedenklicher Entwicklungen in Ungarn, Polen, aber auch in EU-Kandidatenländern am Balkan erwarten, eine »klare Position innerhalb der Europäischen Union zu beziehen. Ungarn, Polen, Tschechien, die Slowakei sind Mitgliedsländer und haben die europäischen Verträge unterschrieben und in ihren Parlamenten darüber abgestimmt.« »Die parteipolitische Brille«, betont Franz Vranitzky, »vernachlässigt die Aufrechterhaltung und Absicherung der wirklichen demokratischen Werte, die zu erfüllen sich alle Mitglieder der EU verpflichtet haben. Daher ist von einem frei gewählten Politiker zu verlangen, dass er seine Stimme erhebt.«

9. DIE SOZIALDEMOKRATIE WIRD GEBRAUCHT

»Der Parteivorsitz bedeutete für mich nicht die Beschwörung einer glorreichen Vergangenheit, sondern ich sah darin eine Aufgabe für die Zukunft der Sozialdemokratie.«

FRANZ VRANITZKY

»Es hat für mich sehr viel bedeutet, Vorsitzender der SPÖ zu werden«, sagt Franz Vranitzky über den Moment seiner Wahl zum Parteichef am 11. Mai 1988. Er überlegt kurz und formuliert dann ganz allgemein, dass »diese Aufgabe für jeden Menschen eine Zäsur im Leben darstellen würde«. Das war es ja auch für ihn, als er die Nachfolge von Fred Sinowatz an der Spitze der SPÖ antrat. »Der Parteivorsitz bedeutete für mich nicht die Beschwörung einer glorreichen Vergangenheit, sondern ich sah darin eine Aufgabe für die Zukunft der Sozialdemokratie. Das stellte für mich eine besondere Herausforderung dar, weil ich erkannte, dass der einmal eingeschlagene Weg einer großen Volkspartei nicht für die Ewigkeit gilt. Ich musste sehen, dass die Internationalisierung, die elektronische Revolution und die Fortschritte im Bildungsbereich die Menschen und ihr Bewusstsein änderten. Ich wusste auch, dass sich die Arbeitswelt insgesamt ändern wird.«

Franz Vranitzky erkannte die Zeichen der neuen Zeit, die raschen globalen Veränderungen und deren Auswirkungen auf die Beschäftigung, den sozialen Zusammenhalt und damit verbunden auch auf die neuen Herausforderungen in Gesellschaft und Politik. Er bestätigt in einem unserer Gespräche auch, dass es angesichts dieses rasanten Wandels und der wirtschaftlichen Umstrukturierungen »schwierig war, schnell Mitstreiter in der Partei zu finden. Für manche war es bequemer, die alten Parolen vor allem auch in Zeiten guter Konjunktur zu predigen und außer Acht zu lassen, dass die alten Parolen gar nicht mehr gelten.«[316]

Franz Vranitzky unternahm bei der Übernahme des Parteivorsitzes, wie auch beim Antritt als Bundeskanzler, keine Anstrengungen,

»in irgendein traditionelles Klischee hineinzupassen«, er gab die Richtung vor. Reformen und das Eintreten für die sozial Schwächeren waren für ihn ein »ganz wichtiger Schwerpunkt« sozialdemokratischer Politik – und sie waren für ihn kein Widerspruch. Er wusste natürlich, dass dafür ein möglichst hoher Beschäftigungsgrad und eine leistungsfähige Wirtschaft notwendig waren, weil die Solidarität mit den sozial Schwächeren sonst nur ein Lippenbekenntnis geblieben wäre.[317]

Pragmatisch, gleichzeitig aber auch hoffnungsvoll und voller Elan, nahm Franz Vranitzky die Führung der Partei in die Hand. Für ihn eine Aufgabe, »die von der Wichtigkeit her auch nicht mehr steigerbar« war, skizzierte er kurz vor seiner Wahl in der Mitgliederzeitung *SPÖ-Magazin* die Rolle des Parteivorsitzes. Von Beginn seines SPÖ-Vorsitzes an wiegte er die Genossen nicht in Träumen und versprach ihnen auch keine automatische Gegebenheit des von allen geschätzten Wohlfahrtsstaates. Soziale Absicherung ja, aber dafür seien auch eine leistungsfähige Wirtschaft und persönlicher Einsatz erforderlich. Ihm gehe es um eine Neubewertung der Arbeit und um neue Wege bei Bildung, Ausbildung und um ein neues Arbeitnehmerbild. Mit bloßen Symptom-Kuren werde man den Wohlfahrtsstaat und auch die Pensionsfinanzierung nicht absichern können, lautete Vranitzkys Botschaft an die Genossen. »Die Sicherung werde dann kein Problem darstellen, wenn es eine leistungsfähige Wirtschaft gibt.«[318] Franz Vranitzky ließ auch wissen, dass er an Tabubereichen rütteln würde: Dazu zählte er notwendigerweise die Frage der verstaatlichten Betriebe beziehungsweise des öffentlichen Eigentums. Mit Blick auf einen möglichen EU-Beitritt sei auch der Transfer von staatlicher Souveränität an die europäischen Institutionen in Brüssel nicht ausgeschlossen – für viele nationalbewusste Österreicher eine unangenehme Wahrheit.

In seiner Grundsatzrede auf dem Sonderparteitag der SPÖ präsentierte Franz Vranitzky unmittelbar vor der Wahl zum Parteivorsitzenden seine »Visionen und Ideen« für eine neue, moderne und offene sozialdemokratische Partei. Zukunft und Fortschritt seien

»ohne Visionen undenkbar«, sagte der designierte SPÖ-Chef. »Nur auf dem Boden einer radikalen Illusionslosigkeit über die Gegenwart können unsere Visionen für die Zukunft gedeihen«[319], rief er den Hunderten Delegierten zu. In seiner Ansprache, die heute noch allen ambitionierten Parteifunktionären zum Nachlesen empfohlen ist, formulierte er auch ein Prinzip: »Es ist wichtig, die Grundsätze der eigenen Überzeugung offen auszubreiten und im Wettstreit mit anderen Gruppierungen auszutragen. Nur wenn wir sagen, wer wir sind, werden wir akzeptiert werden. Nur wenn wir sagen, wozu wir uns bekennen, werden wir auch gewählt werden.« Und Franz Vranitzky fügte noch hinzu: »Selbstverständlich gilt das nicht nur für eine Partei, sondern auch für deren Vorsitzenden.«

Auf Basis dieses Prinzips legte der neue Parteichef ein Bekenntnis zu sieben Punkten ab: Er bekannte sich zu

einem neuen Verständnis von Fortschritt und von Beschäftigung als zentralem Begriff der sozialdemokratischen Bewegung,

uneingeschränkter sozialer Verantwortung,

einem demokratischen Humanismus,

Solidarität auf nationaler und internationaler Ebene,

einem umfassenden Umweltverständnis,

Offenheit und

Toleranz.

Nach dieser Rede voll von Zielen, Verpflichtungen und auch viel Idealismus wurde Franz Vranitzky mit 93,6 Prozent der abgegebenen Delegiertenstimmen zum neuen Parteivorsitzenden gewählt (498 von 532 gültigen Stimmen).[320] Als das Ergebnis bekannt gegeben wurde, gab es für den neuen Parteivorsitzenden minutenlang Standing Ovations.

Zum Zeitpunkt der Wahl ist Franz Vranitzky in der hundertjährigen Geschichte der SPÖ nach Victor Adler, Karl Seitz, Adolf Schärf, Bruno Pittermann, Bruno Kreisky und Fred Sinowatz der siebente Vorsitzende der Partei. Auf die Frage, welchen seiner Vorgänger er als Vorbild betrachte, sagte Vranitzky, dass sicher niemand

Enge Freunde: Der ehemalige deutsche Bundeskanzler Helmut Schmidt
präsentiert sein Buch »Menschen und Mächte« am 26. November 1987
gemeinsam mit Bundeskanzler Franz Vranitzky in Wien

an der »ungeheuren Vorbildfigur von Victor Adler, dem Begründer
der Sozialdemokratischen Arbeiterpartei, vorbeikommen könne«.[321]

Sein Rollenverständnis als Parteivorsitzender definierte Franz
Vranitzky dahingehend, dass er »Ideen und Aufgabenprobleme

vorgibt, dass er damit die Partei konfrontiert, dass er sich selber konfrontieren lässt mit Themen und Ideen, die aus der Partei auf ihn zukommen«. Dies sei ein »umfangreicher Denk- und Diskussionsprozess, aus dem letztlich Politik geboren wird«.[322]

Entgegen den damaligen medialen Zuschreibungen, Franz Vranitzky ginge Kontroversen aus dem Weg, sei zu harmoniebetont, forderte er stets die Auseinandersetzung, den konstruktiven Streit. Er war der Meinung, »dieses Nicht-streiten-Dürfen gleitet ab in einen Austausch von Plattitüden«.[323] Bei all den Debatten sei allemal »ein Overflow an Input [besser] als ein Underflow an Output«. Mit anderen Worten: Je mehr man in die Diskussionen einbringt, desto intensiver und besser kann die Diskussion zu Ergebnissen kommen. Für Franz Vranitzky hingen Informationen und Erkenntnisse von einer gelungenen Streitkultur ab. An dieser Stelle unseres Gespräches fällt ihm ein Zitat von Helmut Schmidt ein: »Eine Demokratie, die nicht streitet, ist keine.«[324]

Königsdisziplin Kompromisssuche

Auf mögliche Schwierigkeiten durch die Doppelfunktion Parteivorsitzender und Bundeskanzler angesprochen, die in der politischen Praxis zu Interessenkonflikten führen könnte, sagte Franz Vranitzky überzeugt: »Konflikte sind ein Motor in der Gesellschaft, die Beilegung des Konflikts geschieht durch einen Kompromiss. Dieser muss, wenn Politik umsetzbar sein will, immer gefunden werden.« Denn: »Die besten Ideen helfen nichts, wenn sie nicht angenommen werden.« Wenn der Bundeskanzler auch Parteivorsitzender sei, gehe es immer auch »um einen Kompromiss zwischen den mehr im Ideologischen angesiedelten Parteimeinungen und pragmatisch sein müssenden Regierungsmeinungen«, erklärte der neue SPÖ-Vorsitzende den Spagat zwischen Partei- und Staatsaufgaben.[325] Diese wurden parteiintern auch gerne und leidenschaftlich im Streit ausgetragen.

»Heute«, bemängelt Franz Vranitzky, ist Streitkultur in der täglichen Auseinandersetzung negativ besetzt. Die gar nicht selten gewünschte politische Tugend in Österreich besteht darin, nicht zu diskutieren, weil eine Diskussion immer als Streit, als Konflikt, ausgelegt wird. Streiten dürfen wir nicht – lautet eine Maxime der Regierungskoalition von ÖVP-Türkisen und Grünen.[326]

Quo vadis, Sozialdemokratie?

Franz Vranitzky musste sich immer schon mit der Frage nach der Zukunft der Sozialdemokratie – in Österreich, aber auch in Europa – beschäftigen. Als er Anfang 1997 als Bundeskanzler seinen Rücktritt bekannt gab, waren in elf der fünfzehn Mitgliedstaaten sozialdemokratische Parteien an Regierungen beteiligt oder stellten sogar die Regierungschefs: in Österreich, Belgien, Dänemark, Finnland, Griechenland, Irland, Italien, Luxemburg, in den Niederlanden, in Portugal und in Schweden. Im Jahr 2021 ist die politische Landkarte Europas längst nicht mehr rot eingefärbt. Die Zahl sozialdemokratischer Regierungschefs ist deutlich zurückgegangen. Von 27 Mitgliedsländern stehen nur mehr in wenigen Staaten Sozialdemokraten an der Spitze der Regierung.

Bestätigt der Befund doch die These vom »Ende des sozialdemokratischen Jahrhunderts«, wie sie Ralf Dahrendorf [327] in seinem Werk »Die Chancen der Krise« im Jahr 1983 erstmals konstatiert hat? Oder wie der deutsche Soziologe Wolfgang Merkel behauptet, der die These zehn Jahre später nochmals aufgegriffen und ebenfalls vom Ende der Sozialdemokratie geschrieben hat? Das Nachrichtenmagazin *Der Spiegel* prophezeite der Sozialdemokratie im Krisenjahr 2008 überhaupt die Apokalypse.

In einem Streitgespräch mit Bundeskanzler Franz Vranitzky vor mehr als drei Jahrzehnten in Wien präzisierte der liberale Denker Dahrendorf seine Annahme: Sozialdemokratische Ideen hätten sich nicht überlebt, sondern zu Tode gesiegt. Alle Parteien wären am Ende in manchen Bereichen sozialdemokratisch geworden, zumindest rosarot, erklärte der ehemalige deutsche FDP-Politiker, Soziologe und Publizist sowie Mitglied des britischen House of Lords.[328] Die These Dahrendorfs beinhaltet aber auch, dass – wenn andere Parteien sich sozialdemokratisiert haben – das Original mit seinem einzigen Inhalt keine ausreichende Legitimation im Wettstreit der politischen Programme mehr hat.

Franz Vranitzky gab Dahrendorf in unserem Gespräch nicht recht. Er fand, dass es der These des Soziologen an Plausibilität fehlt. Seine Replik auf Dahrendorfs Behauptung ist die, dass die Sozialdemokratie ihre Aufgaben »noch nicht annähernd erfüllt hat, das Grundthema nicht annähernd erschöpft ist« – und er zählt die Bereiche auf, für deren Durchsetzung die Sozialdemokratie genuin zuständig ist: Gerechtigkeitsstreben, Einkommens- und Vermögensverteilung, die Abschaffung von Ungleichheiten nichtmaterieller Art, wie freier Zugang zu Bildungseinrichtungen und Chancengleichheit. Dazu kommen die Krise des traditionellen Industrialismus sowie der Kollaps des Ökosystems, die Klimakrise, heute aktueller denn je. »Für die praktische Politik heißt das, dass die Sozialdemokratie mit all dem, was sie erdacht und ersonnen hat in diesem ersten Jahrhundert, ins zweite Jahrhundert hineingehen muss. Sie ist herausgefordert angesichts der jetzt grob skizzierten alten und neuen Problemstellungen«, entgegnete Franz Vranitzky seinem Gesprächspartner im Jahr 1990.[329]

Er machte auch darauf aufmerksam, dass es Teile der Welt gibt, in denen die Selbstverständlichkeit eines sozialdemokratischen Wohlfahrtsstaates nicht vorausgesetzt werden kann. Das galt damals für die USA, aber auch für Österreichs Nachbarstaaten im Osten und Südosten Europas, wo man nach dem Ende des Kommunismus nicht so sehr an die Basis der liberalen Demokratie im Sinne der Aufklärung glaubte.[330]

Dahrendorf rüttelte auch an den überkommenen alten Partei- und Verwaltungsstrukturen und an dem traditionellen Klassenbegriff der Sozialdemokratie: Der »klassische Arbeiter« des Industriezeitalters verliert soziologisch gesehen an Bedeutung, und viele Gruppen, wie Dauerarbeitslose oder langfristig Arme, sind nicht unter die

Bundeskanzler und SPÖ-Vorsitzender Franz Vranitzky mit seinem
Vorgänger Fred Sinowatz im Jänner 1997

Gruppe »klassischer Arbeiter« subsumierbar. Mit dieser Definition
war Franz Vranitzky einverstanden: »Diese Arbeitsgesellschaft ist
eine Arbeitnehmergesellschaft. Und sie ist im Zuge der gesellschaftlichen Entwicklungen eine Mittelschicht-Arbeitnehmergesellschaft
geworden.« Vranitzky fügte hinzu, dass es erforderlich sei, den Blick
der Partei auf ihr angestammtes Milieu zu ändern. »Wir müssen uns
daher auch um Inhalt und Qualität unserer Arbeit kümmern, damit
wir – wenn wir das Lied der Arbeit singen – eine klare Vorstellung
haben, wovon wir da singen.«[331]

Ideengeber Karl Popper

Vranitzky und Dahrendorf kamen auch an dem Thema der »offenen
Gesellschaft« nicht vorbei, einem Begriff, der von Karl Popper in
seinem legendären Buch »Die offene Gesellschaft und ihre Feinde«
beschrieben wird.[332] Unter »offener Gesellschaft« versteht Popper die
Abkehr von totalitären Regimen und den Entwurf einer liberalen

Ordnung, die Raum für Freiheit, problemorientierte Reformen und institutionalisierte Machtkontrolle lässt. Es ist ein Plädoyer für die westliche Demokratie, die nach dem Zweiten Weltkrieg entstanden ist.

Dahrendorf zitierte eine wichtige Stelle aus dem Werk, der Franz Vranitzky zustimmte:»Es gibt die Leute nicht, die die Wahrheit gepachtet haben und die man nur zu den Herrschern zu machen brauche, dann werde schon die wahre, die gute Welt realisiert.«[333] Eine Beschreibung, die auf autoritäre Systeme zutrifft.

Franz Vranitzky ergänzte, dass Politik zu keiner Zeit gekennzeichnet war und ist »von einfachen und glatten Lösungen, sondern dass es auch immer wieder um den gesellschaftlich tauglichen Kompromiss geht, als Teil von Demokratie«.[334] Auch Popper sagt, dass die Grundmerkmale einer offenen Gesellschaft die Fähigkeit und die Bereitschaft zur Veränderung sind; das setzt Meinungsfreiheit und Diskussionsfähigkeit voraus. In offenen Gesellschaften gibt es keine Dogmen. Die geltenden Regeln bilden sich im demokratischen Diskurs. Geschlossene Gesellschaften hingegen haben starre Strukturen, die die Angst vor Veränderung ausdrücken. Das Buch ist geprägt von Negativerfahrungen Karl Poppers mit den beiden großen totalitären Systemen Faschismus und Kommunismus, die er in einen historischen Zusammenhang stellt. Popper, 1902 in Wien geboren, war 1937 vor den Nazis nach Neuseeland geflohen, wo er unter großen Entbehrungen sein Werk von der offenen Gesellschaft verfasste. Für ihn ist ein bestimmendes Merkmal offener Gesellschaften, dass sie Kritik an ihren Ideen zulassen.

Karl Popper war ein Verteidiger der demokratisch liberalen Gesellschaften des Westens gegen Ende des 20. Jahrhunderts und Spiritus Rector vieler pragmatischer Politiker der Mitte, unter anderen Helmut Schmidts und auch Franz Vranitzkys. Seine Theorie des »kritischen Rationalismus« war und bleibt ein mächtiges Tool der Zeitanalyse.

Ein Sprung von der Theorie zur parteipolitischen Praxis: Wie sehr Franz Vranitzky als SPÖ-Vorsitzender um die Reform und Modernisierung der Partei gerungen hat, zeigt der bereits in der Einleitung angesprochene offizielle Beschluss über die symbolträchtige Namensänderung der SPÖ von »Sozialistische Partei Österreichs« in »Sozialdemokratische Partei Österreichs« auf dem Bundesparteitag am 14. und 15. Juni 1991 in Linz. Für manche war das ein rein symbolischer Akt, für Franz Vranitzky nicht, weil er stets bestrebt war, der Partei ein neues Profil zu geben und das Programm auf die Anforderungen der Zeit auszurichten, und weil sich die Partei schon vor der Namensänderung als sozialdemokratische Partei verstand.

Als er Abschied nahm von seiner Funktion als Parteivorsitzender, antwortete er auf interne Kritik, wonach die SPÖ »zu wenig sozial« sei, mit Beispielen aus jenen Entwicklungen, die es während seiner Verantwortung als SPÖ-Chef gegeben hatte: »Das trifft nicht zu, dass wir zu wenig sozial sind. In der Sozial- und Arbeitnehmerpolitik sowie in der Frauenpolitik hat es massive Fortschritte gegeben, sodass Österreich heute ein sehr hohes soziales Niveau hat«, sagte Franz Vranitzky beim letzten SPÖ-Parteivorstand unter seinem Vorsitz.[335]

Abschied am Parteitag in Linz

Der letzte Akt, bei dem Franz Vranitzky Adieu sagte und sich von seiner aktiven Rolle an der SPÖ-Spitze verabschiedete, war der 35. Bundesparteitag am 9. April 1997 im Linzer Design Center, der unter dem Motto »Aufbruch ins neue Jahrtausend« stand.

»Warum gerade Linz?«, wurde Vranitzky von Journalisten gefragt. »Es geht halt nicht nach dem Motto ›Wenn schon zurücktreten, dann in Wien‹, analog zu Qualtingers Aussage: ›Wenn schon abstürzen, dann mit der AUA‹«, antwortete der scheidende Parteivorsitzende nicht frei von Ironie.[336]

800 Delegierte sowie der ehemalige Bundeskanzler und Partei-vorsitzende Fred Sinowatz und der frühere ÖGB- und Nationalrats-präsident Anton Benya folgten der Einladung zum Parteitag.

Nicht nur in Worten, sondern auch mit einem kurzen Film wurde das Wirken des scheidenden Parteivorsitzenden in seinem Jahrzehnt als Bundeskanzler gewürdigt. Gezeigt wurden die wichtigsten politischen Stationen in Österreich und auf internationaler Ebene. Zu sehen gab es auch private Szenen, wie den Familienmenschen, den Sportler oder den begeisterten Kulturinteressierten Vranitzky.

Zwei Würdigungen, eine durch Kardinal Franz König und eine durch den dänischen Ministerpräsidenten Poul Nyrup Rasmussen, machten den Teilnehmern des Parteitages die Bedeutung des Politikers und Staatsmannes so richtig bewusst.

»Es war eine gute Zeit für unser Land«, »es waren gute, positive Jahre«, sagte Kardinal König »als Österreicher und Christ« über die elf Jahre Vranitzkys an der Regierungsspitze. Während dieser Zeit hätte dieser sich auch als »Förderer einer guten Demokratie« verdient gemacht.[337]

Sehr persönlich fiel die Grußbotschaft des dänischen Ministerpräsidenten Rasmussen aus: »Ehrlichkeit, Zurückhaltung und tiefe Hingabe an unsere Aufgabe, die Sozialdemokratie« beeindruckten Rasmussen an seinem Freund. »Du bist immer auf der richtigen Seite gestanden.« Vranitzky habe ihn gelehrt, dass ein Sozialdemokrat gegen Rassismus und Faschismus kämpfen und für Frieden, Demokratie und Arbeitsplätze eintreten muss, um ein »Wirtschaftssystem mit einem menschlichen Antlitz zu schaffen«, erklärte der dänische Parteifreund Poul Nyrup Rasmussen.

In seiner Abschiedsrede vor den Delegierten skizzierte Franz Vranitzky noch einmal einige Stationen auf dem gemeinsamen Weg. Er erinnerte nicht nur an Erfolge, sondern sprach auch von Problemen und verwendete dafür einprägsame Bilder: »Es gab so manche Krise zu bewältigen, so manche Felsbrocken waren von der Straße

Ein Gespräch unter Freunden im September 1996 in New York:
Bundeskanzler Franz Vranitzky und Spaniens ehemaliger
Ministerpräsident und PSOE-Parteichef Felipe González

wegzuräumen. Einige davon stammten aus dem hauseigenen Stein-
bruch. Aber wie auch immer, die Arbeit hat sich gelohnt.«[338]

Franz Vranitzky verwies in seiner Abschiedsadresse auch auf
die Prinzipien und Werte der Sozialdemokratie, die über die Zeit
hinweg Gültigkeit haben – die »Gemeinsamkeit des Kampfes« und
»der gebenden und nehmenden Freundschaft. Wenn es mir gegönnt
war, Beiträge zu wichtigen Zielen zu erbringen, dann ist das letztlich
auf der Grundlage unserer gemeinsam vertretenen Werte möglich
gewesen und durch gegenseitiges Verstehen und Vertrauen.«[339]

Die Delegierten des Parteitages bedankten sich mit einem überwäl-
tigenden und nicht enden wollenden Applaus bei ihrem scheidenden
Vorsitzenden, der seit 11. Mai 1988 an der Spitze der Sozialdemokratie
gestanden war. Franz Vranitzky ging dann durch die Reihen, schüttelte
Hände und hatte »da und dort Mühe«, seine »Bewegung im Zaum zu
halten«.[340] Einen Ehrenvorsitz in der Partei lehnte Franz Vranitzky ab.

Sein Nachfolger als Bundeskanzler und Parteichef, Viktor Klima, stellte fest, dass für ihn nach elf Jahren Franz Vranitzky »die Latte sehr hoch liegt«.[341] Damit hatte er nicht unrecht: Die Jahrzehnte, in denen Sozialdemokraten an der Spitze der Regierung in Österreich gestanden waren, endeten zur Jahrtausendwende. Anfang 2000 kam es zur Bildung der schwarz-blauen Koalition.

Das bleibt

Franz Vranitzky trat leise von der Bühne ab, der Partei ist er treu geblieben und seine Stimme wird in der Öffentlichkeit gehört. Über die Vorgänge in der Parteizentrale in der Löwelstraße oder in den Länderbüros weiß er Bescheid. Er hält Kontakt zu den Akteuren der SPÖ. In Interviews äußert er sich besorgt, wenn eine Wahl verloren geht, und analysiert kritisch die Ursachen dafür. Leidenschaftlich diskutiert er im Kreisky Forum, wo er Gründungs- und Ehrenpräsident ist, über die Herausforderungen der Sozialdemokratie: die Erosion des Rechtsstaates und der Demokratie in Teilen Europas, autoritäre Strukturen, die zunehmend auch in Österreich feststellbar sind, die ungelöste Frage der Migration und Integration sowie die Frage der sozialen Ungleichheit und ihren negativen Einfluss auf die Demokratie. Laut Berechnungen der OECD besitzt das reichste Prozent der Österreicher und Österreicherinnen knapp 40 Prozent des gesamten Vermögens – und damit verbunden auch viel Macht und Einfluss.

In unserem Gespräch verweist Franz Vranitzky auf die große Steuerreform von 1989, die von Finanzminister Ferdinand Lacina ausgearbeitet worden war. »Mir war es dabei schon sehr wichtig, den sozialen Ausgleich nicht aus den Augen zu verlieren und in der Steuerreform vorkommen zu lassen. Das ist im Großen und Ganzen gelungen.«[342] Auf der Lohnsteuerseite wurden »maßgebliche Entlastungen« eingeführt, betont Vranitzky. Zum ersten Mal wurde bei dieser Steuerreform eine wirksame Besteuerung von Kapitalerträgen vorgenommen, gegen große Widerstände aus der ÖVP. Aber sie war »im Interesse unserer Volkswirtschaft, weil dadurch Österreich für internationale Investoren interessant wurde, die dann auch gekommen sind«, erklärt Vranitzky.[343]

Er nimmt auch Stellung zur Abschaffung der Vermögenssteuer. »Wir haben die Vermögensteuer aus einem guten Grund abgeschafft: im Sinne der Wettbewerbsfähigkeit unserer Industrie und damit der Sicherung der Arbeitsplätze. Es hätte wenig Sinn gemacht, industrielles Anlagevermögen zu besteuern. Einen Hochofen in der VÖEST mit der Vermögenssteuer zu belegen, ist kontraproduktiv«, betont Vranitzky.[344]

Andere Formen von Vermögen zu besteuern, etwa im Rahmen einer Reform der Grundbesteuerung und einer Reform der Erbschaftsbesteuerung, konnte damals wegen des Widerstandes der ÖVP nicht durchgesetzt werden, obwohl es vereinbart gewesen war.[345]

Steuerreformen als Mittel des sozialen Ausgleichs und der Gerechtigkeit waren nicht nur unter der Regierungszeit von Bundeskanzler Franz Vranitzky ein Dauerthema auf der Agenda der Sozialdemokratie, sie sind es heute noch – Stichwort Finanztransaktionssteuer, die faire Besteuerung von internationalen Konzernen in der EU und der Kampf gegen Steueroasen. Nach Angaben der EU-Kommission und des Europaparlaments verliert die Europäische Union jährlich rund 1000 Milliarden Euro an Steuereinnahmen, die durch Steuerhinterziehung, Steuerbetrug und Steuervermeidung nicht eingehoben werden.

Steuern sind jedoch nur ein Thema von vielen. Franz Vranitzky wünscht sich zu unterschiedlichen Bereichen klare Ansagen und stärkere Positionen der SPÖ – Haltung eben. Aber eines macht er in all den Jahren seiner Post-Regierungszeit nicht: Er gibt keine Ratschläge als Ex-Politiker von außen. »Ich habe Gedanken, die ich direkt bespreche«, sagte er einmal in einem Interview. »Ein Heckenschütze in der Öffentlichkeit bin ich nicht.«[346]

Franz Vranitzky und Bruno Kreisky:
Ein ambivalentes Verhältnis

Zum politischen Leben von Franz Vranitzky und dessen Beschreibung gehört auch seine Beziehung zu Bruno Kreisky – zwei Persönlichkeiten mit völlig unterschiedlicher Herkunft und starker Ausstrahlung. Das Verhältnis zwischen den beiden war lange distanziert, manche Weggefährten sagen auch »unterkühlt«. Mit Kreisky hatte Vranitzky oft Probleme: Dass Vranitzky vor seinem Wechsel ins Finanzministerium Bankdirektor gewesen war, machte ihn in den Augen Kreiskys verdächtig – auch wenn es die SPÖ unter Kreisky gewesen war, die ihn 1976 in den CA-Vorstand entsandt hatte.

Nachhaltig verübelte Kreisky dem neuen Ressortchef – obwohl eine Veranlassung Fred Sinowatz' –, dass er seinen Mann in der Regierung aus dem Amt drängte, den Tiroler Herbert Salcher. Vranitzky hielt von Salcher tatsächlich nicht viel (vgl. dazu auch Kapitel 2).

Zum totalen Zerwürfnis mit Bruno Kreisky kam es aus unbedingter Koalitionsräson, als Vranitzky 1987 Kreiskys geliebtes Außenministerium an die ÖVP abtrat, wie Franz Vranitzky in unserem Gespräch erzählt. Das Verhältnis zwischen Kreisky und Vranitzky verbesserte sich erst in den letzten Lebensjahren Kreiskys. Nur langsam konnte Franz Vranitzky als Bundeskanzler eine Annäherung an Bruno Kreisky herbeiführen, zumindest für die Öffentlichkeit, was folgende Begegnung zwischen den beiden Politikern beschreibt, bei der Österreichs Botschafter in Bonn, Friedrich Bauer, hilfreich war: Im Dezember 1988 reiste die Hautevolee der europäischen Sozialdemokratie nach Bad Godesberg bei Bonn, wo Bundeskanzler Helmut Kohl ein Abendessen zu Ehren des 75-jährigen Willy Brandt gab. Bruno Kreisky kam im Privatjet seines Freundes Karl Kahane angereist. Botschafter Bauer empfing ihn am Flughafen und teilte ihm mit, dass auch Vranitzky als amtierender SPÖ-Parteichef eingeladen sei und kommen würde. Kreisky, bereits schwer von Krankheit gezeichnet, brummte Unverständliches. Bauer teilte ihm weiters mit,

Sozialdemokratisches Treffen im November 1988 in Berlin: Bundeskanzler
Franz Vranitzky, links neben Vranitzky Ex-Bundeskanzler Willy Brandt
und Berlins Bürgermeister Walter Momper; rechts von Vranitzky SPD-
Politiker Jochen Vogel, Kommissionspräsident Jacques Delors, dahinter
Schwedens Premier Ingvar Carlsson

dass ihn Vranitzky begrüßen würde. Der ORF wäre bereits informiert und das Team wolle die Begrüßungsszene im Gästehaus der
deutschen Bundesregierung filmen. Als kurz darauf Franz Vranitzky
eintraf, sagte er zu Kreisky: »Guten Abend, Herr Bundeskanzler,
schön, dich hier zu treffen.« Kreisky blickte hoch und antwortete
ganz freundlich: »Servus, ganz meinerseits.« Der ORF hatte die
Szene, die er brauchte, und die SPÖ atmete auf.

Wenige Monate nach diesem Zusammentreffen von Vranitzky
und Kreisky in Bad Godesberg kam es zu einer berührenden Begegnung der beiden Sozialdemokraten in Wien. Die SPÖ-Bezirksor-
ganisation Landstraße hatte Bruno Kreisky zu einer Rede bei einer
Parteiveranstaltung im Konzerthaus eingeladen. Obwohl offiziell
nicht angekündigt, nahm Bundeskanzler und SPÖ-Vorsitzender

Besuch von Deutschlands Bundeskanzler Helmut Kohl im Sommer 1996 in Österreich: Landeshauptmann Karl Stix (li.) begrüßt Kohl und Bundeskanzler Franz Vranitzky im Weinort Rust

Franz Vranitzky überraschend an dieser Veranstaltung teil. Kreisky hatte bereits in der vorderen Reihe Platz genommen. Als Vranitzky in den Saal kam, ging er zum Alt-Kanzler, beugte sich zu ihm und begrüßte ihn. Kreisky nahm die Hand des Kanzlers, hielt sie lange und ließ sie nur langsam los. Noch heute erinnert sich Franz Vranitzky in unserem Gespräch an diesen Moment, der offensichtlich für beide bedeutsam war.[347] Ohne große Worte wurde Wertschätzung ausgedrückt. Der lange Händedruck war eine Versöhnungsgeste, die auch Anwesende der Veranstaltung beobachtet haben und in diesem Sinne interpretieren.[348]

Ab diesem Zeitpunkt kam es zu einer spürbaren Annäherung zwischen Vranitzky und Kreisky. Die Kontakte zwischen den beiden intensivierten sich nach dieser Begegnung 1989. Sie trafen sich regelmäßig zu Gesprächen in Kreiskys Villa in der Armbrustergasse. Seine fortschreitende Krankheit konnte den »Alten« nicht abhalten, über aktuelle politische Themen zu reden. »Die Sätze waren reich gespickt mit Bezugnahmen auf handelnde Personen, Freunde und Gegner. Sympathien und Aversionen traten zutage, bis hin zu vernichtenden Urteilen«, schreibt Vranitzky in seinen Memoiren.[349] Häufig kamen die beiden auf Faschismus, seine Ursachen und die Zwischenkriegszeit zu sprechen. Die Diktatur des Ständestaates hatte den jungen Bruno Kreisky ganz besonders geprägt. Kreisky war wegen politischer Aktivitäten Anfang 1935 verhaftet und im März 1936 zu einem Jahr Kerker verurteilt, jedoch im Mai 1936 enthaftet worden. Bereits am 15. März 1938 war er erneut verhaftet und im August des Landes verwiesen worden. Von den Nazis verfolgt, hatte er nach Schweden fliehen müssen.[350]

In den letzten Gesprächen mit Vranitzky bezog sich Kreisky immer wieder auf alte Weggefährten, auf solche, die er mochte, oder solche, die ihm weniger gelegen waren. Aber immer endete diese Rückschau auf ein langes und erfülltes Politikerleben mit einem Namen: Hannes Androsch. »Die Enttäuschung und Verbitterung war in diesem Fall absolut und grenzenlos«, berichtet Franz Vranitzky in seinen Memoiren.[351]

Was Kreisky an Vranitzky schätzte, erzählt ein Wegbegleiter der beiden: seine »persönliche Eigenständigkeit«, sein »Eintreten für Europa« und seine »Geradlinigkeit«.

10. WERTE, PRINZIPIEN UND GEDANKEN ÜBER DIE ZUKUNFT

»Ich kann politische Taktik nicht über meine Grundsätze stellen. Es gibt Konstellationen, in denen man sich nicht taktisch, sondern nur grundsätzlich entscheiden kann. Selbst unter der Preisgabe möglicher Vorteile.«

Franz Vranitzky

»Sie alle müssen mit Antisemitismus fertigwerden, wollen die Länder nicht wieder in einem humanitären, menschlichen Jammertal versinken.« (Appell an die EU-Regierungen und die europäische Gesellschaft)

Franz Vranitzky

Der Reflex, verinnerlichten Prinzipien und Werten zu folgen, war und ist Franz Vranitzkys Richtschnur für sein Handeln. Substanzielle politische Entscheidungen traf er bedächtig, vernunftorientiert und auf Basis dieser Werte, die Geltung über die Zeit hinaus haben. Die Vorstellung von inhaltlicher Konsistenz war und ist ihm wichtig. Für ihn gilt jedes Wort und es verliert nicht jederzeit seine vorherige Bedeutung. Das sind Vranitzkys verbindliche Bedingungen der Verständigung.

Nirgendwo sonst als bei der Frage von Populismus, Rechtspopulismus, Nationalismus, Rassismus und Antisemitismus zeigt sich so deutlich, wie sehr sich Franz Vranitzky auf konsequente Haltung bezieht und auf historisches Wissen und Erfahrung zurückgreift. »Ich bin oft mit meiner Einstellung zu Jörg Haider und meiner Ablehnung einer Koalition mit der FPÖ konfrontiert worden: Wäre es nicht taktisch und strategisch klüger, sich mit Rechtsaußen zu einen, um auf diese Art und Weise die ÖVP kaltzustellen? Ist die Ablehnung auf Dauer aufrechtzuerhalten? Oder, wie Kritiker häufig bemerkten, wird dadurch nicht der Handlungsspielraum eingeschränkt? – Diese

Fragen hörte ich immer wieder, auch aus den eigenen Reihen.«[352] Darauf folgte von Franz Vranitzky die stets gleichbleibende Antwort, sie hat sich bis heute nicht geändert:»Ich kann politische Taktik nicht über meine Grundsätze stellen. Es gibt Konstellationen, in denen man sich nicht taktisch, sondern nur grundsätzlich entscheiden kann. Selbst unter der Preisgabe möglicher Vorteile.«[353] Eine Kooperation mit der FPÖ unter Führung Jörg Haiders war für Franz Vranitzky undenkbar.»Mit einem Politiker wie Jörg Haider, der eine klare Abgrenzung gegenüber dem Nationalsozialismus vermied, mit dem kann ich, selbst wenn ich es taktisch wollte, keine gemeinsame Regierung bilden, weil der Nationalsozialismus schuld daran ist, dass Millionen von Menschen ums Leben kamen.«[354]

Bis heute lehnt Franz Vranitzky eine Koalition der SPÖ mit den Freiheitlichen ab. Allianzen seiner Partei mit Rechtspopulisten und Nationalisten kommen für ihn aus den genannten prinzipiellen Überlegungen nicht infrage. Der Ibiza-Skandal der FPÖ von Mai 2019 bestärkt den Sozialdemokraten in seiner Argumentation und Haltung noch zusätzlich.

Konsequent ist Franz Vranitzky auch in seinem Kampf gegen Antisemitismus:»Das Thema beschäftigt mich sehr und schon sehr lange. Eine Säule der Existenz des Nationalsozialismus war der Antisemitismus, die physische und kulturelle Vernichtung der Juden. Heute sind wir neben dem rechtsgerichteten Antisemitismus auch mit einem islamistisch betriebenen Antisemitismus konfrontiert. Und auch mit einem Antisemitismus, der sich hinter Israel-Kritik versteckt.« Vranitzky ist überzeugt, dass gegen Antisemitismus nur gesamthaft, nämlich einzelstaatlich und auf europäischer Ebene, vorgegangen werden kann.»Eine enorme Aufgabe«, sagt der Sozialdemokrat und richtet sich mit einem Appell an die EU-Regierungen und die europäische Gesellschaft:»Sie alle müssen mit Antisemitismus fertigwerden, wollen die Länder nicht wieder in einem humanitären, menschlichen Jammertal versinken.«[355]

Kein »alles ist möglich«

Franz Vranitzky hat kein Verständnis für »nihilistischen Relativismus«, der alles gleichsetzt und als unterschiedliche Meinungen legitimiert. Hier gibt es für ihn keine Konzessionen. Er lehnt Unparteilichkeit ab, die sich unter dem Deckmantel der »Neutralität« oder der Meinungsfreiheit ausbreitet, was in der Politik, aber auch in den Medien immer häufiger der Fall ist und als »Wirklichkeitsinszenierung« in Form von »alles ist möglich« (»anything goes«) hervortritt.

Franz Vranitzky kritisiert stark, wie die Wirklichkeit heute von manchen Politikern und der medialen Öffentlichkeit verzerrt und unterwandert wird (Stichwort: »alternative facts«, eine Formulierung Kellyanne Conways, einer Beraterin von US-Präsident Donald Trump). Es ist das Gegenteil von dem, was Hannah Arendt in ihrem Werk »Vita activa« schreibt: »Das Einzige, warum wir die Realität der Welt erkennen und messen können, ist, dass sie uns allen gemeinsam ist.«[356]

Zeitgemäße SPÖ

Widersteht Vranitzkys sozialdemokratische Partei den populistischen und nihilistischen Verlockungen auch in Zukunft? Und wie soll sich die SPÖ weiterentwickeln? Der ehemalige Parteivorsitzende sucht Antworten, wie eine zeitgemäße und für alle Generationen attraktive Sozialdemokratie aussehen könnte. Dabei hält er an alten Grundsätzen fest: »Das Fundament ist über die vielen Jahrzehnte des Bestehens der Sozialdemokratie immer dasselbe: nämlich der Einsatz in unseren Gesellschaften für jene, denen es aus verschiedenen Gründen nicht so gut geht wie einer Führungsschicht. Das kann eine gewisse Unterprivilegiertheit bei Bildung oder auch im materiellen Bereich, bei Einkommen, Vermögen oder Besitz, sein«, macht er in unserem Gespräch deutlich.[357] Hier ist es die Aufgabe des Staates, die Menschen mithilfe bestimmter Instrumente – das sind zum Beispiel steuerfinanzierte Maßnahmen, Versicherungen bei Krankheit und

Unfall, Mindesturlaub, Mutterschutz, soziale Mindestsicherung – aus dieser Unterprivilegiertheit herauszuholen. »Alles, was wir soziale Infrastruktur nennen, wurde zum Wohlfahrtsstaat ausgebaut. In konservativen Kreisen ist das nicht selbstverständlich. Und wann immer es zu Krisen im Staat kommt – das können Wirtschaftskrisen, gewaltsame Konflikte oder auch Kriege sein –, bedienen sich konservative Regierungen des Wohlfahrtsstaates und scheuen gleichzeitig nicht davor zurück, ihn zu reduzieren. Damit wird auf die Privatsphäre und auf die Grundrechte der Menschen zurückgegriffen«, analysiert Vranitzky.

Dieser Mechanismus ist heute in Österreich und auch in anderen EU-Staaten nicht zu übersehen. Soziale Mindeststandards, wie etwa ein Mindestlohn, der kein einheitlicher ist, sondern sich an den Gehältern in den jeweiligen Ländern orientiert, wie der Vorschlag der EU-Kommission lautet und den auch das Europäische Parlament unterstützt, wird von der türkis-grünen Regierung in Wien und dem Wirtschaftsflügel der ÖVP, dem Wirtschaftsbund, abgelehnt.[358]

»Wir sind weiterhin damit konfrontiert, dass es eine riesengroße Anzahl unterprivilegierter Menschen gibt, hierzulande, in Europa und erst recht außerhalb des Kontinents«, betont Franz Vranitzky und leitet damit auf ein in der Sozialdemokratie sehr umstrittenes Thema über: die Migration. Es gibt verschiedene Gründe, weswegen Menschen ihre Heimat verlassen: Kriege, Konflikte, Verfolgung, Klimaveränderungen und auch soziale und wirtschaftliche Motive. Im härter werdenden Verteilungskampf und mit zunehmender Arbeitslosigkeit und Armutsgefährdung wenden sich nicht selten auch sozialdemokratisch eingestellte Menschen gegen Migranten, aus Angst, der eigene soziale Status könnte durch diese in Gefahr geraten. Angst vor sozialem Abstieg und vor dem ausländischen Arbeiter als Konkurrenten ist die eine Seite, womit sich die Sozialdemokratie konfrontiert sieht. Die andere Seite liest sich so: Die Sozialdemokratie verlangt gemäß ihres humanistischen Anspruchs, Migranten – unabhängig von den Fluchtmotiven – nicht die kalte Schulter zu zeigen. Franz Vranitzky sagt dazu in unserem Gespräch nur eines: »Für die Sozialdemokratie in Europa und auch in den USA ist die Auseinandersetzung mit der Migrationsfrage dringend nötig.« Soziale Sicherheit versus Migration – das ist für ihn kein Widerspruch.

Den rechten Parteien ist es in den vergangenen Jahren gelungen, die soziale Frage von einer Auseinandersetzung zwischen Arm und Reich beziehungsweise zwischen sozial Schwachen und sozial Starken in eine Auseinandersetzung zwischen »uns« bzw. »wir« und »die anderen« zu transformieren. Angesichts des Erfolges dieser Verschiebung der sozialen Frage zu einer nationalen oder ethnischen Frage ist es für Sozialdemokraten und Sozialdemokratinnen dringend erforderlich, darauf eine Antwort zu geben und eine alternative Erzählung zu entwickeln. »Natürlich spielt da auch immer wieder das Flüchtlingsthema hinein. Auch unter Sozialdemokraten gibt es Menschen, die sagen, unsere Ausgaben für Sozialpolitik werden gekürzt, weil wir den Ausländern so viel Geld zuschieben. Vielen Sozialdemokraten tut das weh. Viele Konservative tangiert das Thema gar nicht«, stellt Franz Vranitzky betroffen fest.

Um die internationale Performance der SPÖ ist es nicht zum Besten bestellt. Was ist die Position der Partei in Bezug auf die global organisierte Unterprivilegiertheit, auf Unterentwicklung, Kinderarbeit und die Ausbeutung von Frauen in der Dritten Welt? Anders ausgedrückt: Was sind die Antworten auf Verwerfungen im weltweiten System des Kapitalismus beziehungsweise der Globalisierung? Hier erwähnt Franz Vranitzky die heikle Frage des internationalen Finanzmarktes. »Aus dem Blickwinkel der Umverteilung oder des sozialen Ausgleichs ist dieser viel gefährlicher als der Warenmarkt.« Und er befürchtet, dass es nicht rasch gelingen dürfte, die internationalen Finanzmärkte so zu regulieren und zu reformieren, dass die negativen Folgen für die arbeitenden Menschen absehbar geringer werden. »Die Sozialdemokratie muss aufpassen, dass sie sich nicht selber einordnet in die Kreise und die Geister jener, die sich dieser Problematik nicht stellen. Das wird aus meiner Sicht viel zu wenig verstanden. Es wird auch viel zu wenig dafür gekämpft.«[359]

Als Instrument oder auch als Waffe der Sozialdemokratie, gegen die Ungleichheit in der Gesellschaft anzugehen, sieht Franz Vranitzky zwei Maßnahmen: Sozialpolitik und Bildung. »Das darf man nicht nur national sehen, sondern muss es auf Europa ausdehnen. Wenn die Bildungsaufgabe nicht wahrgenommen wird, dann könnte die Digitalisierung zu einer neuen Form des Analphabetismus führen, zu einem neuen Problem der Ausgrenzung.«

»Niemanden allein lassen«

Was Veränderungen in der Arbeitswelt als Folge von Digitalisierung und Globalisierung angeht, ob es ein Grundeinkommen geben soll oder nicht, dazu erklärt Franz Vranitzky allgemein, dass es Aufgabe der Sozialdemokratie ist, »soziale Verantwortung zu übernehmen und niemanden allein zu lassen«. Gegen ein Argument verwehrt er sich aber entschieden: dass eine Form von Mindestsicherung Arbeitsunwilligkeit oder die »soziale Hängematte« befördern würde. »Sehr gefährlich« und »als Klassenkampf von oben« interpretiert er Aussagen, wonach jene Menschen, die arbeitslos sind, selber schuld daran wären. »Trotz möglicher Einzelfälle darf man zynische Verallgemeinerungen nicht zulassen.«[360]

Zu der Identitätskrise der Sozialdemokratie haben laut Vranitzky auch Führungspersönlichkeiten beigetragen, die zwar Wahlen gewonnen, aber zu wenig Wert darauf gelegt haben, sozialdemokratische Positionen zu vertreten. Konkret meint Vranitzky damit den sogenannten »Dritten Weg« des britischen Ex-Premiers Tony Blair. Auch der »Agenda 2010« des ehemaligen deutschen Bundeskanzlers Gerhard Schröder »wird Ähnliches nachgesagt, auch wenn sie dem Nachbarland einen beachtlichen Wettbewerbsvorteil im internationalen Business eingebracht hat«.[361]

Worin Franz Vranitzky eine dringende Aufgabe für die Sozialde-mokratie in Europa, aber insbesondere auch für die SPÖ, sieht, ist die Vermittlung des Themas Europa mit seinen vielfältigen Aspekten. Es geht ihm dabei um eine unmissverständliche proeuropäische Aus-richtung der Partei, die Kritik an europäischen Entscheidungen dort anbringt, wo sie erforderlich ist. Auf politischer Ebene sollten sich Sozialdemokraten noch stärker um eine europäische Koordination in der Sozial- und Beschäftigungspolitik, in der Fiskalpolitik, in den Bereichen Migration und Asyl sowie in der Außen- und Sicherheits-politik einsetzen.

In seinem Buch »Zurück zum Respekt. Überleben in einer cha-otischen Welt« legt Franz Vranitzky fünfzehn Rezepte oder Maßnah-men vor, wie es besser gehen könnte:

Amerikanisierung der Politik europäisch gestalten,
mutige, keinesfalls autoritäre Politiker,
Neugestaltung der EU und der Globalisierung,
faire Koalitionen mit fairen Umgangsformen,
Respekt für Minderheiten,
Zuwanderung mit Menschlichkeit und Realismus,
Anerkennung der Gleichheit aller Menschen,
Grundsätze der Aufklärung tatsächlich leben,
Achtung des Rechts und des Rechtsstaates,
Bildung und Ausbildung,
mehr Leistung und mehr Leistungsanreize,
Nutzen der digitalen Revolution,
mehr Leistungsbereitschaft zur Erhaltung des Sozialstaates,
das Potenzial der älteren Menschen nutzen und schließlich
»Optimismus statt Pessimismus«.[362]

Diese Vorschläge lesen sich wie eine praktische Handlungsan-leitung für die SPÖ und sind gleichzeitig auch Forderungen an die Politik insgesamt.

Debatten über Europa

Franz Vranitzky verlangt seit Jahren in Interviews, Vorträgen und Diskussionen mehr Öffentlichkeits- und Informationsarbeit zum Thema Europa und die Zukunft der Europäischen Union. Zu Recht, denn in Österreich steht es nicht gut um die EU-Einstellung der Bevölkerung. Die Europäische Union verliert hierzulande an Zustimmung und Unterstützung. Das geht aus einer im Februar 2021 veröffentlichten Eurobarometer-Umfrage hervor.[363] Nirgendwo sonst in Europa ist die Ablehnung so groß wie in Österreich. Grundsätzlich empfinden, so die Ergebnisse der Umfrage, 41 Prozent der Österreicher die Mitgliedschaft in der EU als »eine gute Sache«, damit liegen sie aber weit unter dem EU-Durchschnitt mit 63 Prozent. Für Österreich ist das ein historischer Tiefstand. Als »weder gut noch schlecht« bezeichneten 43 Prozent der Befragten die EU-Mitgliedschaft, EU-weit wurden 27 Prozent gemessen. 16 Prozent der Österreicher, aber nur neun Prozent aller EU-Bürger glauben, die EU wäre »eine schlechte Sache«.

Franz Vranitzky ist überzeugt, dass die führenden Politiker des Landes Verantwortung für diesen europaskeptischen Befund tragen. »Die verschiedenen Bundesregierungen haben seit dem Ende der 1990er-Jahre keine aktive Europapolitik insofern betrieben, als sie viel zu wenig daran gearbeitet haben, zu erklären, was Europa für jeden Einzelnen bedeutet und welchen Stellenwert die Bürger in dieser europäischen Gemeinschaft haben. Es ist nicht gelungen, in einer überzeugenden Europapolitik die Bevölkerung mitzunehmen. Mein Vorbehalt, meine Kritik geht dahin, dass man mit der Europafrage einfach zu wenig volksnah umgeht, zu technokratisch, zu verliebt in Mechanismen wie Kommission und Parlament und die Beziehungsgeflechte zwischen den EU-Institutionen. Und auch in der Sprache wird mit Begriffen herumgeworfen, die ein Großteil der Bevölkerung überhaupt nicht versteht – und auch nicht verstehen kann. Europa ist ja eine umfassende Materie, eine Querschnittmaterie«, sagt er in unserem Gespräch.[364]

Skeptischer als der Durchschnitt der Bevölkerung der EU bewerten die österreichischen Befragten in der Eurobarometer-Umfrage auch die Auswirkungen des Wiederaufbauplanes der EU. Insgesamt umfasst der EU-Haushalt 1,8 Billionen Euro für die Jahre 2021 bis 2027. In diesem Plan sind 750 Milliarden Euro im Rahmen des Programmes »NextGenerationEU« enthalten, um die wirtschaftlichen und sozialen Auswirkungen der Covid-19-Pandemie besser zu bewältigen und die Erholung der europäischen Wirtschaft nach Corona voranzutreiben. Dabei liegt der Fokus besonders auf der Finanzierung klimapolitischer Maßnahmen sowie auf Forschung und Innovation.[365]

Gut zwei Drittel der Österreicher konnten dem Finanzpaket etwas Gutes abgewinnen. Dem Satz, der Wiederaufbauplan der EU werde es der heimischen Wirtschaft ermöglichen, sich schneller von den negativen Auswirkungen der Coronavirus-Pandemie zu erholen, stimmten in Österreich 68 Prozent zu, in der gesamten EU waren es 72 Prozent. Ablehnend äußerten sich 27 Prozent in Österreich, 24 Prozent waren es im EU-Durchschnitt. Bei der Einschätzung des EU-Wirtschaftsaufbaufonds ist aus Österreich somit mehr Kritik zu hören als aus anderen EU-Staaten.[366]

Neues Erstarken des Nationalismus in Osteuropa

Von Wien aus richtet Franz Vranitzky einen kritischen Blick gegen Osten und Südosten, wo es in Polen, Ungarn und Slowenien ein markantes neues Erstarken des Nationalismus und Rechtspopulismus gibt. Wurde das beim EU-Beitritt dieser Länder im Jahr 2004 nicht gesehen oder falsch eingeschätzt? Wurden europäische Werte wie Rechtsstaatlichkeit, Demokratie und Liberalität zu wenig klar formuliert und vermittelt? Franz Vranitzky denkt nach. »Von Osteuropäern hört man häufig ein Argument, welches lautet: 40 Jahre oder länger lebten wir unter dem Diktat Moskaus. Wir wollen jetzt nicht unter einem Diktat Brüssels leben. Das ist eine Seite. Auf der anderen Seite gibt es Entwicklungen, wie etwa unter Viktor Orbán in Ungarn, die mit dem europäischen Wertesystem nicht mehr vereinbar sind. Wenn Orbán von einer illiberalen Demokratie spricht, dann muss man sich schon fragen, ist das noch Demokratie? Das ist nicht unsere Wahrnehmung von Demokratie«, erklärt der Sozialdemokrat.

Um die aktuellen Entwicklungen in Polen, Ungarn oder in den anderen osteuropäischen Mitgliedsländern einzuordnen, empfiehlt Franz Vranitzky, die Regierungen vor der Amtszeit Viktor Orbáns, Jarosław Kaczyńskis oder Bojko Borissows oder anderer Repräsentanten Ost- und Südosteuropas kritisch unter die Lupe zu nehmen. »Sie haben in ihrer Arbeit versagt und keine überzeugenden Gesinnungsprodukte geliefert. Das ist ein hartes Urteil, aber ich denke, es gibt kein anderes.«

Was rasche Veränderungen und eine Orientierung an Demokratie, freier Justiz und unabhängigen Medien in diesen Ländern angeht, ist Franz Vranitzky keineswegs zuversichtlich. »Und daher befürchte ich, dass wir da noch sehr viele Rückschläge in Bezug auf Europa, auf ein offenes Europa, ein modernes Europa und ein Europa der gemeinsamen Werte erleben müssen, ehe vielleicht wieder andere politische Kräfte in diesen Staaten sich erheben.«

Hoffnung junge Generation

Einen Lichtblick für einen Wandel, für ein besseres Europa und für die Zukunft des europäischen Projektes sieht Franz Vranitzky in der jungen Generation. »Es gibt wahrscheinlich nur die eine Hoffnung, und das sind die jungen Menschen, die mit den modernen Kommunikationsmitteln umgehen können und klar entschlossen sind, sie zu nutzen. Die Revolution der Digitalisierung ist längst im Gange. Die junge Generation erkennt auch den Sinn und Zweck des gemeinsamen Europas als ein Aktivum. Letztendlich werden die Jungen auch neue politische Repräsentanten in die Ämter bringen.«[367] Franz Vranitzky erwartet viel von den jungen Menschen. Er findet, dass »die Krise in Europa auch eine Krise der europäischen Führungskräfte ist, weil diese zu sehr ihren nationalen Anliegen nachgehen und nationalen Bedürfnissen nachgeben«.

Im Engagement der jungen Generation sieht Franz Vranitzky auch eine Chance, die SPÖ zu verändern. Dass sich die Probleme der alten Partei, zum Teil selbst verschuldet, zum Teil langfristig verursacht, nicht im Handumdrehen beheben lassen, weiß auch der ehemalige Parteivorsitzende. Die SPÖ ist von der allgemeinen Schrumpfung der Volksparteien betroffen, es gibt aber auch inhaltliche Schwächen. »Den Sozialdemokraten fehlt eine klare Strategie, ein Distinktionsmerkmal«, konstatiert der deutsche Parteienforscher und Soziologe Wolfgang Merkel.[368] Dabei müsste der Sozialdemokratie der Zeitgeist zugutekommen: Die Ära des Neoliberalismus ist vorbei, in den USA legt ein demokratischer Präsident ein gigantisches keynesianisches Investitionsprogramm auf. Und auch in Österreich ist die Zeit der Coronapandemie und ihrer Spätfolgen von staatlichen Ausgabenprogrammen begleitet. Eigentlich müsste das die Stunde der Sozialdemokratie sein. Im Kampf um Arbeitsplätze, um den Ausbau des Pflege- und des Gesundheitssystems, um Reformen im Bildungssystem und den Bau bezahlbarer Wohnungen könnte sich die SPÖ gerade jetzt als Partei der Gerechtigkeit und des Anstands profilieren.

Wenn die SPÖ Politikoptionen auf diese Herausforderungen entwickelt und klare politische Alternativen anbietet, wird sie auch wieder Wahlsiege feiern können. Eines ist sicher nicht möglich: ein leichtfertiges »Weiter so!« und ein Ausruhen auf alten Rezepten und damit verbundenen Erfolgen.

Herausforderung Klimawandel

Das geht schon gar nicht bei den Themen Klimawandel und Umwelt. »Hier sind die Arbeitnehmerinteressen unmittelbar involviert«, sagt Franz Vranitzky und deutet die Gefahr an, dass »aktive Klimapolitik zu gewissen Einschränkungen der Interessen der Industrie, der Energiewirtschaft und des Verkehrs führen kann. Wir sehen das überall in der Welt: Wo nach aktiver Klimapolitik gerufen wird, gibt es sofort den Einwand, das gehe zu Lasten der Wirtschaft, der Arbeitsplätze und der Wettbewerbsfähigkeit. Das ist eine gravierende Herausforderung für die Sozialdemokratie.« Und er fügt in unserem Gespräch eines hinzu: »Klima und Umwelt sind ein Kampfgebiet und niemals ohne politisches Risiko, auch nicht ohne – zumindest vorübergehendes – materielles Risiko für die Bevölkerung.«[369]

Um in der Klimapolitik Risiken für alle Beteiligten zu minimieren, hat Franz Vranitzky einen Vorschlag: »Man sollte darüber nachdenken, ob da nicht ein sozialpartnerschaftlicher Weg mit der Industrie eingeschlagen werden könnte. Dazu wird man hoffentlich Ja sagen.«

FRANZ VRANITZKY:
CHRONOLOGISCHER LEBENSLAUF

Geboren 4. Oktober 1937 in Wien

Bildungsweg Volksschule; Realgymnasium im 17. Wiener
Gemeindebezirk, Matura 1955; Studium
der Handelswissenschaften an der Hochschule für Welthandel in Wien (Dipl.-Kfm.
1960; Dr. rer. comm. 1969); zahlreiche
Ehrendoktorate

Berufliche Laufbahn Firma Siemens-Schuckert Ges.m.b.H.
(Rechnungswesen) 1961
Oesterreichische Nationalbank 1961–1970
Bundesministerium für Finanzen (Wirt-
schafts- und finanzpolitische Beratung des
Ministers) 1970–1976
Vorsitzender-Stellvertreter des Vorstandes
der Creditanstalt-Bankverein AG 1976–1981
Vorsitzender des Vorstandes der Österreichi-
schen Länderbank AG 1981–1984
Konsulent der Westdeutschen Landesbank
1997–2003
Mitglied des Aufsichtsrates mehrerer inter-
nationaler Unternehmen

Politische Mandate Abgeordneter zum Nationalrat
Bundesminister für Finanzen 1984–1986
Bundeskanzler der Republik Österreich
1986–1997

Politische Funktionen	Bundesparteivorsitzender der SPÖ 1988–1997
Andere Tätigkeiten	OSZE-Sonderbeauftragter für Albanien Ehren-Vorsitzender des InterAction Council, einer Denkfabrik früherer Staats- und Regierungschefs seit 2010 Gründungs- und Ehrenpräsident des Bruno Kreisky Forums für internationalen Dialog
Auszeichnungen	Großes Goldenes Ehrenzeichen am Bande für Verdienste um die Republik Österreich 1987 Karlspreis zu Aachen 1995 Fulbright Preis für Internationale Verständigung 1995 Wintersemester 2008: Die Universität Wien begründet den 1.»Franz Vranitzky-Chair for European Studies« Zahlreiche höchste Orden verschiedener Länder

DANKSAGUNG

Zuallererst gilt mein großer Dank Doktor Franz Vranitzky, dem ehemaligen Bundeskanzler der Republik Österreich. Er hat mir die Möglichkeit gegeben, mit ihm in langen Gesprächen über seine Politik als Regierungschef und Parteivorsitzender der SPÖ, über seine Anliegen und seine Positionen zu sprechen und Hintergründe auszuleuchten. Der Titel des Buches, »Politik mit Haltung«, hat sich im Laufe der zahlreichen Treffen mit Franz Vranitzky herausgebildet. Erst recht bestärkt in der Wahl des Titels fühlte ich mich, als just in der Schreibphase des Buches Facetten der österreichischen Innenpolitik ans Tageslicht kamen, die unter dem Stichwort »Ibiza-Untersuchungsausschuss« international bekannt wurden. Gegen höchste Politiker wurde und wird ermittelt, Minister der ÖVP und ihr nahestehende Personen stehen im Visier der Staatsanwälte und Hunderttausende Chat-Nachrichten zwischen höchsten Repräsentanten des Landes »fügen sich zum Sittenbild einer Clique nassforscher Aufsteiger«[370], wie *Der Spiegel* schreibt. Was das österreichische Wahlvolk seither beinah täglich zu hören und lesen bekommt, inklusive zahlreicher Attacken gegen Mitglieder des Verfassungsgerichtshofes, fasste Bundespräsident Alexander Van der Bellen mit einem Satz zusammen: »Das hat es in dieser Form in unserem Land noch nicht gegeben.«[371]

Mein erstes Interview mit Franz Vranitzky habe ich als Redakteurin der *Arbeiter-Zeitung* am 24. November 1990 geführt. Der Titel dieses Interviews lautete: »Umwelt kann nicht warten« – das Thema ist aktueller denn je. Der Bundeskanzler legte damals eine Umweltcharta vor, die zu internationalem Handeln zwingen sollte. Sein Fazit 1990: »Politiker haben nicht mehr die Zeit, abzuwarten.«[372] Seit damals habe ich das Wirken von Franz Vranitzky auch über seine Regierungstätigkeit hinaus verfolgt. Seine klare und konsequente Haltung zu verschiedenen Themen, wie Europa und das Eintreten für eine Sozialunion, für Demokratie und Rechtsstaat, das Auftreten gegen Rassismus und Antisemitismus sowie sein kritisches Nachdenken über die Entwicklung der Sozialdemokratie und der Gesellschaft ringen mir bis heute Respekt ab. Seine Antworten in Interviews und seine Stellungnahmen zu aktuellen politischen Entwicklungen in diversen Medien richten sich nicht nach Moden und Trends, sondern sind sorgfältige Analysen, zeitlose Appelle an Vernunft und Moral sowie mitunter höchst private Reflexionen und Bekenntnisse. Lehrstücke sozusagen, auch dafür danke ich Herrn Vranitzky.

Zu besonderem Dank bin ich auch dem Team des Bruno Kreisky Forums verpflichtet, allen voran Gertraud Auer Borea d'Olmo sowie Susanne Gaugl. Ich danke Wolfgang Maderthaner, Generaldirektor des Österreichischen Staatsarchives a. D. und stellvertretendem Präsidenten des Vereins der Geschichte der ArbeiterInnen-Bewegung, für Recherchen im AZ-Archiv und konstruktive Diskussionen.

Für das Zustandekommen des Buches bin ich dem Czernin-Verlag aufrichtig dankbar, vor allem Verleger Benedikt Föger für die motivierenden Gespräche. Karin Raschhofer-Hauer danke ich für das umsichtige Lektorat, Jeff Mangione für das Cover-Foto. Mein Dank gilt außerdem Lucien Giordani.

Wien, im Juni 2021
Margaretha Kopeinig

ANMERKUNGEN

1   Kennedy, John F.: Profiles in Courage, Harper & Row Publishers, New York 1956 (Erstausgabe)
2   Gespräch mit Franz Vranitzky am 15. September 2020
3   Gespräch mit Franz Vranitzky am 1. Oktober 2020
4   Krammer, Karl: Vranitzky versus »Vranitzkysmus«, in: Knehs-Vranitzky, Claudia; Gross, Peter; Maxonus, Stephan; Weinzierl, Rupert (Hg.): Ein großer Europäer. Weggefährten über Franz Vranitzky, Wien 2007, S. 114
5   Zitiert aus: Rauscher, Hans: Vranitzky. Eine Chance, Wien 1987, S. 26 f.
6   Rauscher, Hans: Vranitzky. Eine Chance, Wien 1987, S. 27
7   Quelle: Johann Wolfgang von Goethe, Maximen und Reflexionen. Aphorismen und Aufzeichnungen. Nach den Handschriften des Goethe- und Schiller-Archivs hg. von Max Hecker, Verlag der Goethe-Gesellschaft, Weimar 1907. Aus dem Nachlass. Über Literatur und Leben
8   Gespräch mit Franz Vranitzky am 15. September 2020
9   Wirth, Maria: Ein Fenster zur Welt. Das Europäische Forum Alpbach 1945–2015, Innsbruck 2015, S. 194
10 Molden, Otto: Odyssee meines Lebens und die Gründung Europas in Alpbach, Wien, München 2001
11 Molden, Otto: Odyssee meines Lebens und die Gründung Europas in Alpbach, Wien, München 2001, S. 256
12 Molden, Otto: Odyssee meines Lebens und die Gründung Europas in Alpbach, Wien, München 2001, S. 257
13 Vranitzky, Franz: Politische Erinnerungen, Wien 2004, Zsolnay Verlag, S. 90
14 Vranitzky, Franz: Politische Erinnerungen, Wien 2004, Zsolnay Verlag, S. 76
15 Gespräch mit Franz Vranitzky am 15. September 2020
16 Rauscher, Hans: Vranitzky. Eine Chance, Wien 1987, S. 46
17 Kurier, 5. September 1984
18 Kurier, 4. September 1984, S. 2
19 OGM – Österreichische Gesellschaft für Marketing
20 OGM-Umfrage im Auftrag des Kurier, Kurier-Ausgabe vom 5. September 1984
21 OGM-Umfrage im Auftrag des Kurier, Kurier-Ausgabe vom 5. September 1984
22 OGM-Umfrage im Auftrag des Kurier, Kurier-Ausgabe vom 5. September 1984
23 Hans Rauscher im Kurier, 5. September 1984
24 Hans Rauscher im Kurier, 5. September 1984
25 Kurier, 6. September 1984, S. 2
26 Kurier, 6. September 1984, S. 2
27 Gespräch mit Franz Vranitzky am 15. September 2020

28 Vranitzky, Franz: Politische Erinnerungen, S. 113

29 Vranitzky, Franz: Politische Erinnerungen, S. 95 ff

30 Vranitzky, Franz: Politische Erinnerungen, S. 117

31 Vranitzky, Franz: Politische Erinnerungen, S. 134

32 Vranitzky, Franz: Politische Erinnerungen, S. 118

33 Hans Seidel (1922–2015) war ein bekannter österreichischer Wirtschaftswissenschaftler und Wirtschaftshistoriker. Er war von 1946 bis 1980 im WIFO tätig, von 1973 bis 1980 war er dessen Leiter. Von 1981 bis 1983 war Seidel Staatssekretär im Bundesministerium für Finanzen. Er war auch österreichischer Vertreter in internationalen Organisationen wie OECD und EFTA.

34 Yedioth Ahronoth war bis 2010 die auflagenstärkste und meistgelesene Tageszeitung Israels. Einer der bekanntesten Korrespondenten dieser Zeitung war Elie Wiesel, Friedensnobelpreisträger von 1986, der ab 1952 aus Paris und ab 1956 von den Vereinten Nationen aus New York berichtete.

35 Zitiert nach: Tóth, Barbara: Dissertation an der Universität Wien, 2010. Titel: Der Handschlag. Die Affäre Frischenschlager – Reder, Dokumenten-ID: 10810

36 Zitiert nach: Tóth, Barbara: Dissertation an der Universität Wien, 2010. Titel: Der Handschlag. Die Affäre Frischenschlager-Reder, Dokumenten-ID: 10810

37 Zitiert nach: Tóth, Barbara: Dissertation an der Universität Wien, 2010. Titel: Der Handschlag. Die Affäre Frischenschlager-Reder, Dokumenten-ID: 10810. Die Dissertation von Barbara Tóth ist unter dem gleichnamigen Titel 2017 im Studien Verlag, Innsbruck/Wien, erschienen.

38 Vranitzky, Franz: Politische Erinnerungen, S. 138

39 Gespräch mit Franz Vranitzky am 15. September 2020

40 Gespräch mit Franz Vranitzky am 15. September 2020

41 Deutschlandfunk, Interview mit Franz Vranitzky am 28. Juni 2018; das Interview wurde von Stephan Detjen geführt.

42 Die Wahlbeteiligung lag bei 87,3 Prozent.

43 APA, 18. Juli 1986

44 APA, 18. Juli 1986

45 In the Eye of the Storm. The Memoirs of Kurt Waldheim. Secretary General of the United Nations 1972–82. Verlag Weidenfeld and Nicolson, London 1985. Die deutsche Übersetzung erschien unter dem Titel: Im Glaspalast der Weltpolitik, Econ-Verlag, München 1985.

46 Profil, 3. März 1986, S. 16 ff., Titel: Waldheim und die SA

47 Profil, 3. März 1986,, S. 16 ff., Titel: Waldheim und die SA

48 Diese Informationen entstammen dem Profil vom 18. März 2006.

49 Kurt Waldheim in der ORF-Pressestunde am 9. März 1986

50 Rathkolb, Oliver: Festrede für Bundeskanzler a. D. Dr. Franz Vranitzky zum 80. Geburtstag, S. 3

51 Siehe dazu: Rauscher, Hans: Der Standard, 27. Februar 2016

52 Auch das Buch des damaligen Akteurs Georg Tidl mit dem Titel: Waldheim. Wie es wirklich war, Löcker-Verlag, bietet keine echte Aufklärung.

53 Vranitzky, Franz: Politische Erinnerungen, S. 143

54 Antwort Franz Vranitzkys auf die schriftliche parlamentarische Anfrage des Abgeordneten Kurt Bergmann (ÖVP); zitiert nach: APA, 24. Juni 1986

55 Gespräch mit Franz Vranitzky am 12. November 2020

56 Gespräch mit Franz Vranitzky am 12. November 2020

57 APA, 9. Juni 1986

58 Gespräch mit Franz Vranitzky am 15. September 2020

59 Gespräch mit Franz Vranitzky am 15. September 2020

60 Gespräch mit Franz Vranitzky am 15. September 2020

61 APA, 9. Juni 1986

62 APA, 9. Juni 1986

63 Süddeutsche Zeitung, 10. Juni 1986

64 Libération, 10. Juni 1986

65 APA, 18. Juni 1986

66 APA, 18. Juni 1986

67 APA, 18. Juni 1986

68 APA, 15. September 1986

69 IMAS-Umfrage, zitiert nach: APA, 23. September 1986; in dieser Umfrage wurden 1500 wahlberechtigte Österreicher im Zeitraum von Ende August bis 12. September 1986 befragt.

70 Zitiert nach: APA, 16. September 1986

71 Gespräch mit Franz Vranitzky am 15. September 2020

72 Gespräch mit Franz Vranitzky am 15. September 2020

73 Gespräch mit Franz Vranitzky am 15. September 2020

74 Gespräch mit Franz Vranitzky am 15. September 2020

75 Zitiert aus: Franz Vranitzky im Gespräch mit Armin Thurnher, Frankfurt am Main 1992, S. 99

76 Zitiert nach: APA, 12. Oktober 1986

77 US-Außenminister George Shultz war am 6. November 1986 in Wien.

78 APA, 6. November 1986

79 Le Monde, 25. November 1986

80 The New York Times, 29. November 1986

81 Der Spiegel, 1. Dezember 1986

82 Die Zitate aus dem Bericht der Knesset-Abgeordneten sind der APA vom 9. Dezember 1986 entnommen.

83 Gespräch mit Franz Vranitzky am 15. September 2020

84 Vgl. dazu: Die Presse, 27. Jänner 2012

85 ORF-Mittagsjournal vom 19. Jänner 1987

86 Wiener Zeitung, 14. Jänner 1987

87 ORF-Inlandsreport vom 15. Jänner 1987; vgl. dazu auch: APA, 15. Jänner 1987

88 Vranitzky, Franz: op. cit., S. 169

89 ORF-Inlandsreport vom 15. Jänner 1987

90 ORF-Inlandsreport vom 15. Jänner 1987

91 Gespräch mit Franz Vranitzky am 15. September 2020

92 Gespräch mit Franz Vranitzky am 29. September 2020

93 Gespräch mit Franz Vranitzky am 15. September 2020
94 Gespräch mit Franz Vranitzky am 15. September 2020
95 Rudolf Streicher wurde 1986 Bundesminister für öffentliche Wirtschaft und Verkehr.
96 Gespräch mit Franz Vranitzky am 15. September 2020
97 Berger, Peter: Kurze Geschichte Österreichs im 20. Jahrhundert, Wien 2007
98 Gespräch mit Franz Vranitzky am 15. September 2020
99 Gespräch mit Franz Vranitzky am 15. September 2020
100 Gespräch mit Franz Vranitzky am 15. September 2020
101 Gespräch mit Franz Vranitzky am 29. September 2020
102 Siehe dazu: Rauscher, Hans: Vranitzky. Eine Chance, Wien 1987, S. 100
103 De Telegraaf, 2. Mai 1987
104 Rauscher, Hans: op. cit., S. 101
105 Gespräch mit Franz Vranitzky am 29. September 2020
106 APA, 27. April 1987
107 Gespräch mit Franz Vranitzky am 29. September 2020
108 APA, 30. April 1987
109 Gespräch mit Franz Vranitzky am 29. September 2020
110 Ringel, Erwin: Die österreichische Seele. Zehn Reden über Medizin, Politik, Kunst und Religion, Wien 2005
111 APA, 25. Mai 1987
112 APA, 25. Mai 1987
113 Michael Graff wird im L'Express wie folgt zitiert:»Tant qu'il n'est pas prouvé qu'il a de ses propres mains étranglé six juifs, pas de problème.« L'Express vom 13. November 1987, S. 21
114 APA, 8. Februar 1988
115 Alle Zitate aus APA-Meldungen vom 8. Februar 1988
116 Zitate nach APA, 8. Februar 1988
117 APA, 8. Februar 1988
118 Zitiert nach: Hans Rauscher, Der Standard, 27. Februar 2016
119 Zitiert nach: APA, 8. Februar 1988
120 ZDF-Nachrichtensendung, 8. Februar 1988
121 APA, 8. Februar 1988
122 APA, 8. Februar 1988
123 APA, 8. Februar 1988
124 APA, 9. Februar 1988
125 APA, 9. Februar 1988
126 B'nai-B'rith-Presse-Aussendung vom 8. Februar 1988
127 Presse-Statement des World Jewish Congress vom 8. Februar 1988
128 APA, 10. Februar 1988
129 APA, 10. Februar 1988
130 APA, 9. September 1988
131 Süddeutsche Zeitung, 10. Februar 1988
132 Süddeutsche Zeitung, 10. Februar 1988

133 Neue Zürcher Zeitung, 10. Februar 1988
134 Haaretz, 10. Februar 1988
135 De Volkskrant, 10. Februar 1988
136 Alle zitierten Tageszeitungen erschienen am 10. Februar 1988.
137 Bruno Kreisky im BBC-Interview, ausgestrahlt am 10. Februar 1988
138 Interview Kurt Waldheim, ORF, Radio Österreich International,
     12. Februar 1988
139 Gespräch mit Franz Vranitzky am 15. Oktober 2020
140 Die Zitate sind entnommen aus: Hammerstein, Katrin und Hofmann, Birgit:
     »Wir müssen die Vergangenheit annehmen« – Richard von Weizsäckers Rede
     zum Kriegsende 1985, in: Deutschland Archiv, 18. Dezember 2015,
     Link: www.bpb.de/217619
141 Gespräch mit Franz Vranitzky am 15. Oktober 2020. Richard von Weizsäcker
     hat als junger Wehrmachtsoffizier am Zweiten Weltkrieg teilgenommen und
     von 1947 bis 1949 seinen Vater, den NS-belasteten Diplomaten Ernst von
     Weizsäcker, als Anwalt in einem Prozess verteidigt.
142 Gespräch mit Franz Vranitzky am 29. September 2020
143 ORF-Pressestunde mit Bundeskanzler Franz Vranitzky am 14. Februar 1988
144 Zitiert nach: APA, 17. Februar 1988
145 Die Welt, 24. Februar 1988
146 Wortmeldung Oskar Helmers in der 132. Ministerratssitzung vom
     9. November 1948. Zitiert nach: Knight, Robert (Hg.): Ich bin dafür, die
     Sache in die Länge zu ziehen. Wortprotokolle der österreichischen Bundesre-
     gierung von 1945–1952 über die Entschädigung der Juden, Frankfurt am Main
     1988, S. 197
147 APA, 5. Mai 1989
148 Zitiert nach: APA, 5. Mai 1989
149 APA, 8. Mai 1989
150 APA, 8. Mai 1989
151 APA, 8. Mai 1989
152 Peter Filzmaier im ORF-Interview am 14. Juni 2007
153 APA, 20. Februar 1990
154 APA, 29. Jänner 1992
155 APA, 29. Jänner 1992
156 Vgl. dazu: APA, 7. November 1995
157 APA, 11. November 1995
158 APA, 11. November 1995
159 APA, 10. November 1995
160 Die Zahlen stammen von der »Initiative Minderheiten« und wurden anlässlich
     der Ausstellung »Nach der Flucht. Aus Ex-Jugoslawien nach Wien – Geschich-
     ten von Geflüchteten in den 1990er Jahren« veröffentlicht. Die Ausstellung
     wurde vom 14. September bis 14. November 2020 in der Hauptbücherei der
     Stadt Wien gezeigt und von Vida Bakondy und Amila Širbegović für die

Initiative Minderheiten in Kooperation mit den Büchereien der Stadt Wien erarbeitet.

161 Aktuelle Zahlen unter bundesheer.at
162 Gespräch mit Franz Vranitzky am 12. November 2020
163 Gespräch mit Franz Vranitzky am 12. November 2020
164 Gespräch mit Franz Vranitzky am 12. November 2020
165 Gespräch mit Franz Vranitzky am 12. November 2020; vgl. dazu auch: Vranitzky, Franz: Politische Erinnerungen, S. 208 ff.
166 Vranitzky, Franz: Politische Erinnerungen, S. 202
167 Schmid, Hans: Weißt du noch, in: Knehs-Vranitzky, Claudia et al. (Hg.): Ein großer Europäer. Weggefährten über Franz Vranitzky, Wien 2007, S. 203 ff.
168 Gespräch mit Franz Vranitzky am 12. November 2020
169 Gespräch mit Franz Vranitzky am 12. November 2020
170 APA, 6. Jänner 1997
171 APA, 18. Jänner 1997
172 APA, 19. Jänner 1997
173 APA, 19. Jänner 1997
174 APA, 19. Jänner 1997
175 Alle zitierten Zeitungstitel stammen vom 19. Jänner 1997.
176 Die Presse, 20. Jänner 1997
177 Financial Times, 20. Jänner 1997
178 Frankfurter Allgemeine Zeitung, 20. Jänner 1997
179 Herald Tribune, 20. Jänner 1997
180 Vranitzky, Franz: Politische Erinnerungen, S. 415
181 Fakten und Informationen aus: Vranitzky, Franz: Die OSZE-Präsenz in Albanien, in: Institut für Friedensforschung und Sicherheitspolitik – IFSH (Hg.): OSZE-Jahrbuch 1998, Baden-Baden 1998, S. 195 ff.
182 Vranitzky, Franz: op. cit., S. 196
183 Vranitzky, Franz: op. cit., S. 201
184 Schlussfolgerungen des Rates, 26. Juni 2018; Rat »Allgemeine Angelegenheiten«, 26. Juni 2018
185 Schlussfolgerungen des Rates zur Erweiterung sowie zum Stabilisierungs- und Assoziierungsprozess, 24. März 2020
186 Stenographische Protokolle über die Sitzungen des Nationalrates der Republik Österreich, XVII. Gesetzgebungsperiode, 2. Sitzung, 28. Jänner 1987, Wien
187 Mailath-Pokorny, Andreas: Öffnung unter schwierigen Bedingungen, in: Knehs-Vranitzky, Claudia, et al. (Hg.): Ein großer Europäer. Weggefährten über Franz Vranitzky, Wien 2007, S. 141
188 Die Studie wurde am 6. Mai 1987 in Wien präsentiert; siehe dazu: APA, 6. Mai 1987. Der Studie ging ein Seminar des »Aspen Institute for Humanistic Studies« und der »Zentralsparkasse und Kommerzbank Wien« im April 1985 im burgenländischen Rust voran.
189 Zitiert aus: Pluhar, Erika: Vranitzky, in: Ein großer Europäer, S. 174
190 Zitiert nach: Der Spiegel, 17. Oktober 1988

191 Siehe dazu: Neue Zürcher Zeitung, 16. Jänner 2021, S. 19
192 Gespräch mit Franz Vranitzky am 1. Oktober 2020
193 Gespräch mit Franz Vranitzky am 1. Oktober 2020
194 Interview mit der Wochenzeitung Die Zeit vom 27. Mai 1988; André Müller sprach mit Burgtheaterdirektor Claus Peymann.
195 Vranitzky, Franz: Politische Erinnerungen, S. 186
196 Jahresbericht 2020 der Antisemitismus-Meldestelle der IKG Wien vom 26. April 2021
197 Vgl. dazu: OSCE Hate Crime Data: http://go.apa.at/Y7aM0Cye
198 Vgl. dazu: Interview im Kurier, 9. Juni 2018
199 Franz Vranitzky unterstrich dabei die Position der Regierung, sich die Anerkennung Sloweniens und Kroatiens als Option unter bestimmten Bedingungen offenzuhalten. Allerdings müsse man sich bewusst sein, »dass hinter der Problematik, die sich heute den Souveränitätsansprüchen Sloweniens und Kroatiens stellt, die viel tiefere und in ihren Konsequenzen weitergehende Frage der Zukunft des Vielvölkerstaates in Europa und des Zusammenlebens von verschiedenen Völkern und Volksgruppen in einem engen Raum steht«. Durch eine Anerkennung Österreichs allein würden weder die inneren Probleme noch die internationalen Schwierigkeiten gelöst werden können. Schließlich finde sich kaum ein Staat in Europa, der nicht mit dem Problem konfrontiert sei, dass auf seinem Staatsgebiet auch Angehörige eines anderen Volkes leben.
200 Zitiert nach: Stenographisches Protokoll, 35. Sitzung der XVIII. Gesetzgebungsperiode des Nationalrates der Republik Österreich, 8./9. Juli 1991. Ausschnitt aus einer Rede von Franz Vranitzky im Nationalrat
201 Zitiert nach: Franz Vranitzky im Gespräch mit Armin Thurnher, Frankfurt am Main 1992, S. 30 f.
202 Eine Serie von Kriegen im Territorium Ex-Jugoslawiens folgte, die zum Zerfall des jugoslawischen Staates und zur Bildung von sechs bzw. sieben Nationalstaaten führte (Slowenien, Kroatien, Serbien, Montenegro, Bosnien-Herzegowina, Nord-Mazedonien; 2008 erklärte sich der Kosovo für unabhängig). Slowenien und Kroatien sind mittlerweile Mitgliedstaaten der EU – und auch der NATO.
203 Am 25. Juni erklärten Slowenien und Kroatien ihre Unabhängigkeit. In Slowenien hatte zuvor, am 23. Dezember 1990, ein Referendum über die Unabhängigkeit Sloweniens stattgefunden, bei dem sich 88,2 Prozent der Wähler für die Eigenstaatlichkeit ausgesprochen hatten. Infolge der Unabhängigkeitserklärung Sloweniens rückten am 26. Juli 1991 Truppen der Jugoslawischen Volksarmee in Slowenien ein. Bis zum 7. Juli hielten die Kämpfe an. Man spricht vom »Zehn-Tage-Krieg«, aus dem Slowenien siegreich hervorging.
204 APA, 8. Juli 1991
205 APA, 8. Juli 1991
206 Arbeiter-Zeitung, 9. Juli 1991
207 Zitiert nach: APA, 23. Juli 1991

208 Teddy Kollek (geboren 1911, gestorben 2007 in Jerusalem) war 28 Jahre lang Bürgermeister von Jerusalem. Bei seinem Wien-Besuch am 9. Oktober 1991 sagte er, dass ihn das Leben in Wien geprägt habe. Was er hier über das Zusammenleben von verschiedenen Volksgruppen gelernt habe, habe er in Jerusalem angewandt.

209 Zitiert nach: APA, 9. Oktober 1991

210 APA, 8. Juni 1993

211 Zitiert nach: APA, 8. Juni 1993

212 Vgl. dazu: Jabloner, Clemens et al.: Schlussbericht der Historikerkommission der Republik Österreich. Vermögensentzug während der NS-Zeit sowie Rückstellungen und Entschädigungen seit 1945 in Österreich, Wien/München 2003 (= Bericht der Österreichischen Historikerkommission, Bd. 1)

213 Quelle: Der Standard, 11. Juni 1993, S. 35, und APA, 10. Juni 1993

214 Siehe dazu auch: Interview mit Franz Vranitzky im Kurier vom 9. Juni 2018

215 The Jerusalem Post, 11. Juni 1993

216 The Jerusalem Post, 11. Juni 1993

217 Haaretz, 10. Juni 1993

218 Salzburger Nachrichten, Die Presse, 11. Juni 1993

219 Franz Vranitzky im Interview mit der Zeitschrift Das Jüdische Echo, Vol. 68, 2019/2020

220 APA, 16. Juni 1993

221 Angaben des palästinensischen Gesundheitsministeriums vom 21. Mai 2021

222 Gespräch mit Franz Vranitzky am 12. November 2020

223 Zitiert aus: Kopeinig, Margaretha: Der dreizehnte Stern. Wie Österreich in die EU kam, Wien 2014, S. 177

224 Erklärung der Bundesregierung, abgegeben von Franz Vranitzky: Auszug zur Europapolitik, Wien, 28. Jänner 1987, Quelle: Stenographische Protokolle über die Sitzung des Nationalrates der Republik Österreich, XVII. Gesetzgebungsperiode, 2. Sitzung

225 Das Beitrittsansuchen wurde am 17. Juli 1989 an die Europäischen Gemeinschaften gestellt (EG). Heute ist von der Europäischen Union (EU) die Rede. Die Europäische Wirtschaftsgemeinschaft (EWG) und die Europäische Atomgemeinschaft (EURATOM) wurden 1957 durch die Römischen Verträge gegründet. Durch den Fusionsvertrag von 1967 wurden EWG, EURATOM und die bereits seit 1952 bestehende Montanunion (EGKS) zu den Europäischen Gemeinschaften (EG) zusammengelegt und eine gemeinsame Kommission und ein gemeinsamer Rat für alle drei Gemeinschaftspolitiken geschaffen. Mit der Gründung der Europäischen Union (Maastricht-Vertrag; dieser wurde am 7. Februar 1992 unterschrieben und trat 1993 in Kraft) wurde die Europäische Wirtschaftsgemeinschaft in Europäische Gemeinschaft (EG) umbenannt, wobei die Namensänderung verdeutlichen sollte, dass die EWG/EG nicht nur wirtschaftliche Ziele, sondern auch die politische Einigung Europas verfolgt. In der Folge umfassten die Europäischen Gemeinschaften die drei Teilgemeinschaften EGKS, EURATOM und EG. Der EGKS-Vertrag ist 2002 jedoch

nach 50 Jahren ausgelaufen, worauf seine Bestimmungen in den EG-Vertrag übernommen wurden. Das sogenannte »Drei-Säulen-Modell« bestand aus den supranationalen Gemeinschaften (EG, Euratom und bis 24. Juli 2002 EGKS), der gemeinsamen Außen- und Sicherheitspolitik (GASP) und der polizeilichen bzw. justiziellen Zusammenarbeit in Strafsachen (PJZS). Mit dem Vertrag von Lissabon aber wurde die Europäische Gemeinschaft ersetzt durch die Europäische Union, das Drei-Säulen-Modell wurde aufgelöst. Die EU besitzt jetzt Rechtspersönlichkeit. Alle internationalen Verträge werden mit der EU, nicht mehr mit der EG geschlossen (diese gibt es nicht mehr). Vgl. dazu: Demokratiezentrum Wien

226 Kopeinig, Margaretha: Der dreizehnte Stern, S. 178

227 Kopeinig, Margaretha: Der dreizehnte Stern, S. 179

228 Artikel I. des Bundesverfassungsgesetzes vom 26. Oktober 1955 über die Neutralität Österreichs

229 Zitiert nach: Kopeinig, Margaretha: Der dreizehnte Stern, S. 181 f.

230 Zitiert nach: Kopeinig, Margaretha: Der dreizehnte Stern, S. 182 f.

231 Kopeinig, Margaretha: op. cit., S. 182 ff.

232 APA, 1. März 1994

233 APA, 1. März 1994

234 APA, 2. März 1994

235 APA, 2. März 1994

236 Zitiert aus dem Wortlaut der Erklärung des Bundeskanzlers vor dem Nationalrat am 2. März 1994

237 Frankfurter Allgemeine Zeitung, 4. März 1994

238 Süddeutsche Zeitung, 4. März 1994

239 Kopeinig, Margaretha: Der dreizehnte Stern, S. 186

240 Kopeinig, Margaretha: Der dreizehnte Stern, S. 187

241 Kopeinig, Margaretha: Der dreizehnte Stern, S. 187

242 APA, 12. Juni 1994

243 Bundesministerium für Inneres: EU-Volksabstimmung, Wien 1994, S. 13

244 APA, 12. Juni 1994

245 Arbeiterbladet, 13. Juni 1994

246 Aftenposten, 13. Juni 1994

247 Dagens Nyheter, 13. Juni 1994

248 Politiken, 13. Juni 1994

249 La Stampa, 13. Juni 1994

250 La Repubblica, 13. Juni 1994

251 Kopeinig, Margaretha: Der dreizehnte Stern, S. 187

252 APA, 14. Juni 1994

253 Vergleiche dazu: Verfassungsbestimmungen im Zusammenhang mit der österreichischen Vertretung gegenüber der EU

254 Zitiert nach: APA, 21. Juni 1994

255 APA, 21. Juni 1994. Die verfassungsrechtliche Grundlage für diesen Auffassungsstreit über die Kompetenzen hat im Bundesministeriengesetz, das

Bundeskanzleramt betreffend, folgenden Wortlaut:»1. Angelegenheiten der allgemeinen Regierungspolitik einschließlich der Koordination der gesamten Verwaltung des Bundes, soweit sie nicht in die Zuständigkeit eines anderen Bundesministeriums fallen. Dazu gehören insbesondere auch: Vorbereitung der allgemeinen Regierungspolitik [...].«

256 APA, 24. Juni 1994
257 Kurier, 25. Juni 1994
258 Kurier, 25. Juni 1994
259 Gespräch mit Franz Vranitzky am 15. Oktober 2020
260 Gespräch mit Franz Vranitzky am 15. Oktober 2020
261 Vranitzky, Franz: Politische Erinnerungen, S. 329 f.
262 Gespräch mit Franz Vranitzky am 15. Oktober 2020
263 Kurier, 26. Juli 1994
264 APA, 29. September 1994
265 Homepage Parlament: www.parlament.gv.at
266 APA, 3. Oktober 1994
267 APA, 5. Oktober 1994
268 Die Daten stammen aus dem Bericht des Innenministeriums über die Nationalratswahl 1994.
269 APA, 10. Oktober 1994
270 APA, 30. November 1994
271 Kreisky, Bruno (Hg.): 20 Millionen suchen Arbeit. Bericht der Kreisky-Kommission. Ein Programm für Vollbeschäftigung in den 1990er Jahren, Wien 1989
272 Kopeinig, Margaretha/Petritsch, Wolfgang: Das Kreisky-Prinzip. Im Mittelpunkt der Mensch, Wien 2009, S. 100
273 Kopeinig, Margaretha/Petritsch, Wolfgang: Das Kreisky-Prinzip. Im Mittelpunkt der Mensch, Wien 2009, S. 102
274 Kopeinig, Margaretha/Petritsch, Wolfgang: Das Kreisky-Prinzip. Im Mittelpunkt der Mensch, Wien 2009, S. 105 ff.
275 APA, 6. Dezember 1994
276 APA, 1. Jänner 1995
277 APA, 17. Jänner 1995
278 An dem Treffen nahmen teil: Norwegens Ministerpräsidentin Gro Harlem Brundtland, ihr dänischer Amtskollege Poul Nyrup Rasmussen, die schwedische Vize-Ministerpräsidentin und Vize-Chefin der Sozialdemokraten, Mona Sahlin, der Vorsitzende der finnischen Sozialdemokraten Paavo Lipponen, SPD-Chef Rudolf Scharping sowie der ungarische Ministerpräsident Gyula Horn, der zugleich Vorsitzender der ungarischen Sozialisten war.
279 Zitiert aus: Vranitzky, Franz: Politische Erinnerungen, S. 330 f.
280 APA, 25. Mai 1995
281 Vgl. dazu: Kurier, 26. Mai 1995, und APA, 25. Mai 1995
282 Kurier, 26. Mai 1995, und APA, 25. Mai 1995
283 Vranitzky, Franz: op. cit., S. 217

284 APA, 29. Mai 1995
285 APA, 30. Mai 1995
286 Gallup-Umfrage, APA, 8. Juni 1995
287 Die der SPE angehörenden Regierungschefs dabei waren Ingvar Carlsson
     (Schweden), Andreas Papandreou (Griechenland), Felipe González (Spanien),
     Paavo Lipponen (Finnland), Poul Nyrup Rasmussen (Dänemark) und Wim
     Kok (Niederlande), die Oppositionsführer Tony Blair (UK), Henri Emmanu-
     elli und Lionel Jospin (Frankreich), Rudolf Scharping (Deutschland) sowie
     weitere Parteiführer.
288 APA, 10. März 1995
289 APA, 10. März 1995
290 APA, 12. Oktober 1995
291 APA, 12. Oktober 1995
292 Demokratiezentrum Wien, Hegelgasse 6, 1010 Wien. Die Analyse des Wahl-
     plakates findet sich unter: http://www.demokratiezentrum.org/bildstrategien/
     oesterreich.html?index=28&dimension=Zeit&reihe=24,25,26,27,28
293 Demokratiezentrum Wien, Hegelgasse 6, 1010 Wien
294 Kurier, 16. Dezember 1995; APA, 17. Dezember 1995
295 Die Konvergenzkriterien (oder Maastricht-Kriterien), die zur Teilnahme an
     der Wirtschafts- und Währungsunion berechtigen, sind: Die jährliche Neu-
     verschuldung darf nicht mehr als drei Prozent des BIP betragen; der öffent-
     liche Schuldenstand darf nicht mehr als 60 Prozent des BIP ausmachen; die
     Inflationsrate darf maximal bei 1,5 Prozent über jener der drei preisstabilsten
     Mitgliedstaaten liegen. Vgl. dazu: Europäischer Rat der Europäischen Union
296 Kurier, 14. Dezember 1995
297 Daten der Wahlbehörde des Innenministeriums
298 Les Echos, 19. Dezember 1995
299 La Repubblica, 18. Dezember 1995
300 Kurier, 26. Jänner 1996; APA, 25. Jänner 1996
301 APA, 13. März 1996
302 APA, 7. Juni 1996
303 Die Daten stammen von der Wahlbehörde im Innenministerium.
304 Alle Zitate aus: APA, 13. Oktober 1996
305 Zitiert nach: APA, 13. Oktober 1996
306 APA, 15. Oktober 1996
307 APA, 3. November 1996
308 Franz Vranitzky in der ORF-Pressestunde am 24. November 1996
309 Vgl. dazu: Kurier, 15. Dezember 1996
310 APA, 12. Juni 1996
311 Gespräch mit Franz Vranitzky am 12. November 2020
312 Gespräch mit Franz Vranitzky am 12. November 2020
313 Gespräch mit Franz Vranitzky am 12. November 2020
314 Gespräch mit Franz Vranitzky am 12. November 2020
315 Gespräch mit Franz Vranitzky am 29. September 2020

316 Gespräch mit Franz Vranitzky am 15. September 2020

317 Interview mit Bundeskanzler Franz Vranitzky im ORF-Inlandsreport am
5. Mai 1988

318 Interview mit Bundeskanzler Franz Vranitzky im ORF-Inlandsreport am
5. Mai 1988

319 APA, 11. Mai 1988

320 APA, 11. Mai 1988

321 Victor Adler (1852–1918) führte auf dem Hainfelder Parteitag (30. Dezember
1888 bis 1. Jänner 1889) die verschiedenen Strömungen sozialdemokratischer
Gruppen zur Sozialdemokratischen Arbeiterpartei (SDAP) zusammen, aus der
die heutige SPÖ hervorging.

322 Franz Vranitzky in einem ORF-Interview für die ZiB 2 am 11. Mai 1988

323 Gespräch mit Franz Vranitzky am 29. September 2020

324 Gespräch mit Franz Vranitzky am 29. September 2020

325 APA, 11. Mai 1988

326 Gespräch mit Franz Vranitzky am 29. September 2020

327 Ralf Dahrendorf (1929–2009) war ein deutsch-britischer Soziologe, Publizist
und Politiker (FDP). 1970 bis 1974 war er Mitglied der EG-Kommission.
Danach startete er eine wissenschaftliche Karriere: 1974 bis 1984 leitete er
die renommierte London School of Economics, von 1986 bis 1987 war er
Rektor des St Antony's College der University of Oxford, von 1991 bis 1997
war er zudem Prorektor der dortigen Universität. Königin Elisabeth II. erhob
Dahrendorf 1993 wegen seiner Verdienste um das Empire in den Adelsstand,
er wurde dadurch Mitglied des Oberhauses des britischen Parlaments (House
of Lords). Dahrendorf ist ein wichtiger Vertreter einer liberalen Staats- und
Gesellschaftstheorie.

328 »Die Zukunft der Sozialdemokratie«. Ein Streitgespräch zwischen Franz Vranitzky und Lord Ralf Dahrendorf fand am 29. Juni 1990 im Austria Center in
Wien statt und wurde von Franz Kreuzer moderiert. Das Gespräch erschien in
voller Länge in »SPÖ-Information« Nr. 11, Wien 1990.

329 »Die Zukunft der Sozialdemokratie«, S. 3

330 Heute ist die Bewertung der USA sicher eine andere, zumal gerade US-Präsident Joe Biden die Umsetzung sozialdemokratischer Konzepte zum Programm
erklärt hat. Gespräch mit Franz Vranitzky am 29. September 2020

331 Gespräch mit Franz Vranitzky am 29. September 2020

332 Popper, Karl R.: Die offene Gesellschaft und ihre Feinde 1, 8. Auflage, Mohr,
Tübingen 2003

333 Popper, Karl R.: Die offene Gesellschaft und ihre Feinde 1, 8. Auflage, Mohr,
Tübingen 2003, S. 16

334 Popper, Karl R.: Die offene Gesellschaft und ihre Feinde 1, 8. Auflage, Mohr,
Tübingen 2003

335 APA, 4. April 1997

336 Kurier, 5. April 1997

337 Zitat entnommen aus: APA, 9. April 1997

338 Vranitzky, Franz: Politische Erinnerungen, S. 385

339 Vranitzky, Franz: Politische Erinnerungen, S. 385

340 Vranitzky, Franz: Politische Erinnerungen, S. 386

341 APA, 9. April 1997

342 Gespräch mit Franz Vranitzky am 15. Oktober 2020

343 Gespräch mit Franz Vranitzky am 15. Oktober 2020

344 Gespräch mit Franz Vranitzky am 15. Oktober 2020

345 Vgl. dazu: Ferdinand Lacina im Interview mit der Presse, 14. November 2014

346 Die Presse, 21. Jänner 2011

347 Gespräch mit Franz Vranitzky am 28. Juni 2021

348 Gespräch mit Peter Gross am 29. Juni 2021

349 Vranitzky, Franz: Politische Erinnerungen, S. 304 ff.

350 Petritsch, Wolfgang: Bruno Kreisky. Die Biografie, St. Pölten/Salzburg 2010, S. 49 ff.

351 Vranitzky, Franz: op. cit., S. 306 f.

352 Gespräch mit Franz Vranitzky am 15. Oktober 2020

353 Gespräch mit Franz Vranitzky am 15. Oktober 2020

354 Gespräch mit Franz Vranitzky am 15. Oktober 2020

355 Gespräch mit Franz Vranitzky am 12. November 2020

356 Arendt, Hannah: Vita activa oder Vom tätigen Leben, München/Berlin 1967, 17. Auflage 2016

357 Gespräch mit Franz Vranitzky am 15. Oktober 2020

358 Vgl. dazu die österreichische Position beim EU-Sondergipfel am 7. und 8. Mai 2021 im portugiesischen Porto

359 Gespräch mit Franz Vranitzky am 15. Oktober 2020

360 Gespräch mit Franz Vranitzky am 15. Oktober 2020

361 Gespräch mit Franz Vranitzky am 15. Oktober 2020

362 Vranitzky, Franz: Zurück zum Respekt. Überleben in einer chaotischen Welt, edition a, Wien 2017, S. 125 ff.

363 Eurobarometer-Umfrage, veröffentlicht am 12. Februar 2021. Für die Umfrage wurden exakt 1 024 Personen in Österreich im Zeitraum zwischen 20. November und 21. Dezember 2020 befragt, innerhalb der EU insgesamt 27.213 Personen.

364 Gespräch mit Franz Vranitzky am 15. Oktober 2020

365 Vgl. dazu: Europäischer Rat: Ein Aufbauplan für Europa, Pressemitteilung vom 11. Februar 2021

366 Eurobarometer-Umfrage, veröffentlicht am 12. Februar 2021

367 Gespräch mit Franz Vranitzky am 15. Oktober 2020

368 Der Spiegel, 8. Mai 2021, S. 31

369 Gespräch mit Franz Vranitzky am 15. Oktober 2020

370 Der Spiegel, 19. Juni 2021, S. 71

371 ORF-News, 6. Mai 2021

372 Arbeiter-Zeitung, 24. November 1990, S. 4

MARGARETHA KOPEINIG

Mag., Dr., Studium der Soziologie, Politikwissenschaft und Geschichte in Wien und Bogotá. Von 1992 bis Februar 2019 *Kurier*-Redakteurin und Korrespondentin in Brüssel. Ab März 2019 EU-Koordination und internationale Kontakte für die Burgenländische Landesregierung; Chefredakteurin des Magazins *Burgenland kompakt*. Zahlreiche Veröffentlichungen und Preise.